TRAITÉ

DE LA

LÉGISLATION RELATIVE AUX CADAVRES

DES INHUMATIONS

DES LIEUX DE SÉPULTURE. — DES EXHUMATIONS

DES VIOLATIONS DE TOMBEAUX

Ouvrage contenant le commentaire de la loi du 14 novembre 1881 et de la nouvelle loi municipale, du projet de loi Chevandier sur la liberté des funérailles et du projet de la loi tendant à enlever aux fabriques et consistoires une partie du monopole des pompes funèbres.

Par Auguste CHAREYRE

AVOCAT

DOCTEUR EN DROIT.

PARIS

L. LAROSE ET FORCEL

Libraires-Éditeurs

22, RUE SOUFFLOT, 22

1884

TRAITÉ

DE LA

LÉGISLATION RELATIVE AUX CADAVRES

TRAITÉ

DE LA

LÉGISLATION RELATIVE AUX CADAVRES

DES INHUMATIONS
DES LIEUX DE SÉPULTURE. — DES EXHUMATIONS
DES VIOLATIONS DE TOMBEAUX

Ouvrage contenant le commentaire de la loi du 14 novembre 1881 et de la
nouvelle loi municipale, du projet de loi Chevandier sur la liberté des
funérailles et du projet de la loi tendant à enlever aux fabriques et
consistoires une partie du monopole des pompes funèbres.

Par Auguste CHAREYRE

AVOCAT

DOCTEUR EN DROIT.

PARIS

L. LAROSE ET FORCEL

Libraires-Éditeurs

22, RUE SOUFFLOT, 22

—

1884

INTRODUCTION

A aucune époque, dans aucun pays, ce qui a trait au respect dû aux morts, aux sépultures, aux mesures d'hygiène qu'il convient de prendre après le décès d'un individu, n'a pu rester indifférent à l'autorité religieuse ou civile entre les mains de laquelle se trouvait placée la garde des grands intérêts sociaux. Ces questions sont d'une importance extrême : complexes dans leurs termes, elles réclament dans leur solution des tempéraments nombreux, et c'est surtout en ces matières délicates qu'on peut dire avec raison que les lois ne valent que par la manière dont elles sont appliquées.

Si, soucieux de sa mission, sentant combien la vigueur d'un tel sentiment, base de l'esprit de famille et des grandes traditions, importe à la santé morale des peuples, le pouvoir social accorde au culte des morts sa sympathie la plus éclairée, sa protection la plus large, il doit cependant veiller à ce que l'ordre public ne souffre pas des manifestations extérieures de cette piété ; s'il permet à la forme des funérailles la plus grande liberté, il ne doit pas tolérer que celles-ci deviennent un scandale et blessent la décence publique ou les sentiments les plus recommandables des citoyens. Si, respectant la liberté du défunt et même cette passion si naturelle qui fait que l'homme reporte sur un cadavre les soins et la pitié qu'il avait pour une personne aimée, le législateur permet au défunt ou aux survivants de disposer, en quelque sorte, du corps en indiquant le lieu de la sépulture, les conditions de l'inhumation, il ne doit pas oublier les grandes règles de l'hygiène, et son devoir est d'imposer à la volonté des particuliers des limites, des conditions dont il ne leur sera pas loisible de s'écarter. Si enfin, prenant en considération ce sentiment qui pousse les familles à se recueillir au décès d'un de leurs proches, et à ne souffrir qu'avec peine les formalités les plus simples, le législateur s'efforce de ne pas imposer des mesures qui, pour avoir leur utilité, n'en seraient pas moins odieuses, il doit cependant, dans un haut intérêt de justice, ne pas permettre qu'à l'ombre de cette religion on puisse dissimuler un crime.

Cette revue incomplète nous montre sur combien de points délicats le devoir de l'autorité sociale se trouve en contact avec les droits des particuliers, et comme il doit être malaisé parfois de trouver une juste conciliation entre des intérêts trop souvent opposés. Si on accorde trop à la liberté des particuliers, l'hygiène du pays en souffre, et quelquefois aussi sa morale ; si on fait la part trop large aux pouvoirs de l'autorité, il en résulte trop souvent des froissements de mœurs et d'habitudes, qui, en cette matière pieuse plus que partout ailleurs, [ne vont pas sans quelque révolte de l'opinion publique ou sans quelque affaiblissement de ce culte des morts dont nous indiquions plus haut d'un mot l'importance sociale.

On peut dire généralement qu'à l'origine des sociétés, tout ce qui touche aux cérémonies mortuaires, aux sépultures, au culte des morts était du domaine exclusif de la religion confondue avec l'État. Et il faut convenir, sans regretter outre mesure l'esprit des temps anciens, que, par la force et la nature de l'autorité dont elle dispose, la religion est plus à même que le pouvoir civil d'imposer aux mœurs et à la liberté des citoyens, avec moins de peine et des froissements moindres, certaines contraintes que commande avant tout la préoccupation de la salubrité publique. C'est ce qui s'est produit notamment pour la religion juive, qui a su imposer au peuple qui la suivait des pratiques mortuaires qu'une pensée d'hygiène a seule dictée à ses fondateurs. Ajoutons que d'autres religions n'ont pas été aussi heureusement inspirées, par exemple celle de Mahomet, en ce qui a trait aux sépultures des croyants.

Quoi qu'il en soit, une fois que l'État a eu conquis son indépendance et revendiqué avec succès contre l'Église la garde des grands intérêts matériels et moraux de la nation, un départ d'attributions s'est forcément imposé en cette matière entre l'autorité religieuse et l'autorité civile : celle-là prêtant son concours aux funérailles de ceux qui suivent la religion, sous la condition de respecter les lois de police générale et la liberté de conscience des citoyens. Ces rapports entre l'Église, l'État et les particuliers ont soulevé des questions intéressantes et tout aussi délicates que celles d'un autre ordre que nous indiquions plus haut.

Nous nous proposons d'étudier les diverses mesures prescrites par la loi ou prises par l'administration en vue de constater les décès, d'empêcher les inhumations précipitées, de prévenir les fraudes coupables qui auraient pour but de cacher à la justice les traces d'un crime. Nous examinerons ensuite dans leurs rapports respectifs les droits de l'administration, de l'autorité religieuse et des particuliers en ce qui concerne le choix, le mode des funérailles et la police des convois. Nous nous attacherons spécialement à la législation relative aux lieux de sépulture, qui soulève encore aujourd'hui des controverses juridiques du plus grand intérêt ; nous nous demanderons quelle est la nature et quelle est l'étendue des droits des concessionnaires de terrains dans les cimetières publics. Enfin, après avoir exposé les règles des exhumations et parlé du droit de police des diverses autorités administratives sur les cimetières, nous étudierons les sanctions pénales établies contre les actes graves que la loi qualifie violations de tombeaux ou de sépultures.

Tel est, dans ses grandes lignes, le cadre de l'étude que nous avons entreprise. Nous nous efforcerons surtout de donner aux questions d'ordre purement juridique l'attention qu'elles méritent et les développements qu'elles comportent.

CHAPITRE I

Des formalités qui doivent être accomplies
entre le moment
du décès et celui des funérailles

La société a le plus grand intérêt à être avisée promptement de la mort d'un individu, à ce que cet événement ne soit point tenu secret. Il faut que la justice, s'il y a eu crime, puisse le constater ; il faut que l'administration puisse prendre les précautions nécessaires, lorsque le décès a été amené par une maladie infectieuse ou épidémique. Dans tous les cas elle doit être mise à même de veiller à l'exécution des mesures sanitaires prescrites pour que la présence d'un cadavre au milieu des vivants ou son transport ne soit point un danger. — A un autre point de vue, la mort d'un individu crée, transfère ou modifie des droits si nombreux et si considérables, qu'une constatation défectueuse de l'événement du décès amènerait le trouble le plus regrettable dans les rapports des particuliers, au grand préjudice de l'ordre social.

L'autorité est prévenue en général d'un décès par des déclarations faites à l'officier de l'état civil. (Code civil, liv. I, tit. II, chap. IV.) Il est remarquable que la loi n'ait point fixé le délai dans lequel ces déclarations doivent être faites, ni imposé formellement à aucune personne l'obligation de les faire. « Elle se borne, remarque M. Demante (1), à indiquer les personnes dont la déclaration sera de préférence admise pour fournir les éléments nécessaires à la rédaction de l'acte de décès. Le législateur a apparemment pensé que, la force des choses ne permettant pas de retarder long-temps l'inhumation, laquelle ne peut avoir lieu sans l'auto-risation de l'officier de l'état civil, l'avis du décès serait nécessairement donné à ce fonctionnaire, qui ne délivrerait l'autorisation d'inhumer qu'après avoir dressé l'acte. Tel me paraît bien être en effet le vœu de la loi, et je consi-dérerais en général comme en faute l'officier de l'état civil qui délivrerait l'autorisation d'inhumer avant la ré-daction de l'acte de décès. Toutefois nous devons remar-quer que la loi, sur ce point, n'est pas précise et qu'au-cune peine n'est portée contre la délivrance préalable de l'autorisation, ni en général contre l'omission de l'acte de décès. Cette lacune, au reste, offre peu d'inconvé-nients, car les diverses personnes dont les droits sont ouverts par le décès d'une autre seront suffisamment poussées par leur intérêt à faire légalement constater le décès. »

L'acte de décès peut être défini: l'acte par lequel l'of-ficier de l'état civil atteste qu'il a reçu de tels et tels individus la déclaration que telle personne est morte. Toutes autres indications ne devraient point y figurer, sauf toutefois celles qui ont pour but de fixer l'identité du mort et qui sont énumérées dans l'article 79 du Code civil (2). — L'acte de décès est dressé sur la déclara-

(1) Demante, *Cours analytique du Code Napoléon*, t. I.

(2) Il semblerait cependant bien étrange de défendre à l'officier de l'état civil de consigner la déclaration de l'heure du décès. Notons que ce point a une importance très grande, car la solution de beau-

tion de deux personnes que la loi appelle témoins : nous concluons de cette remarque que les conditions d'âge et de sexe exigées des témoins par l'article 37 du Code civil seront exigées d'elles. La loi désigne spécialement pour faire la déclaration les proches parents ou les proches voisins ; dans le cas où une personne sera décédée hors de son domicile, la personne chez laquelle elle sera décédée et un parent du défunt. Mais l'officier de l'état civil devrait recevoir les déclarations de toutes autres personnes réunissant toutes les conditions de l'article 37.

En cas de mort dans une prison ou un hôpital, les administrateurs de ces établissements doivent avertir l'autorité municipale, qui dresse l'acte sur les indications à lui fournies et les renseignements qu'il a pris.

Nous ne nous occuperons pas davantage des actes de décès, lesquels doivent nous intéresser dans cette étude au seul point de vue de la connaissance qu'ils donnent à l'autorité de l'événement d'une mort.

La deuxième obligation imposée aux particuliers en cas de décès d'un individu est celle de solliciter un permis d'inhumation. Article 77, Code civil : *Aucune inhumation ne sera faite sans une autorisation, sur papier*

coup de procès et de questions délicates en pourront dépendre : notamment quand il s'agira de fixer le point de départ du délai de vingt-quatre heures pendant lequel l'inhumation ne peut avoir lieu. Il nous semble pour notre part, et sans que nous voulions entrer dans des explications trop longues à ce sujet, qu'il serait également dangereux d'attribuer à la déclaration de l'heure la même force, la même autorité qu'aux indications qui légalement doivent être fournies, et de défendre absolument aux officiers de l'état civil de recevoir cette déclaration, qui, donnée toujours à une époque rapprochée du décès, par des personnes bien placées pour la faire avec exactitude et souvent sans intérêt à la fausser, pourra toujours servir de base à une discussion.

libre et sans frais, de l'officier de l'état civil... Nous avons déjà remarqué que, par cette demande, l'administration sera forcément avisée du décès, la nature des choses ne permettant point de garder longtemps un cadavre sans l'inhumer ; et que l'officier de l'état civil ne devra, dans l'intérêt général, donner l'autorisation qu'après que l'acte de décès aura été dressé.

L'accomplissement de cette deuxième prescription de la loi, c'est la suppression des inhumations clandestines, c'est la possibilité pour l'administration de faire les contatations, de prendre les mesures et d'exercer la surveillance prescrites par les textes après le décès, au moment des funérailles et même lorsque le corps est déposé dans la terre. On comprend dès lors toute l'importance de l'article 358 du Code pénal qui édicte une sanction énergique pour le cas où l'enterrement aurait eu lieu sans permission de l'autorité : *Ceux qui, sans l'autorisation préalable de l'officier de l'état civil, dans le cas où elle est prescrite, auront fait inhumer un individu décédé, seront punis de six jours à deux mois d'emprisonnement et d'une amende de seize à cinquante francs sans préjudice de la poursuite des crimes dont les auteurs de ce délit peuvent être prévenus dans cette circonstance.*

Cette défense de procéder à l'inhumation sans autorisation de l'officier civil n'était point nouvelle dans nos lois. Déjà un décret du 4 thermidor an XIII avait défendu *à tous maires, adjoints et membres d'administrations municipales de souffrir les transports, présentations, dépôts, inhumations des corps, ni l'ouverture des lieux de sépulture ; à toutes fabriques d'églises et consistoires ou autres, ayant droit de faire les fournitures requises pour les funérailles, de livrer lesdites fournitures ; à tous curés, desservants ou pasteurs d'aller le-*

*ver aucun corps, ou de les accompagner hors des églises
et temples, qu'il ne leur apparaisse de l'autorisation donnée par l'officier de l'état civil pour l'inhumation, à
peine d'être poursuivis comme contrevenants aux lois.*
Nous avons cité ce texte afin de pouvoir signaler les différences que sa rédaction présente avec celle de l'article 358 du Code pénal. D'une part, la sanction n'est
point la même : le manquement aux prescriptions du
décret de l'an XIII est puni des peines de simple police ;
le délit de l'article 358 est punissable de peines plus
fortes (1). D'autre part la sanction de ce dernier article
ne frappe que ceux qui ont fait inhumer ; celle du décret de thermidor s'applique à tous ceux qui ont prêté
leur concours à l'inhumation. La Cour de cassation
(arrêt du 27 janvier 1832) a jugé que l'article 358 ne
concerne pas le prêtre qui lève les corps et les accom-
pagne, mais le prêtre, dans ce cas, contrevient au décret du 4 thermidor an XIII et encourt la peine de
l'article 471, n° 15 (2). Le curé ne peut donc pas plus pré-

(1) De ce que nous qualifions « délit » le fait répréhensible défini
par l'article 358 du Code pénal il ne faudrait pas conclure que, au
point de vue de l'intention criminelle à exiger du délinquant, on doive
appliquer les règles des délits. Tous les auteurs qui se sont occupés
de droit pénal ont remarqué que les termes de l'article 358 s'oppo-
saient absolument à ce qu'on recherchât l'intention de l'auteur du
délit ; c'est le fait de la contravention, la négligence elle-même qui
est punie, malgré la bonne foi du contrevenant. Il y a donc exception au droit commun des délits ; nous signalons la même exception
quand nous parlons de l'application de l'article 359. Enfin on
l'admet également en matière de violation de sépultures et de
tombeaux.

(2) Le fait pour un prêtre de prêter son concours à un enterrement sans s'être fait représenter l'autorisation de l'officier de l'état
civil, constitue à la fois une contravention au décret du 4 thermidor

ter son ministère à une inhumation qu'à un mariage (1)
avant que l'autorité civile ait rempli sa mission : les
deux règles sont les conséquences d'un commun principe.

Le fait de procéder à une inhumation sans y être autorisé par l'officier de l'état civil revêt un caractère particulièrement grave lorsque la mort a été la conséquence
d'un crime ou d'un délit. Quelle qu'ait été l'intention du
contrevenant (Cass., 18 avril 1845), le fait de recé-
ler ou de cacher le cadavre d'une personne homicidée

an XIII et un cas d'abus, car il y a violation « d'une loi ou d'un
règlement de la République ou de l'État », commise dans l'exercice
des fonctions sacerdotales. Cela ressort d'une façon indiscutable du
rapprochement de l'article 6 de la loi du 18 germinal an X et du
décret de thermidor an XIII. Ce que l'on discute, c'est le point de
savoir si la contravention peut être déférée directement aux tribunaux judiciaires, ou s'il faut préalablement porter l'affaire devant
le Conseil d'État, qui la terminera définitivement en déclarant l'abus
ou renverra devant le juge de paix, suivant l'exigence des cas. Nous
ne discuterons pas ici cette question générale, qui comporterait de
trop longs développements : nous nous contenterons de rappeler
les hésitations de la jurisprudence et les controverses de la doctrine,
ainsi que le rôle qu'y ont joué l'article 75 de la constitution de
l'an VIII et la loi du 19 décembre 1879 abrogeant cet article 75.
Nous nous rallions, quant à la solution, à l'opinion de M. Laferrière,
qui, dans son cours professé à la Faculté de Paris en 1884, enseigne qu'il n'y a pas lieu de soumettre la poursuite criminelle
contre l'ecclésiastique à la nécessité d'une autorisation du Conseil
d'État saisi préalablement d'un recours pour abus. « L'abus est la
mise en œuvre de l'action disciplinaire : l'action disciplinaire et
l'action répressive peuvent se cumuler ; il n'y a pas de raison pour
subordonner à l'action disciplinaire les autres actions pénales ou
civiles qui peuvent exister. Par un avis du 17 mars 1882, le Conseil
d'État a implicitement adopté cette manière de voir. »

(1) « Les curés ne donneront la bénédiction nuptiale qu'à ceux
qui justifieront en bonne et due forme avoir contracté mariage devant l'officier de l'état civil. » (Article 54, loi organique des cultes du
18 germinal an X.)

ou morte des suites de coups ou blessures est puni d'un emprisonnement de six mois à deux ans et d'une amende de cinquante à quatre cents francs, sans préjudice, ajoute le texte, des peines plus graves, si le contrevenant a participé au crime. Peu importe qu'il y ait eu homicide volontaire ou simple homicide par imprudence : la Cour de cassation l'a décidé très exactement et de conformité parfaite avec l'esprit même de la loi (arrêt du 26 mai 1855). — Toute personne ayant connu les causes de la mort et ayant coopéré à l'inhumation clandestine (1), quel que soit son caractère, quelles que soient ses fonctions, un prêtre, un fossoyeur, aura commis le délit prévu par l'article. (Art. 359 C. p.)

La loi défend enfin de pratiquer l'inhumation avant l'expiration de la période de vingt-quatre heures qui suit le décès : les peines portées contre les contrevenants par l'article 358 du Code pénal sont celles mêmes dont cet article punit les inhumations non autorisées (2). Un ordre formel du maire agissant en vertu de ses pouvoirs de police dans l'intérêt de la salubrité publique, pourrait seul rendre légal un enterrement précipité.

Telles sont les prescriptions de la loi que doivent observer les particuliers au décès d'un individu. Les règlements de police peuvent en imposer de spéciales, par

(1) L'article 359 du Code pénal n'excepte pas nommément de sa disposition les époux, père, mère, frères et sœurs de l'individu qui aurait commis l'homicide ; mais, dit Carnot, l'exception en ce qui les concerne résulte nécessairement de ce qu'ils ne sont pas tenus de dénoncer les crimes auxquels des parents aussi proches pourraient s'être livrés.

(2) Notons une réforme désirable ; dans beaucoup de maison, surtout dans les villes, les dimensions restreintes des lieux habités, leur aération insuffisante amènent souvent une décomposition hâtive du corps et en rendent la garde très pénible aux vivants même

exemple il sera utile de recommander qu'on ne couvre
pas le visage du défunt, qu'on ne le mette pas en bière
avant un délai déterminé, au moins avant la visite du
médecin délégué ou de l'officier public. Ce sont des précautions qui compléteraient très utilement la loi et dont
l'oubli pourrait avoir des suites effrayantes. Les contraventions à ces règlements seront punies des peines de
simple police. (Pour Paris : arrêté du 27 vendémiaire
an IX ; 25 janvier 1841.)

Une question grave s'est posée en pratique, que nous
devons examiner rapidement : Lorsqu'il s'agit d'inhumer un enfant mort-né, les règles que nous avons énumérées doivent-elles recevoir leur application ? Si l'enfant
venait toujours à terme, il n'y aurait point de difficulté ;
mais il arrive fréquemment que, par accident, dans un
état de grossesse moins avancé, la femme mette au monde
un être qu'il est assez difficile de qualifier fœtus ou
enfant. Le médecin ne peut que constater que c'est par
degrés insensibles que le fœtus se développe et devient
être humain, sans pouvoir préciser le point où cette
qualité est acquise. Dès lors exigerons-nous que l'officier de l'état civil reçoive l'aveu de toute fausse couche ?
Les mœurs s'accommoderaient mal d'une pareille exigence et les termes de la loi ne nous autoriseraient pas
à la maintenir. Où donc trouver un critérium ?

La Cour de cassation, dans un arrêt du 7 août 1874,

avant l'expiration du délai de vingt-quatre heures. On pourrait
suivre l'exemple de l'Angleterre : dans les centres importants il
existe des maisons mortuaires, où on transporte le décédé et où sa
famille peut le garder en attendant l'inhumation. Chaque corps est
naturellement dans une chambre spéciale, convenablement dispo-
sée à cet effet. La surveillance de l'administration est aussi rendue
très facile.

modifiant sa jurisprudence antérieure, a pris pour base de sa décision sur ce point l'article 312 du Code civil. La loi, dit-elle, a établi en principe que la plus courte gestation était de cent quatre-vingts jours, on devra donc se soumettre aux règles des inhumations quand l'enfant vient au monde après six mois de grossesse : auparavant il y aurait un fœtus, non un enfant.

Nous reconnaissons que cette solution peut être fort sage en pratique, et nous désirons qu'elle passe dans la loi, étant de nature à donner satisfaction aux légitimes susceptibilités des familles et à permettre cependant la surveillance de l'autorité dans les cas où elle est utile. Mais en droit nous sommes d'avis que la Cour s'est écartée des principes et a fait du droit prétorien, en vérité fort utile, en étendant les présomptions de l'article 312 à des cas pour lesquels elles n'avaient point été établies. La doctrine judiciaire antérieure l'avait bien compris : de nombreuses décisions admettaient qu'il y avait ou non contravention à inhumer sans autorisation suivant que l'enfant était venu à terme ou avant terme (V. Cassation, 10 septembre 1847), point qu'une constatation médicale pouvait aisément établir dans presque tous les cas.

Nous avons dit dans quels cas l'autorité devait être avisée d'un décès, et comment elle en était avisée. Nous devons à présent étudier le rôle de l'administration, ses devoirs entre le jour de la mort et le jour de l'enterrement.

La loi impose d'abord à l'officier de l'état civil l'obligation de se transporter auprès du décédé et de s'assurer du décès. Le permis d'inhumer ne sera délivré qu'après l'accomplissement de cette formalité. (Art. 77 C. civ.)

Le but de cette disposition est facile à saisir. On a voulu, avant tout rendre pour l'avenir impossibles les inhumations de personnes qui se trouveraient seulement en état de catalepsie, ou ne seraient pas réellement mortes : de tels faits n'avaient pas été rares autrefois, et l'opinion publique s'en était si vivement émue que le législateur a dû prendre des mesures qu'il jugeait sérieuses pour en éviter le retour.

La visite de l'officier public doit encore avoir pour résultat de lui faire reconnaître s'il existe des traces de mort violente : son devoir serait alors de faire part de ses observations à la justice qui informerait. — Enfin, la loi défend que l'inhumation ait lieu dans les vingt-quatre heures qui suivent le décès ; le maire devra s'assurer que les déclarations à lui faites de l'heure de la mort sont exactes et, d'après ses observations, fixer d'une manière rationnelle le moment où l'enterrement pourra ou devra se faire.

Si la pensée de la loi est louable, si son but est excellent, on doit reconnaître que les voies et moyens sont bien défectueux. L'officier de l'état civil n'a pas le temps de se transporter auprès de chaque personne décédée : le fît-il, il manquerait d'autorité et de science pour accomplir la mission très délicate que la loi lui confie. Le maire ira-t-il dans une maison amie s'armer de ses droits pour procéder à des constatations, à une inspection du corps qu'on souffrirait peut-être d'un médecin, qu'on ne souffrira jamais d'un administrateur ? Le maire peut gérer très habilement les affaires communales, et n'avoir, pas plus que ses administrés, les connaissances très spéciales nécessaires pour discerner l'état de catalepsie de l'état de mort, et pour découvrir des traces de mort violente habilement dissimulée. — En fait, que se passe-t-il ?

Dans les grandes villes, à Paris par exemple, où le le service est merveilleusement organisé, des médecins spéciaux désignés par l'officier de l'état civil, accomplissent pour lui la visite réglementaire ; ces médecins eux-mêmes sont sous la surveillance d'inspecteurs nommés par le préfet de police à Paris, lesquels s'assurent que les constatations ont été faites et l'ont été exactement. C'est sur le certificat de mort du médecin que l'acte de décès est dressé ; c'est sur les indications de ce certificat que l'officier de l'état civil donne la permission d'inhumer et fixe la date des obsèques, qu'il avertit le parquet, qu'il prend les mesures jugées nécessaires dans l'intérêt de la salubrité publique. Les rôles sont ainsi distribués à ceux qui ont qualité pour les remplir : à l'homme de l'art les constatations techniques ; à l'autorité municipale le droit de prendre des mesures dont la nécessité apparaîtrait au vu du rapport du médecin. (Arrêté du 27 vendémiaire an IX ; arrêté du 31 décembre 1821 ; du 25 janvier 1841.)

Dans beaucoup de villes moins importantes, ce sont non plus des médecins spéciaux, mais les médecins mêmes qui ont soigné le malade qui attestent le décès et en indiquent les causes dans un certificat présenté à l'officier de l'état civil. Ce magistrat se dispense, en ce cas, de faire la visite réglementaire. Ce procédé déjà incorrect, puisque, grâce à une collusion entre les médecins et les intéressés, on pourrait arriver à des résultats contraires aux vœux de la loi, est cependant en somme satisfaisant. Le médecin engage sa responsabilité, et sa complicité sera rare, devant être punie d'une façon sévère par l'article 359 du Code pénal.

Enfin dans beaucoup de communes, l'officier de l'état civil délivre les permis d'inhumer sans qu'on lui produise aucun certificat de médecins et sans qu'il se soit transporté lui-même auprès du décédé. Nous ne saurions trop regretter de semblables habitudes. Sans doute on peut dire que, le plus souvent, quand il y aura eu crime, l'opinion publique émue ou soupçonneuse avertira l'autorité qui exceptionnellement prendra des mesures ou procèdera à des constatations. Mais le soin des criminels, de ceux mêmes qui ont commis des homicides par imprudence n'est-il pas précisément de ne pas éveiller les soupçons? — Et, d'autre part, la visite de l'officier public a d'autres motifs ; nous les avons énumérés. La loi est trop sage pour qu'on se permette de ne pas la respecter.

Une réforme de ces coutumes fâcheuses s'impose : on ne peut songer à obliger les maires à l'accomplissement strict du devoir que leur prescrit la loi : bien peu accepteraient cette fonction en quelque sorte nouvelle et qui n'est pas, en somme, une fonction d'administrateur. Même s'ils l'acceptaient, les mœurs publiques seraient froissées et mettraient des obstacles de toute nature à l'accomplissement de leur mission.

Que faudrait-il donc ? Une chose bien simple : obliger les personnes qui sollicitent un permis d'inhumer à présenter à l'officier de l'état civil un certificat d'un homme de l'art dans tous les cas où des médecins spéciaux choisis par l'administration ne seraient pas commis à cet effet. Ce certificat dont la forme pourrait être fixée d'une manière générale pour toute la France donnerait en outre des renseignements de statistique du plus haut intérêt (1).

(1) A Paris, actuellement, le médecin qui donne le certificat de décès doit remplir une formule imprimée. (V. Maxime Ducamp, *Paris, ses organes, ses fonctions, sa vie*, t. VI.) « Quand les blancs sont remplis, on peut y lire : les nom et prénoms du décédé, son âge, son lieu de naissance, le jour et l'heure du décès, son adresse, sa profession, l'étage de son appartement, et à quel point cardinal celui-ci est exposé ; on y voit en outre de quelle maladie

Les frais de ce certificat pourraient être tarifés et pris à la charge des communes dans certains cas au moins et sous certaines conditions. — Nous savons que, pour mettre cette idée à exécution, il faudrait commencer d'abord par assurer le service médical dans tous les cantons de France ; mais c'est une réforme d'humanité qui ne peut manquer de s'imposer prochainement, étant vivement réclamée par l'opinion publique. C'est à ce moment qu'il serait utile de fixer des règles uniformes pour la constatation des décès, des règles conformes à la raison et très utiles au bon ordre (1).

il était atteint, quel est le médecin qui l'a soigné, chez quel pharmacien les médicaments ont été pris ; de plus si le logement était insalubre on doit l'indiquer ; en un mot, c'est un véritable rapport d'enquête si ingénieusement disposé qu'il tient sur le verso d'une seule feuille de papier. »

(1) A la suite de pétitions au Sénat sur les inhumations précipitées, le ministre de l'Intérieur a dû adresser aux préfets, à la date du 24 décembre 1866 une importante circulaire destinée à généraliser pour toutes les communes un système de vérification des décès analogue à celui de la ville de Paris. Une nouvelle circulaire a paru en 1875 pour le même objet. Nous avons le regret de constater que le mal n'a pas disparu, et nous estimons qu'une loi est nécessaire pour régler cette matière d'une manière efficace.

En Angleterre, chaque paroisse a des femmes appointées, c'est-à-dire des visiteuses qui doivent être appelées dans la maison du décédé. Si on néglige de les appeler ou si elles conçoivent quelque soupçon, elles avertissent le *coroner*, qui réunit un jury chargé de faire une enquête sur le corps. En Autriche et en Russie l'usage est de laver les corps et de les exposer à visage découvert ; le Code de Hollande exige qu'on attende trente-six heures pour l'inhumation ; le Code de Danemark ordonne que le décès sera constaté par un médecin ou par deux hommes nommés par le magistat. La coutume des mahométans est au contraire d'enterrer le mort aussitôt après le décès. Nous empruntons ces renseignements à l'ouvrage de M. Maurice André : *Des sépultures*.

En attendant ces réformes nécessaires, nous devons constater l'irrégularité de toute délégation donnée aujourd'hui par l'officier de l'état civil : en pratique donc ou il y a une visite faite par une personne qui n'a pas qualité pour remplacer le maire dans cette fontion, ou il n'y a pas de visite du tout : dans tous les cas l'article 77 du Code civil est lettre morte.

Aucune sanction pénale n'est édictée contre l'officier de l'état civil qui néglige simplement de faire la visite prescrite par la loi: l'administration supérieure ne dispose aujourd'hui d'aucun moyen sérieux pour obliger les maires à remplir exactement les fonctions si importantes dont nous nous occupons actuellement, le droit de suspension ou de révocation ne pouvant pas s'exercer utilement en l'espèce.

Remarquons toutefois que si ces magistrats permettaient des inhumations avant l'expiration des vingt-quatre heures qui suivent le décès, ils seraient passibles des peines portées en l'article 538 du Code pénal contre ceux *qui auraient contrevenu d'une manière quelconque à la loi et aux règlements relatifs aux inhumations précipitées*. Nous n'irons pas jusqu'à dire que le maire sera en faute indistinctement toutes les fois qu'il aura permis ou ordonné une inhumation avant l'expiration des vingt-quatre heures. Il peut se faire d'abord qu'il ait cru et qu'il ait dû croire, ayant reçu des déclarations conformes des personnes ayant entouré le défunt à ses derniers moments et s'étant transporté lui-même auprès du décédé, ou ayant donné délégation à un médecin à cet effet, que la mort remontait à une heure plus éloignée que celle à laquelle elle se place réellement ; il peut se faire d'autre part, que les circonstances commandent de ne pas attendre l'expiration du délai légal. C'est ce qui aura lieu en temps d'épidémie par exemple : la prudence la plus élémentaire veut qu'on enterre les corps aussitôt après le décès. Ce serait nécessaire encore dans le cas où, très rapidement, le corps arriverait à un état de décomposition avancée. Dans ces hypothèses, le maire échapperait à l'application de l'article 538. Ces solutions sont conformes à celles de la jurisprudence.

.La loi du 3 janvier 1813 sur la police de l'exploitation des mines porte dans son article 18 : *Il est expressément prescrit aux maires et autres officiers de police de se faire représenter les corps des ouvriers qui auraient péri par accident dans une exploitation, et de ne permettre leur inhumation qu'après que le procès-verbal de l'accident aura été dressé conformément à l'article 81, Code civil, et sous les peines portées par les articles 358 et 359, Code pénal.* Le transport de l'officier de l'état civil auprès du décédé est ici obligatoire, sauf l'exception prévue par l'article 19 de cette même loi de 1813. — La sanction varie suivant qu'il y a une simple négligence de ce fonctionnaire, cas auquel on appliquera l'article 538, ou qu'il y aura eu intention de cet officier d'aider à cacher l'accident : en cette hypothèse il y aura lieu d'appliquer les peines plus sévères de l'article 539.

Enfin, notons que, dans tous les cas où l'autorité est avertie qu'il y a des traces de mort violente, ou lorsqu'il est permis de le soupçonner, l'officier de l'état civil doit remplir certaines formalités spécialement indiquées par l'article 81 du Code civil. S'il ne le faisait pas, nous n'oserions pas décider, dans le silence de la loi, qu'il se rendrait coupable de contravention et serait passible des peines de simple police, mais certainement si le maire avait eu pour but d'aider à commettre le délit prévu par l'article 359 du Code pénal, il serait passible des peines portées en cet article.

Tels sont les devoirs des particuliers et de l'administration après le décès; avant les funérailles.

CHAPITRE II

Des funérailles

I. A qui il appartient de les régler. — II. Des refus de sépulture ecclésiastique. — III. Des restrictions apportées à la liberté des particuliers en cette matière par les lois, les règlements et le droit de police du maire.

M. Léon Roux, dans son intéressant ouvrage *Des sépultures*, a donné une description des cérémonies funéraires en usage chez les principaux peuples aux différentes époques, et montré que l'idée religieuse n'avait jamais été étrangère à ces cérémonies. Le plan de notre étude ne saurait nous permettre d'entrer dans des développements aussi considérables : sur ce point nous nous référerions volontiers à l'œuvre de notre savant confrère. Nous nous contenterons de fixer le caractère des funérailles telles qu'on les pratique généralement en France aujourd'hui.

La grande majorité de ces cérémonies présente deux traits saillants : la présence d'un ministre du culte et l'accomplissement des rites d'une religion d'une part, et d'autre part le concours des amis du défunt, qui, en l'accompagnant à sa dernière demeure, lui donnent un témoignage précieux de sympathie, l'assistance aux funérailles de certaines autorités, de certains corps qui rendent ainsi honneur à la mémoire du décédé. L'usage s'est introduit également de parer le cercueil de fleurs ou de draperies, de prononcer même au cimetière des discours élogieux pour le défunt ; mais ce ne sont point des coutumes générales, ni, si nous pouvons nous exprimer ainsi, essentielles des funérailles.

Tous les citoyens n'appartenant pas au même culte, le respect des opinions qu'impose à tous le législateur pendant la vie des hommes, doit commander qu'après leur mort on règle la forme religieuse des funérailles sur leurs croyances, sur leur volonté. Ce souci d'assurer la liberté de conscience des citoyens et de la faire respecter même au delà de la mort, a eu pour conséquence la faculté donnée à chacun de choisir le culte dont il désire les cérémonies à ses obsèques : la faculté même d'écarter tout rite religieux et de se faire enterrer civilement.

Les enterrements civils devraient être ceux des hommes qui professent le scepticisme en matière de foi, ceux aussi des hommes qui ont des croyances religieuses, mais n'ont pu les faire rentrer, pour ainsi dire, dans le moule d'aucune des religions existantes.

Malheureusement, au lieu de considérer cette forme de funérailles simplement comme l'indication d'une pensée, d'une conviction respectables d'un citoyen, et de lui attribuer les honneurs et d'y observer la décence qui conviennent au convoi de nos semblables, la passion politique et religieuse a troublé les idées au point que de semblables enterrements ont pu être traités de scandales publics, et que des manifestations auxquelles les honneurs à rendre au défunt étaient bien étrangers, se sont produites dont le moindre danger pour la société était de modifier, au grand détriment de la morale publique, le caractère qui sied aux funérailles.

Il est arrivé alors ceci, que des hommes dont la science atteste la sincérité des convictions, ont pu être amenés à protester avec toute l'autorité dont ils disposaient et à choisir une forme religieuse des funérailles alors que leurs idées philosophiques devaient écarter de leurs obsèques toute intervention d'un culte. La religion et l'idée de Dieu, la croyance en l'immortalité de l'âme sont dans une société d'une importance telle que l'homme sage et de vraie science, quelles que soient ses convictions raisonnées sur leur vérité scientifique, ne doit point désirer voir affaiblir ces croyances de l'ordre le plus élevé, encore moins encourager à leur abandon. Il le ferait peut-être aujourd'hui s'il choisissait la forme civile des enterrements tant que celle-ci ne sera pas classée comme il convient dans l'opinion publique et les mœurs.

La liberté des citoyens n'en reste pas moins entière pour écarter tout rite religieux de leurs funérailles. L'autorité devra le même respect et une égale protection aux enterrements civils et aux enterrements religieux. Certes nous ne pensons pas, et cela pour les raisons que nous avons indiquées au paragraphe précédent, que de semblables cérémonies, dans l'état actuel des mœurs, soient dignes d'être encouragées par les gouvernants. Mais nous croyons que le moyen de les rendre moins fréquentes, au moins de les amener à garder le caractère qu'elles devraient avoir, n'est pas de différencier d'une manière officielle ces funérailles, en refusant d'y permettre les honneurs militaires ou autres auxquels la qualité du citoyen décédé lui donnait droit. Le pouvoir législatif l'a parfaitement compris et a manifesté à plusieurs reprises son opinion à ce sujet dans des circonstances très récentes. (Voyez notamment les articles 1 et 2 du nouveau projet de loi sur la liberté des funérailles et les nouveaux règlements militaires. Voyez en outre la nouvelle loi municipale, art. 97, 4°.)

Par contre nous considérons que ce serait le devoir de l'autorité de ne pas permettre qu'une cérémonie fu-

nèbre soit l'occasion de manifestations parfaitement déplacées en pareille circonstance. Les mœurs, nous l'avons
dit, veulent que les amis du défunt viennent en nombre
à son enterrement et accompagnent le corps au cimetière.
Dans les enterrements civils on a vu presque constam-
ment ce fait se produire que, grâce à une publicité très
grande donnée le plus souvent par un journal politique,
une foule énorme accompagnait à sa dernière demeure
un homme fort isolé de son vivant. Le but des personnes
qui formaient ce cortège n'était pas de rendre honneur
au défunt, mais de faire une démonstration d'un caractère
en partie politique, en partie anti-religieux (1). L'autorité ne peut pas scruter les motifs qui poussent un citoyen à assister à des obsèques et décider que tel peut
suivre le cortège et tel autre non. Mais qu'elle prenne des
mesures indirectes pour qu'une démonstration qui ne
convient pas au caractère d'une cérémonie mortuaire ne
puisse pas s'y produire, et nous estimons qu'elle serait
parfaitement dans son rôle. La loi donne-t-elle ce pouvoir à l'administration d'une façon absolue? C'est ce que
nous devons examiner.

Nous sommes amené à nous expliquer sur la légalité
d'un arrêté de M. Ducros, préfet du Rhône, en date du
18 juin 1873. Cet arrêté portait en substance que les
enterrements civils ne pourraient avoir lieu que s'ils
avaient été préalablement déclarés à la mairie dans des

(1) Ceci est tellement vrai, que, dans un arrêt dont nous ne pouvons citer la date, mais qui nous a été indiqué d'une façon très obli-
geante par notre savant maître M. Levavasseur de Précourt, commissaire du gouvernement au Conseil d'État, le Conseil d'État a
prononcé la dissolution d'une société de secours mutuels pour avoir
assisté en corps aux obsèques civiles d'un de ses membres et pour ce
motif que ses statuts défendaient à la Société toute manifesta
tion politique.

formes déterminées ; ils ne pouvaient avoir lieu qu'à cer- taines heures de la journée, heures crépusculaires ; le convoi devait suivre la voie la plus directe.

Il est bien naturel qu'un tel règlement ait soulevé de vives réclamations. L'émotion fut même si vive que la question de légalité fut portée à l'Assemblée nationale. Après une discussion dans laquelle intervint brillamment, mais en vain, M. Le Royer, président actuel du Sénat, l'Assemblée nationale déclara par son vote que M. le préfet du Rhône n'avait pas excédé ses pouvoirs (séance du 24 juin 1873). La Cour de cassation, chambre crimi- nelle, a admis également la légalité de cet arrêt, en reje- tant le pourvoi d'un contrevenant condamné par juge- ment du tribunal de Lyon. (Arrêt de cassation du 24 jan- vier 1874.)

En droit, la question nous semble très simple à poser et bien difficile à résoudre : aucun doute que le chef de la police municipale, en l'espèce le préfet du Rhône, n'ait eu le droit de prendre des mesures de police relatives aux convois mortuaires usant de la voie publique ou à quelques-uns d'entre eux, et cela pour assurer la circulation et le bon ordre, même, ce qui est plus déli- cat, pour faire respecter la décence qui doit régner dans les funérailles, cérémonies s'accomplissant sur la voie publique. M. Ducros avait-il eu en vue de gêner la liberté de chaque citoyen s'exerçant dans le choix de la forme de son enterrement ? avait-il eu en vue seulement d'éviter le retour de manifestations jugées inconvenantes, incom- patibles avec le caractère des cérémonies mortuaires ? Là, pour nous, était le point à discuter. Sans hésiter nous aurions décidé en l'espèce qu'il y avait excès de pouvoirs et que la mesure avait été de beaucoup dépassée par M. le préfet du Rhône.

De pareils règlements municipaux seraient devenus absolument impossibles après le vote de la proposition de loi de M. Chevandier sur « la liberté des funérailles ». L'article 2, adopté par le Sénat et par la Chambre, porte en effet : *Les maires ne pourront jamais, par voie d'arrêtés ni autrement, établir des prescriptions particulières applicables aux inhumations en vertu de leur caractère religieux ou civil.* L'article 97, 4°, de la nouvelle loi municipale rend inutile cet article 2 de la loi Chevandier ; il porte en effet *qu'il n'est pas permis d'établir des prescriptions particulières à raison des croyances ou du culte du défunt ou des circonstances qui ont accompagné sa mort.* Le sens d ecet article est clair et claire aussi la pensée qui l'a inspiré. C'est une restriction grave au droit de police du maire sur les enterrements, à son droit d'assurer la décence des funérailles qui intéresse l'ordre public, mais cette restriction aura moins de dangers que les abus auxquels l'exercice d'un pouvoir plus étendu avait donné lieu.

Nous avons voulu en quelques lignes exposer nos idées sur ce sujet si important des enterrements civils. Nous revenons maintenent à la matière plus générale qui doit faire l'objet de notre étude dans ce chapitre, et nous examinerons successivement trois points :

1° A qui appartient-il de règler les funérailles d'un individu ?

2° Dans quels cas l'autorité ecclésiastique peut-elle faire échec à la volonté des particuliers?

3° Des limites qu'imposent à la liberté des citoyens en cette matière les lois, les règlements et l'usage que le maire peut faire de son pouvoir de police.

I. — En droit, le principe généralement admis, le principe indiscuté est le suivant : chaque homme peut régler lui-même ce qui concerne ses funérailles ; c'est avant tout sa volonté qu'on devra rechercher et exécuter. — L'idée qui sert de base à ce principe n'est peut-être pas parfaitement philosophique. L'homme qui saura se faire une idée exacte des choses se souciera assez peu de ses dépouilles mortelles ; il laissera volontiers à ceux qui ont tenu la première place dans ses affections la liberté d'en disposer suivant les inspirations de leur piété, au gré de leurs convenances. Laissant à chaque individu le soin de décider s'il veut les prières d'une Église (1), nous comprendrions qu'on confiât à la famille le devoir et le droit de régler les autres détails des funérailles. Nous reconnaissons toutefois qu'une loi de cette nature blesserait les mœurs gravement, sans autre profit que d'obliger les hommes à conformer leurs volontés dernières à une idée scientifiquement exacte touchant le peu de cas à faire du corps après le décès, idée qui n'est pas près d'être acceptée par l'opinion. On pense aujourd'hui que l'homme, maître de disposer de ses biens après sa mort, doit avoir le droit de disposer de son corps, et que ce serait porter la plus grave atteinte au droit naturel et à la liberté que d'enlever cette faculté ou même de la restreindre pour d'autres motifs que ceux de l'ordre public. Or nous sommes dans une matière où le souci de respecter les mœurs s'impose comme le premier devoir du législateur désireux de ne pas voir s'affaiblir le culte des morts et l'esprit de famille.

On doit donc reconnaître au défunt le droit de régler ses funérailles, de décider ce qu'on devra faire de son corps. S'il n'use pas de cette faculté, on consultera la famille. C'est le second point accepté par tous.

(1) Ce point intéresse ce qui survit de l'homme après la mort, suivant l'affirmation spiritualiste.

Parfois même la jurisprudence a été jusqu'à reconnaître à la famille un droit supérieur à celui du défunt, lorsque celui-ci prescrivait des mesures froissant trop fortement la piété de celle-là. Pour ne citer qu'un exemple, en pratique on ne permet l'autopsie, sauf les cas où elle est ordonnée par la justice, qu'avec le consentement des proches parents, malgré la volonté du défunt. Le fait a été signalé à la tribune de la Chambre en 1882 par M. Beauquier, et l'honorable député a annoncé l'intention de déposer un projet de loi pour faire cesser cette pratique qu'il juge abusive.

Jusqu'à ces dernières années, aucun monument législatif ne s'était occupé de la matière que nous traitons actuellement. Ce n'est pas à dire que des difficultés ne se soient pas produites, mais les mœurs les avaient résolues, et dans les cas les plus aigus, l'intervention du juge de référé décidant *ex æquo et bono*, en tenant compte surtout des circonstances, avait paru suffisante. Cette absence de législation positive sur un point très délicat a été vivement critiqué, à tort suivant nous. Il est des contestations, — et celles que nous visons actuellement sont du nombre, — dans lequelles, à raison des éléments nombreux et complexes qui peuvent se trouver réunis, le juge doit jouir de la plus grande liberté. Si les principes qui doivent le guider sont certains, acceptés de tous, toute loi positive ne peut avoir qu'un résultat : l'obliger à décider, le cas échéant, conformément à la loi et contrairement aux principes.

Dans ces derniers temps, à cause du nombre croissant des enterrements civils, des conflits fréquents se sont élevés soit entre la volonté du défunt et celle de la famille, soit entre les désirs opposés de divers parents quant au caractère civil ou religieux à donner aux funérailles. Il a paru au législateur que la liberté du défunt, ses volontés, ses désirs n'étaient pas suffisamment consultés et respectés sur ce point important et qu'une loi était nécessaire pour faire cesser cet état de choses. M. Chevandier, député, en a pris l'initiative. Le projet voté par la Chambre des députés le 7 juillet 1882, a été étendu quant à son objet et sensiblement ramené au droit commun actuel par le Sénat. A l'heure où nous écrivons ces lignes la Chambre des députés n'a pas encore examiné la nouvelle rédaction du Sénat.

Les deux premiers articles ont pour but d'empêcher qu'on ne différencie officiellement les enterrements civils et les enterrements religieux : nous avons eu plus haut l'occasion de citer ces articles, sur lesquels l'accord est fait entre les deux chambres.

Les articles qui suivent indiquent dans quelle forme la volonté du défunt doit être exprimée; et assurent l'exécution de cette volonté par un ensemble de mesures administratives, judiciaires et pénales. — Le projet voté par la Chambre des députés ne s'occupait de la volonté du défunt que sur un point spécial : l'enterrement sera-t-il civil ou religieux? Quant aux autres objets qu'aurait pu régler le mourant, le projet n'innovait rien, et on aurait suivi les règles anciennes. Ces objets sont très nombreux; nous aurons à les passer en revue dans la troisième partie de ce chapitre : le lieu de la sépulture, la pompe des funérailles, l'usage à faire du corps en sont les principaux. Le Sénat a élargi le champ d'application de la loi nouvelle, et l'a étendu à tous ces objets. Tout nous fait croire que cette modification sera acceptée par la Chambre : pour mettre plus de clarté dans notre exposition, nous tiendrons dans le cours de cette étude ce fait pour accompli.

Nous devons maintenant exposer les règles suivies aujourd'hui, du moins celles qui devraient l'être. Nous ferons ressortir ensuite les innovations de la loi nouvelle.

Voici d'abord les deux rédactions de cette loi :

RÉDACTION DE LA CHAMBRE DES DÉPUTÉS	RÉDACTION DU SÉNAT
Article 1er. — Toutes les dispositions relatives aux honneurs funèbres à rendre aux personnes visées par le décret du 24 messidor an XII, leur seront rendus, quelles que soient leurs doctrines politiques philosophiques, sociales ou religieuses, que leurs funérailles aient ou non un caractère religieux.	Article 1. — Conforme.
Article 2. — Les maires ne pourront jamais établir par voie d'arrêtés ou autrement des prescriptions particulières applicables aux inhumations en vertu de leur caractère civil ou religieux.	Article 2. — Conforme.
Article. 3. — Tout majeur ou mineur émancipé en état de tester peut régler les conditions de ses funérailles quant au caractère religieux ou civil à leur donner. Sa volonté à cet égard doit être exprimée soit dans un testament, soit dans un acte testamentaire, soit dans un acte notarié ; elle demeurera exécutoire tant qu'elle n'aura pas été révoquée par un acte subséquent passé dans l'une des dites formes. Dans les mêmes actes, ou par des dispositions ultérieures il	Article 3. — Tout majeur ou mineur émancipé en état de tester peut régler les conditions de ses funérailles, notamment en ce qui concerne le caractère civil ou religieux à leur donner. Sa volonté doit être constatée ou par testament ou par déclaration faite soit par devant notaire soit sous simple signature privée en forme testamentaire. Il peut charger une ou plusieurs personnes de veiller à l'exécution de ces dispositions.

eut charger une ou plusieurs personnes de veiller à l'exécution de ses volontés. Tout porteur de l'acte passé dans l'une des formes susdites aura qualité pour en poursuivre l'exécution.

Article 4. — En cas de contestations sur le caractère des funérailles, le juge de paix du lieu du décès statue dans le jour, sans appel, sur la citation de la partie la plus diligente. La décision est notifiée au maire, qui est chargé d'en assurer l'exécution.

Article 4. — En cas de contestation sur les conditions des funérailles, notamment sur les disposions testamentaires et les circonstances de fait pouvant impliquer la révocation de ces dispositions, il est statué dans le jour, sur la citation de la partie la plus diligente par le juge de paix du lieu du décès, sauf appel devant le président du tribunal civil de l'arrondissement, qui devra statuer dans les vingt-quatre heures.

La décision est notifiée au maire, qui est chargé d'un assurer l'exécution.

Article 5. — Conforme.

Article 5. — Sera punie des peines portées aux articles 199 et 200 du Code Pénal toute personne, ministre du culte ou autre qui, au mépris de la notification à elle dûment faite de l'acte portant la déclaration de la volonté du défunt, aura donné aux funérailles un caractère contraire à ladite volonté, ou qui, en cas de contestation, aura contrevenu à la décision du juge de paix. L'article 463 du Code pénal est applicable.

Quelles sont les règles qui, aujourd'hui et jusqu'à ce que la loi nouvelle soit devenue parfaite, devraient être appliquées?

Le principe est qu'on doit suivre la volonté du défunt.

On serait tenté de dire que cette volonté doit être manifestée et ne peut être manifestée que dans la forme testamentaire, suivant le droit commun. Nous ne croyons pas cette idée exacte. — La dernière volonté du défunt doit être exprimée par testament quand il s'agit de ses biens : c'est la conclusion à tirer de l'article 895 du Code civil. « Le testament est un acte par lequel le testateur dispose, pour le temps où il n'existera plus, de tout ou partie de ses biens. » Il est évident pour nous que ce texte ne vise que la disposition du patrimoine et ne s'occupe nullement des prescriptions concernant les funérailles : à moins qu'on ne veuille jouer sur les mots et dire que son corps est pour l'homme le premier des biens, et qu'en réglant ses funérailles, il dispose de son corps. Nous n'avons aucun goût pour de semblables arguments.

Nous pensons donc que la volonté du défunt sur le point qui nous occupe peut être manifestée en dehors des formes prescrites pour le testament, qu'en général, les règles spéciales des testaments ne seront pas ici applicables. Certes, la déclaration de volonté acquerra une force plus grande et sera plus aisément respectée et certifiée si elle se produit dans la forme testamentaire ; mais cela n'est pas nécessaire : toute autre déclaration moins solennelle suffirait, même une simple déclaration verbale, car la preuve testimoniale serait admissible, s'agissant de choses non appréciables en argent. Il faudra toujours examiner, bien entendu, si les conditions de santé d'esprit requise par la loi pour tout acte devant avoir des effets juridiques sont réalisés, on devra prendre en considération la plus ou moins grande solennité et les circonstances de la déclaration pour décider si l'acte a été sérieux et exprime bien la volonté réfléchie du défunt. Mais ce sont là des règles de bon sens ou de droit commun, et non celles spéciales au testament. Enfin s'il s'agit d'un mineur, on devra non pas rechercher s'il avait l'âge requis pour tester, mais apprécier s'il avait la capacité de fait pour prendre les dispositions qu'il a prises.

On objecte, il est vrai, qu'il est étrange qu'une loi qui prescrit des règles si rigoureuses relativement aux conditions de forme et de fond des testaments n'ait pas cru devoir prendre les mêmes précautions pour un acte similaire et au moins aussi grave. Nous répondrons que les vivants sont moins intéressés à ne pas exécuter les volontés d'un mourant quant à ses funérailles que celles relatives à ses biens; et que ces dernières ont des conséquences juridiques bien plus importantes au moins au point de vue social. La distinction du législateur s'explique donc, mais quand même cela ne serait pas, nous devrions nous incliner devant un texte aussi formel que celui de l'article 895 du Code civil dans le sens de la distinction que nous défendons.

Nous ferons remarquer du reste comme il serait grave et imprudent de condamner notre théorie. En ne la suivant pas, il faudrait aller jusqu'à dire qu'en l'absence d'un testament régulier, le juge devra suivre les vœux de la famille, alors que toute la vie, tous les actes du défunt protesteraient contre ces vœux. On pourrait aller plus loin encore et soutenir que le testament n'étant pas fait pour recevoir les volontés touchant autre chose que les biens, on ne doit tenir aucun compte dans cet acte des clauses concernant les funérailles, au moins si elles ne sont pas liées à quelque disposition de biens. —

On abandonnerait donc le principe que chacun est libre de disposer de son corps, de régler ses funérailles, et on l'abandonnerait pour suivre un texte dont l'application dans l'espèce révolterait le bon sens et l'opinion. C'est un ministre du culte, c'est un religieux, c'est un homme d'une piété exemplaire : il meurt sans testament, ou sans avoir inséré dans son testament des clauses concernant le caractère ou les conditions de ses funérailles, clauses dont la validité ne serait pas admise dans tous les cas, suivant certaines théories ; — il laisse un parent éloigné qui ordonnera son enterrement civil ! Ou bien c'est un homme dont le scepticisme en matière de foi est connu, qui l'a professé, qui refuse de recevoir un prêtre à ses derniers moments, et sa famille lui réserve un convoi religieux ! De tels résultats ne sont pas admissibles.

Le juge saisi de la contestation sur le caractère à donner à la cérémonie ou sur un un détail des funérailles devra avant tout rechercher la volonté du défunt et prendre en considération tout ce qui a pu tendre à l'exprimer : écrits, paroles ou actes, aucune forme solennelle n'étant prescrite pour la manifestation de cette volonté.

De même que la dernière volonté du défunt relativement à ses funérailles n'a pas besoin d'être exprimée dans des formes déterminées, elle peut être révoquée d'une manière aussi peu solennelle, soit par des déclarations contraires aussi librement dispensées de formes, soit par tout acte tendant à prouver que la volonté du défunt a changé : et cela alors même qu'il aurait écrit sa première résolution dans un testament, car, nous le répétons, le testament vaut à cet égard une simple déclaration. Par exemple, voici un homme qui a dit dans son testament qu'il voulait être enterré à Lyon ; il fait construire un tombeau à Saint-Étienne : l'inhumation doit avoir lieu dans cette dernière ville, la volonté du *de cujus* ayant changé ; — ou bien un libre penseur reçoit un prêtre à ses derniers instants, — c'est un des cas de la pratique, — en réservant la preuve à faire du consentement éclairé de ce mourant, nous déciderions que l'enterrement doit être religieux, malgré les déclarations faites antérieurement dans quelque forme que ce soit. De simples paroles pourraient révoquer ainsi des clauses contenues dans un testament, si elles indiquaient une volonté sérieuse et réfléchie.

Les auteurs qui se sont occupés de la question que nous traitons actuellement ont examiné avec soin le point de savoir quelle force on doit reconnaître à une convention par laquelle le *de cujus* s'était engagé à se faire enterrer de telle ou telle façon, en pratique à se faire enterrer civilement. Pour nous, il ne saurait y avoir aucune difficulté sur la solution : en tant que convention, l'acte est radicalement nul : car l'objet de l'obligation de l'une des parties est illicite : la liberté de régler ses funérailles, qui dérive avant tout de la liberté de conscience, ne saurait être enchaînée de quelque façon que ce soit. Tout le monde devrait être d'accord sur ce point. — Si l'acte est nul comme convention, y devons-nous trouver au moins une déclaration solennelle de volonté dont le juge devra tenir compte, suivant notre théorie, si elle n'a pas été révoquée ? — Cela dépendra des circonstances ; il faudra que le magistrat recherche si telle a été la volonté réfléchie et libre du défunt. C'est un point de fait qui sera résolu aisément quand on examinera quels avantages le *de cujus* devait recevoir en échange de son engagement. — Il n'y a pas engagement obligatoire dont un créancier pourrait poursuivre l'exécution ; il peut y avoir déclaration sérieuse de volonté.

En résumé, le juge appelé à statuer devra rechercher

ce que le défunt a voulu ; il ne sera lié par aucun texte et pourra puiser les éléments de sa conviction dans toute espèce de faits, d'actes et de paroles.

Notre second principe est qu'on doit consulter la famille à défaut de volonté exprimée par le défunt. Le rôle que doit jouer la famille en pareille circonstance n'a jamais été bien défini : peut-être n'a-t-on pas suffisamment recherché la base de son droit.

Il faut distinguer trois hypothèses : la première est celle où il s'agit d'une personne morte sans avoir jamais été capable de manifester une volonté réfléchie sur le point qui nous occupe ; — la seconde est celle d'une personne qui a été en état de manifester cette volonté, mais ne l'est plus au moment de la mort ; la troisième, celle d'un individu mourant en état de manifester cette volonté.

L'orsqu'il s'agit d'un enfant, d'un idiot de naissance, il est certain que le juge ne saurait, sans déraison, s'appuyer pour décider, sur les convictions du défunt, non plus que sur ses actes ou ses paroles. On donne alors d'une manière absolue à la famille le droit de régler les funérailles : c'est, en effet, la famille qui est le plus directement intéressée, et si son droit cède devant le vouloir du défunt, au moins ne doit-il pas souffrir d'autres restrictions. Ceci n'est point contesté : ce qui l'est, c'est le point de savoir par quel membre de la famille doit être exercé ce droit. Pour un enfant, la controverse se restreint entre le père et la mère, qui semblent avoir des obligations égales par rapport à l'enfant, et des droits égaux. Un jugement du tribunal de Douai du 6 avril 1875 a fait fléchir le désir du père devant la volonté maternelle : l'enfant avait été baptisé, les époux s'étaient mariés suivant les cérémonies du culte catholique ; la mère voulait faire enterrer l'enfant religieusement ; le père s'y opposait. Le tribunal donna tort à ce dernier, les circonstances de fait étant très favorables à la mère. — Nous concluons de cette jurisprudence que les parents ont des droits égaux, et qu'en cas de non-accord entre eux, le juge prononcera suivant les circonstances.

A défaut de père et de mère, le droit passerait aux grands-parents et au tuteur. Ce sont eux qui avaient la direction morale de l'enfant, et il y a bien quelque lien entre cette direction et le soin de régler les funérailles.

Cette matière est des plus délicates, et la précision y est interdite parce que le juge examinant les circonstances trouvera parfois dans les faits des raisons de décider que nous ne pouvons ici prévoir. Et c'est précisément pour cela que nous approuvons sans réserves le législateur d'avoir, lors de la discussion du projet de loi de M. Chevandier, manifesté à plusieurs reprises la volonté de ne pas créer de hiérarchie dans la famille, liant ainsi le juge d'une manière étroite et ne lui permettant pas de décider d'après les circonstances les plus dignes d'être prises en considération.

S'agit-il d'un majeur devenu fou ou tombé dans l'enfance ? Ici nous aurons à rechercher la volonté du défunt, cette volonté qui existait au jour où la folie est survenue qui l'a arrêtée, cette volonté qui a été ainsi fixée au jour de la démence n'ayant pu être modifiée dans la suite. Ne dites pas que le défunt eût pu changer d'idées et notamment de convictions philosophiques. Lorsque l'homme a examiné les grands problèmes religieux et a accepté une solution, il est rare qu'il la modifie et ce changement ne peut être présumé. Cette hypothèse se confond donc avec la troisième, que nous allons examiner, avec cette seule différence que la volonté s'est fixée non au jour de la mort, mais à l'heure de la démence

S'il s'agit d'un majeur non dément ou d'un majeur fou, avec la différence que nous avons signalée, on doit avant tout rechercher la volonté du défunt. N'a-t-elle pas été exprimée d'une façon assez claire pour déterminer la conviction du juge, on consultera la famille. Mais ce n'est pas, comme dans l'hypothèse d'un enfant, parce qu'elle a un droit en sous-ordre, c'est parce que dans la famille on trouvera les dépositaires probables de la volonté du défunt ou ses mandataires présumés à l'effet de régler ses funérailles. Ce n'est pas en vertu d'un droit propre que nous reconnaissons à la famille le droit d'intervenir, c'est comme ayant reçu la volonté du défunt et voulant la faire exécuter. Tacitement le *de cujus* a laissé à telle personne avec laquelle il était en communauté d'idées ou qui tenait la plus grande place dans ses affections, le droit et le soin de régler ses funérailles, suivant les inspirations de sa piété ou suivant les pensées, les désirs qu'elle connaissait au défunt.

Cette idée a des conséquences importantes : elle nous permet d'abord d'affirmer que la jurisprudence ne saurait établir à priori une hiérarchie entre les parents pour l'exercice du droit dont nous nous occupons ; c'est ce qui explique l'anarchie qui semble régner dans les jugements sur ce point. Des tribunaux ont décidé que le droit du conjoint primait celui des parents : d'autres ont renversé la proposition. - - Nous dirons en second lieu que la classification des parents établie par la loi pour le droit successoral n'a rien à voir en notre matière et doit être entièrement écartée. Enfin nous irions jusqu'à décider, tout en convenant que ce point est beaucoup plus délicat, que le juge pourrait éconduire les membres de la famille pour suivre la volonté d'une personne étrangère, mais qui pourrait être considérée comme la

mandataire tacite, indéniable du défunt à l'effet de régler ses funérailles : ce serait le cas d'un légataire universel, — la jurisprudence l'admet, — d'un ami, même
d'une concubine avec lesquels le défunt aurait vécu sans
relation avec des parents, cousins à un degré éloigné,
dont il ignorait peut-être même l'existence.

Pour nous, le juge ne doit être lié par aucune règle.
sauf celle-ci : qu'il doit partout, avant tout et surtout
rechercher la volonté du décédé. Il la trouvera dans son
testament, dans ses déclarations, dans ses actes, ses
écrits, ses paroles. Manque-t-il d'éléments de conviction,
il consultera la famille, il recherchera quelle personne
était en communauté d'idées avec le défunt, à qui il a
dû confier ses désirs, à qui il a dû s'en remettre pour
régler ses funérailles. C'est dans ce mandat présumé que
la famille puise son droit d'intervention en cette matière.

Qui a qualité pour agir et faire respecter les volontés
du défunt ? La jurisprudence reconnaît ce droit aux
parents du décédé jusqu'au douzième degré, au légataire
universel, à l'exécuteur testamentaire. Elle ne l'accorde
pas en principe aux amis du décédé, parce que l'amitié
fondée sur la sympathie et l'habitude n'est pas un titre
de droit aux yeux de la loi. Elle ne le reconnaît pas davantage aux ministres du culte, qui ne peuvent pas
prendre l'initiative et ne doivent procéder aux cérémonies de l'enterrement que quand ils en sont requis régulièrement. Pour nous, nous pensons que l'on pourrait
donner à ces deux catégories de personnes le droit
d'agir dans la vue d'assurer l'exécution de la volonté
du défunt: ce serait une garantie de plus pour la liberté.

La juridiction compétente, suivant le droit commun,
tant qu'il n'y sera pas dérogé par un texte, est le tribunal d'arrondissement ; en pratique, le juge de référé,

car dans la plupart des cas il y aura urgence. C'est à
cette juridiction qu'il appartient aujourd'hui de connaître
de toutes les difficultés relatives au caractère et aux conditions des funérailles.

Telles sont, suivant nous, les règles actuelles de la
matière ; nous devons examiner les innovations de la
nouvelle loi que l'on prépare.

Le défunt a-t-il disposé de son corps et réglé ses obsèques soit par testament régulier, soit par déclaration
en la forme testamentaire, si d'autre part le disposant
est majeur ou mineur émancipé et en état de tester, le
juge devra faire exécuter la volonté du mourant, à moins
qu'elle n'ait été révoquée. Ici se place le conflit le plus
grave entre la Chambre et le Sénat. Suivant la Chambre
des députés la révocation ne pourrait pas avoir lieu
d'une manière implicite ; elle devrait être expresse, net
résulterait que d'une clause testamentaire nouvelle et
contraire ou d'une nouvelle déclaration en la forme testamentaire. Ce serait une très grave innovation : on
couperait court ainsi à tous les procès délicats sur le
point de savoir s'il y a révocation tacite par suite de
faits qui, comme la réception d'un prêtre aux derniers
moments de la vie, pourraient indiquer la volonté du
défunt. La Chambre a pensé que l'homme qui aurait
assez de vie et de force de volonté pour renier des convictions réfléchies de sa vie en conserverait assez pour
modifier son testament. — Il a paru à la Chambre haute
que c'était payer trop cher la suppression de quelques
procès que de créer un danger pour la liberté du mourant : après d'éloquents discours des orateurs catholiques
de l'Assemblée, la commission revenant sur une décision antérieure, et après la commission, le Sénat ont
admis la révocation tacite.

Si la rédaction du Sénat est admise, cette première innovation de la loi n'aura pas grande portée. Le juge sous la législation nouvelle devra faire ce qu'à notre avis il doit faire aujourd'hui : faire respecter la volonté du défunt exprimée par testament ou par déclaration en la forme testamentaire, à moins que cette volonté n'ait été révoquée expressément ou tacitement. Toute la différence consistera sans doute en ceci : en fait le juge se montrera plus rigoureux dans l'appréciation des faits qui peuvent entraîner la révocation tacite d'une volonté exprimée dans les formes prévues par la loi nouvelle.

Supposons en second lieu que le défunt ne laisse ni testament ni déclaration en la forme testamentaire. Suivant nous, actuellement le juge n'est pas, en cette hypothèse, dispensé de rechercher la volonté du *de cujus*, qui peut avoir été aussi nettement indiquée de toute autre façon. Par exemple, malgré le désir des proches parents, il n'ordonnera pas l'enterrement civil d'un prêtre. — Faudra-t-il suivre la même règle lorsque la loi nouvelle sera en vigueur ? Une réponse négative vient naturellement à la lecture de l'article 3 du projet : où le défunt a manifesté sa volonté dans les formes précises déterminées par cet article, on ne peut alors se dispenser de la suivre ; où il ne l'a pas fait, alors le droit de vouloir passe à la famille. — Le cas échéant, cette solution serait monstrueuse, et le bon sens révolté pourrait obliger le juge à ne pas l'appliquer. Ceci nous détermine à ne pas l'accepter. Pour nous, en l'absence de clause testamentaire ou de déclaration faite en la forme prévue par l'article 3, on retombera sous l'empire des règles qui devraient être actuellement suivies : le juge examinera les faits, les déclarations du défunt faites dans une autre forme que celles prévues par les articles 967 et suivants du Code civil, ses paroles, ses écrits, ses actes. Il est tenu de se conformer aux clauses testamentaires non révoquées ; il est tenu avec plus de rigueur qu'autrefois : c'est là le point nouveau. S'il n'en existe pas, aucune modification n'est apportée, quant au fond, aux règles qui régissent actuellement la matière.

Lorsque le *de cujus* n'a pas manifesté sa volonté, le droit de vouloir passe à la famille : aucune hiérarchie ne sera établie par la loi nouvelle entre les divers membres de la famille. M. le ministre de l'Intérieur proposait d'établir un article 4 ainsi conçu : *A défaut de dispositions du défunt sur cet objet, le choix pour déterminer le caractère civil ou religieux* (ajoutons, suivant la rédaction du Sénat : et les conditions) *des funérailles appartiendra en première ligne au conjoint de l'époux décédé, à défaut de conjoint au légataire aniversel, ou s'il n'en a pas été institué, aux héritiers les plus proches.* La commission, saisie déjà de cette question sur l'initiative de M. Chevandier, a maintenu sa proposition de ne pas établir de présomption en faveur de tel ou tel membre de la famille du défunt. Elle a cru que les circonstances pouvaient, dans l'espèce, donner plus d'autorité à tel ou tel membre de la famille et que l'instruction et l'enquête éclaireraient suffisamment le magistrat. (Rapport de la commission à la Chambre.) Donc la loi nouvelle n'innovera rien sur ce point.

Par contre, elle modifie les compétences : la connaissance des difficultés sur le caractère et les conditions des funérailles est donné aux juges de paix, qui, plus rapprochés des justiciables pourront examiner plus rapidement et plus sûrement l'affaire : on l'espère du moins. Le Sénat et la Chambre sont d'accord pour donner compétence aux juges de paix ; mais tandis que cette dernière veut que la décision de ces magistrats soit sans appel, le Sénat admet un appel, exceptionnel dans notre droit, au président du tribunal d'arrondissement, statuant dans les vingt-quatre heures; il oblige de plus le juge de paix à statuer dans le jour. Nous signalons ces divergences de rédaction sans pouvoir prévoir dans quel sens elles seront tranchées.

Enfin la loi nouvelle s'occupe d'assurer plus exactement que par le passé l'exécution de la volonté du défunt, et elle croit y arriver en formulant deux dispositions nouvelles sur le principe desquelles l'accord est fait entre les deux Chambres.

La première donne au maire un certain droit d'intervention pour faire respecter les décisions du défunt, au moins quand elles auront été constatées par un jugement du juge de paix signifié à l'autorité municipale. Le projet primitif donnait aux maires un droit bien plus considérable; ces magistrats devaient recevoir notification de l'acte testamentaire et étaient tenus alors d'en assurer l'exécution. On a reconnu qu'on ne pouvait pas rendre le maire juge de la validité d'un acte qu'on lui présenterait comme constatant la volonté dernière du *de cujus* et on a rendu le droit de décision à l'autorité judiciaire naturellement compétente. — Donc ou tout le monde sera d'accord pour régler les funérailles, et alors le maire n'aura pas à intervenir; ou il y aura une contestation qui sera tranchée par le juge de paix : le maire fera respecter la décision du juge. Dans la pensée du législateur, le maire doit avoir le pouvoir de s'opposer, même par la force, à ce que l'enterrement ait un caractère ou ait lieu dans des conditions qui différeraient du caractère ou des conditions indiquées par la décision du juge de paix.

La seconde disposition est d'ordre pénal : elle fait

l'objet des articles 5 du projet dont les différences de rédaction apparaissent à la lecture. Le principe est qu'on punira de peines même sévères les personnes qui, averties par une notification de la volonté du défunt exprimée dans les formes légales ou de la décision du juge de paix, donneraient aux obsèques un caractère contraire à celui indiqué dans le testament ou par cette décision. Cette disposition vise aussi bien les maires que les ministres du culte : vise-t-elle les particuliers, les parents, les amis du défunt qui ordonnent ses funérailles? Non, suivant le rapporteur du projet à la Chambre; cela a été dit formellement. Un mot dans le texte pour éviter toute difficulté sur ce point serait tout à fait nécessaire.

Dans la vue d'assurer l'exécution de la volonté du défunt, nous pourrions citer encore le troisième paragraphe de l'article 3 du projet. Il est permis de nommer une ou plusieurs personnes chargées de faire exécuter spécialement cette clause testamentaire : nous ne croyons pas que ce droit soit chose nouvelle. Les mots : « ou plusieurs personnes, » visent les sociétés de solidaires. La Chambre donnait le droit d'agir au porteur de l'acte : c'eût été là une grosse innovation; le Sénat l'a supprimée; si le mandat peut créer un droit au profit de l'exécuteur testamentaire, un droit semblable ne peut résulter du simple fait de la détention du testament.

En résumé, laissant de côté le changement de compétence qui s'opérera au profit du juge de paix, la loi nouvelle rendra plus difficilement admissibles les révocations tacites de volonté lorsque la volonté aura été exprimée dans les formes testamentaires; sans rien changer aux règles qui devraient actuellement être suivies, lorsque la volonté du défunt n'aura pas été exprimée dans les formes testamentaires ou n'aura pas été exprimée du tout. Elle assurera mieux l'exécution des désirs du mourant ou des décision du juge, grâce au droit d'intervention du maire et aux pénalités de l'article 5. Ce sont sans doute des réformes importantes, mais qui ne sauraient cependant avoir la portée et les grandes conséquences que la passion politique a cru pouvoir leur attribuer.

II. — Nous savons maintenant à qui il appartient de régler les funérailles. La liberté des particuliers en cette matière n'est pas entière : leur volonté peut se heurter d'abord à un refus de l'autorité ecclésiastique. C'est le second point que nous devons traiter dans ce chapitre.

L'autorité religieuse est requise régulièrement, par une personne ayant qualité à cet effet, de procéder aux cérémonies habituelles des enterrements, et elle refuse Si le culte dont il s'agit est de ceux qui ne reçoivent pas de la loi une protection particulière, si ce n'est pas, pour employer l'expression consacrée, un culte reconnu, l'autorité civile n'a pas à intervenir. Le prêtre examinera souverainement, sans avoir à se préoccuper d'autre chose que des règles disciplinaires de sa religion, s'il doit ou non prêter son concours aux obsèques. S'il s'agit d'un culte reconnu, la question n'est pas la même. En échange de la protection et des avantages garantis par la loi à ces confessions, l'État s'est fait reconnaître le droit de protéger les citoyens contre les abus que leurs ministres pourraient être tentés de faire de leurs pouvoirs. Ce serait une erreur de croire que les refus de sacrements, les refus de sépulture ecclésiastique sont des décisions qui, prises par le prêtre suivant les inspirations de sa conscience, en exécution des lois de l'Église, échappent par leur nature et par cela seul qu'elles sont

du domaine spirituel au contrôle de l'État. Cela serait
exact si l'on se plaçait dans l'hypothèse de la séparation
absolue des Églises et de l'État : obligées alors de respecter les lois de police et l'ordre public, les religions
auraient assurément le droit de régler tous les points du
dogme et de la discipline comme elles l'entendraient.
C'est précisément le sacrifice d'une partie de cette liberté
qui a été imposé aux cultes reconnus en l'an X, en
échange des avantages spéciaux que leur assure l'État.

Spécialement l'État qui reprenait ainsi le droit de protéger les citoyens contre les abus de l'autorité religieuse,
droit reconnu au souverain sous l'ancienne monarchie,
devait, suivant l'expression de Portalis, garantir à ceux
qui professent une religion la jouissance des biens spirituels qu'ils s'en promettent. Son devoir est d'examiner
les refus de sacrements et de sépulture « qui retranchent
aux citoyens la portion qui leur appartient dans la communauté des biens spirituels (1), » s'ils sont réguliers
et justes, conformes aux canons reçus en France, et
d'user des remèdes qu'il a en main pour arrêter les
abus et les contraventions qui pourraient être commis à
cet égard.

Malgré nous, et même en exposant ces idées générales sur la matière que nous allons traiter, nous sommes
amené à employer des termes et à parler de choses qui
sont le propre de l'Église catholique. C'est qu'en effet,
les conflits provoqués par les refus de sépulture l'ont

(1) Extrait d'une brochure intitulée : *De l'autorité du clergé et
du pouvoir du magistrat politique sur l'exercice des fonctions
du ministère ecclésiastique,* que Portalis a citée comme très pro-
fonde dans son rapport au Conseil d'État sur les actes organiques
de l'an X.

toujours été par des refus émanés de prêtres catholiques.
Nous ne nous occuperons que de ce cas, tout en faisant
remarquer qu'il faudrait établir une théorie analogue,
mutatis mutandis, s'il s'agissait d'un autre culte reconnu.

On comprendra aisément que nous nous abstenions dans
cette étude de toute critique des lois des religions. Spécialement est-il sage et conforme à la morale du Christ
que l'Église catholique refuse ses prières à un défunt qui
les a sollicitées? c'est ce que nous n'avons pas à rechercher. Nous constatons seulement que la discipline de ce
culte, dans le but d'amener les vivants par une crainte
salutaire à la stricte observation de ses lois, reconnaît
aux curés, sous le contrôle des évêques, le droit de
juger en quelque sorte le défunt et de décider s'il y a
lieu de lui accorder les prières de l'Église et les honneurs d'une cérémonie religieuse. Elle détermine d'une
façon générale les cas dans lesquels le refus sera de
règle, et, sans vouloir entrer dans l'étude des lois canoniques, nous pouvons citer : le cas d'une personne,
même d'un enfant qui n'a pas reçu le baptême, celui
d'une personne qui s'est tuée elle-même n'étant pas en
état de folie, ou a été tuée en duel sans avoir eu le
temps de se repentir. L'Église refuse aussi son concours
aux funérailles de ceux qui ont commis certains péchés
manifestes (1), et sont morts sans en avoir fait pénitence, de ceux mêmes qui n'ont pas accompli le devoir
pascal. Cette dernière règle formulée par le quatrième
concile de Latran, célébré en 1215, n'avait pas été reçue
en France, et les Parlements refusèrent de l'appliquer, accordant leur protection aux citoyens qui ne se trouvaient

(1) Ces péchés sont énumérés dans le *Rép. gén. de jurisp.* de
Dalloz, V° *cultes*, n° 261.

privés de sépulture ecclésiastique que pour cette cause. Merlin nous en donne un exemple curieux dans son Répertoire au mot *sépulture*.

Bossuet recommandait d'user avec le plus de ménagements possible des sévérités de l'Église à l'égard des défunts. Dans une lettre de l'éminent prélat à l'évêque de Saintes, il s'exprime en ces termes : « La présomption de la pénitence étant la plus favorable, c'est celle qu'on doit suivre. En général, j'évite autant que je peux de donner occasion à la justice de sévir contre la mort, parce que je ne vois pas que ce supplice fasse bon effet (1). » Ces idées malheureusement n'étaient pas toujours suivies, et l'extrême sévérité avec laquelle l'Église avait, sous l'ancienne monarchie, usé de son droit à une époque où le refus de sépulture ecclésiastique était dans l'opinion publique la pire flétrissure et avait, au point de vue de l'état civil, les plus graves conséquences ; avait souvent tourné au scandale. Des classes entières de citoyens, quelle que fût l'honnêteté de leur vie, la sincérité de leurs convictions, s'étaient vu refuser les honneurs de la sépulture religieuse en raison de leur seule profession. Ou bien cette rigueur venait frapper des hommes qui, toute leur vie, avaient accompli les devoirs du chrétien pour un seul manquement public à une prescription canonique.

Les parlements ne laissèrent pas aux ministres du culte liberté entière de décision à cet égard et se crurent d'autant plus en droit d'intervenir que ces refus avaient des conséquences plus graves, que la conscience des citoyens en était plus alarmée et que le scandale en était plus dangereux. Les représentants du défunt, les

---

(1) Lettre du 26 février 1667.

dépositaires de son honneur, et même le ministère public purent déférer aux parlements les décisions des autorités ecclésiastiques en cette matière. Ces corps judiciaires examinaient ces refus ; s'ils les trouvaient mal fondés en fait ou en droit, si par exemple le prêtre avait jugé acte, péché notoire un fait qui ne l'était pas, ou s'il avait fondé sa décision sur une loi canonique non reçue en France, les parlements déclaraient l'abus, condamnaient les ministres du culte à dire des messes de *Requiem* annoncées au prône et prononçaient même des condamnations à des dommages-intérêts pour réparer le préjudice injurieux causé à la mémoire du défunt. L'exécution de toutes ces décisions judiciaires pouvait être assurée par la saisie du temporel, et nous pensons volontiers que le clergé devait céder à l'autorité de l'arrêt plutôt que de s'exposer à cette grave mesure.

Nous citerons un arrêt curieux de la Tournelle du parlement de Paris, en date du 29 mars 1755. Jean-Antoine Boileau, chirurgien à Saint-Vrain, mourut au mois de novembre 1754, sans avoir reçu les sacrements. Il était notoire, dans la paroisse, qu'il n'avait pas satisfait au devoir pascal depuis plusieurs années ; mais il assistait aux offices de l'église et avait été administré dans une grave maladie, en 1745. Le curé refusa de lui donner la sépulture ecclésiastique. Assigné par la famille devant le juge de Saint-Vrain, le curé déclara que, s'agissant de sépulture religieuse, il n'était responsable de ses refus que devant son supérieur hiérarchique ou au juge royal. Le haut justicier de Saint-Vrain n'en condamna pas moins le curé à inhumer Boileau en terre sainte en observant les cérémonies et prières d'usage, et à 300 livres d'amende. Au cas de refus du curé, le corps devait être porté dans le cimetière par commission d'huissier qui devait inscrire son procès-verbal sur les registres du curé. Appel interjeté fut porté à la Tournelle, et le Parlement, se fondant sur ce que le curé avait appliqué une peine canonique en vertu de lois de l'Église non reçues en France, le condamna à 400 livres d'amende, à dire une messe de *Requiem* annoncée au prône, à inscrire sur son registre le procès-verbal d'inhumation, enfin à payer tous les dépens et 100 livres de dommages-intérêts à la famille.

Ainsi, dans notre ancien droit, si l'on reconnaissait à l'Église la liberté de refuser la sépulture ecclésiastique à ceux qui n'avaient jamais professé la religion catholique et à ceux qui l'ont répudiée formellement ou par un manquement grave et public à ses lois, le contrôle des parlements s'exerçait d'une manière efficace sur les décisions de l'autorité ecclésiastique à cet égard, protégeant les citoyens contre l'oppression de l'Église, le scandale et les sévérités injustes ou non conformes aux canons reçus en France.

La Révolution n'a pas changé les règles de discipline du culte catholique. L'auteur du livre de l'*Administration temporelle des paroisses* (1), auquel son caractère d'archevêque donne une compétence spéciale, nous indique dans quels cas l'Église refuse la sépulture ecclésiastique. « Elle ne traite pas comme catholique celui qui ne l'a jamais été, qui ne l'était pas au moment de sa mort, qui avait abjuré sa foi par la profession d'une erreur condamnée ou par des actes contre des lois constantes et dont la violation équivaut à une apostasie. Cette apostasie est-elle suffisante? Non, il faut qu'elle soit notoire, qu'elle ne puisse être rendue douteuse par aucune

____

(1) Mgr Affre, archevêque de Paris.

circonstance atténuante, *ita ut*, dit Benoît XIV, *nulla tergiversatione celari possit.* — Cette notoriété suffit-elle ? Non encore, il faut qu'elle existe au moment de la mort, et qu'à cet instant suprême, il n'y ait eu aucun signe de repentir. Si quelqu'une de ces conditions manque, le prêtre ne refuse pas son ministère au mourant et ne refuse pas aux morts des prières publiques et solennelles. »

En fait, les refus de sépulture ecclésiastique sont devenus beaucoup plus rares ou ne se sont produits que dans des cas où des protestations n'auraient pas eu raison d'être. On peut dire d'une manière générale que l'Église s'est beaucoup relâchée de sa sévérité, et nous pouvons en indiquer deux causes. D'abord, la liberté des cultes étant reconnue, le refus de sépulture ecclésiastique n'aura pas les effets terribles qu'il avait autrefois au point de vue de la loi et de l'opinion publique ; la peine effrayera moins les vivants, son utilité sera ainsi diminuée, et l'Église aura moins d'intérêt à l'infliger. D'autre part, la religion se montre si hostile aux enterrements civils qu'elle doit faire les plus grands efforts pour n'en pas accroître le nombre volontairement (1). Il sera donc bien rare aujourd'hui, sauf peut-être dans les pays où

(1) « Je pense, dit Jauffret, avec tous les ecclésiastiques éclairés, que ce n'est pas le moment de repousser de nos temples ceux qui s'y présentent ; que dans l'intérêt de la religion même, le clergé doit partout se conduire avec beaucoup de circonspection, de prudence et de charité, qu'il doit éviter l'éclat lorsqu'il est forcé de faire des exceptions affligeantes et prévenir, autant qu'il est en lui, par la sagesse de sa conduite, des scènes déplorables qui font sourire les incrédules, réveillent l'esprit de parti, préparent au culte catholique de nouveaux ennemis et augmentent le nombre des mécontents, sans augmenter celui des chrétiens. »

(Jauffret, *Des recours au Conseil d'État.*)

la foi et les mœurs anciennes sont restées vivaces, que le prêtre s'arme des sévérités des lois canoniques pour refuser son ministère à un enterrement, alors que sa décision pourrait donner prétexte à des plaintes et ne servirait pas beaucoup les intérêts de la foi.

Grâce à l'influence de ces idées, grâce aussi aux décisions du Conseil d'État que nous étudierons plus loin et à la jurisprudence ministérielle, les recours pour abus sont devenus rares en cette matière, l'apaisement s'est fait, et on est arrivé à des solutions qui semblent satisfaire à peu près tout le monde. Il n'en est pas moins vrai que le législateur des premiers temps qui suivirent la Révolution a dû se préoccuper d'une question qui, ainsi que nous l'avons vu, avait si vivement ému l'opinion sous l'ancienne monarchie et amené l'intervention énergique des parlements dans l'intérêt des citoyens.

Cette préoccupation se traduisit, avant la Restauration par deux monuments législatifs, sans compter le Concordat et les Articles organiques, que nous laisserons pour le moment de côté, comptant nous expliquer plus loin sur la portée et l'application de ces textes à notre matière.

Nous trouvons d'abord l'article 19 du décret du 23 prairial an XII. Il est ainsi conçu : *Lorsque le ministre d'un culte, sous quelque prétexte que ce soit, se permettra de refuser son ministère pour l'inhumation d'un corps, l'autorité civile, soit d'office, soit sur la réquisition de la famille, commettra un autre ministre du culte pour remplir ces fonctions ; dans tous les cas l'autorité civile est chargée de faire présenter, porter, déposer et inhumer les corps.*

Nous ne savons pas exactement de quelles illusions se sont bercés les rédacteurs de décret ; mais il est certain que cette disposition n'a pas reçu et ne pouvait pas recevoir d'exécution (1). Tous les auteurs à l'envi l'ont critiquée : nul ne l'a fait avec plus de vigueur que M. de Cormenin (2) : « Nous ne parlerons pas, dit-il, de ce décret insensé du 23 prairial an XII, qui veut que l'autorité civile commette d'office, mais sans contrainte toutefois, un autre ministre du culte. Qu'est-ce en effet que ce prêtre automate qui arrive au premier coup de sifflet de l'autorité civile et qui prie par commission? La prière ne vient pas d'un bureau de police... »

L'intention du législateur de l'an XII est néanmoins facile à comprendre : se rappelant les scandales de l'ancien temps et s'inspirant de la doctrine des anciens parlements, qui obligeaient le prêtre à se conformer à leurs arrêts et à accorder au défunt les prières et les honneurs de l'Église quand le refus en était jugé illégal, les rédacteurs du décret de prairial ont voulu manifester leur volonté de ne pas accorder sur ce point une moindre protection contre les sévérités injustes ou injurieuses de l'Église. Cette manifestation d'intention est tout ce que nous pouvons tirer de l'article.

Le sujet valait la peine qu'on y réfléchisse, et si l'on jugeait trop incomplets les articles organiques du 10 germinal an X, d'où l'on pouvait cependant tirer et d'où l'on a tiré en effet les règles de la matière, il fallait faire un texte complet qui n'eût pas été superflu. On ne l'a pas compris ou on ne l'a pas voulu : nous inclinerions en faveur de cette dernière hypothèse.

En effet, il n'a pu échapper au législateur que l'on serait

______

(1). Elle sera abrogée formellement par l'article 6 de la nouvelle loi votée par la Chambre le 12 novembre 1883.

(2) *Droit administratif*, t. I, p. 333.

obligé de chercher des règles en dehors de cet article 19 du décret de prairial. « Le prêtre qui se permettra, *sous quelque prétexte que ce soit*, de refuser... » Une distinction au moins devait s'imposer toujours, malgré ce texte. La loi n'a pu vouloir qu'on obligeât un rabbin à procéder aux cérémonies de son culte pour un individu ayant appartenu au culte catholique : c'eût été là une rigueur insensée contre laquelle la raison eût protesté ainsi que l'opinion publique. Dès lors il fallait bien au moins fixer à quels signes on reconnaîtrait un individu appartenant à la religion juive, à la catholique : ce sont là des points sur lesquels s'expliquent les règlements de chaque Église. L'article dont nous nous occupons est donc inapplicable dans sa lettre.

En second lieu on confie à *l'autorité civile* le soin de forcer la résistance des ministres du culte, et on ne s'explique pas sur le point de savoir quelle sera l'autorité chargée de cette haute mission. Sera-ce le maire ? Cela semblerait bien étrange. Nous avons montré que le refus du prêtre pouvait être parfaitement raisonnable et légitime dans certaines circonstances et que les rédacteurs du décret n'avaient pu le méconnaître : les difficultés qui pourraient surgir seront de l'ordre le plus élevé et l'on confierait au fonctionnaire le plus incompétent et le plus mal placé pour les juger le soin de les résoudre ! On le ferait, alors que, dans l'ancien droit, compétence était donnée aux parlements, les corps de justice les plus élevés du royaume, et qu'actuellement, de droit commun, c'est le Conseil d'État, la plus haute autorité administrative, qui donne son appréciation sur les questions de cet ordre !

Le décret est incomplet en ce qu'il ne désigne pas avec précision les cas dans lesquels l'autorité peut agir,

en ce qu'il ne désigne pas l'autorité à laquelle ce soin est
confié ; il l'est encore en ce qu'il établit une sanction
puérile et qui n'est pas susceptible d'être appliquée. La
discipline ecclésiastique tenant tous les membres du
clergé, il est évident que le second prêtre désigné ne
fera pas le service qu'a refusé le premier ; s'il le faisait
il rendrait sa situation impossible dans l'Église, malgré
la protection que le pouvoir civil pourrait lui accorder.

Pour notre part, nous ne pensons pas que ces critiques
si aisées à faire aient échappé au rédacteur du décret
de prairial dont l'habileté ne saurait être mise en doute.
Les imperfections que nous signalons ont été voulues,
et, ainsi que nous l'avons dit plus haut, on peut dégager de ce texte une manifestation énergique de volonté,
c'est là tout, et c'est aussi tout ce que le législateur a
voulu. Faire une loi précise, établir une peine contre
les prêtres qui se refuseraient à obéir aux ordres de telle
autorité civile à qui on donnerait compétence à cet effet,
eût été chose grave et qui n'eût pas été acceptée. Il eût
fallu définir avec netteté sur ce point les droits respectifs de l'autorité religieuse et de l'autorité civile : c'est
une tâche devant laquelle on avait dû reculer lors de la
confection du Concordat et des Articles organiques ; elle
n'était pas plus aisée en l'an XII et il eût peut-être fallu
remettre en question cet accord de l'État et de l'Église
qu'on avait eu tant de peine à établir. Le législateur n'a
pas dû le vouloir ; il a eu simplement pour but de rendre plus prudents les ministres des cultes dans leurs décisions sur les refus de sépulture ecclésiastique, et de
rendre plus rares par l'effet de cette sorte de menace les
abus que les parlements avaient eu autrefois à réprimer.

A ce point de vue, le texte de notre article avait bien son utilité (1).

En 1812 on se préoccupa de nouveau de la question et un projet nouveau de décret fut préparé pour obliger sous une sanction pénale, non plus directement cette fois, mais indirectement, ce qui est la seule voie pos-

(1) Nous pouvons trouver une preuve de la vérité de notre hypothèse dans la discussion qui précéda le décret de prairial.

Le ministre de l'Intérieur proposait de résoudre nettement la question en thèse générale. Son projet portait : titre IV, article 16 : « Les ministres du culte ne pourront dans aucun cas, et sous quelque prétexte que ce soit, refuser leur ministère pour l'inhumation des corps des individus décédés dans la religion catholique, apostolique et romaine. »

Le rapporteur chargé d'exprimer devant le Conseil d'État l'opinion de la commission parla ainsi : « Le ministre de l'Intérieur, pour prévenir des désordres arrivés dans tous les temps par le refus des inhumations, voulait qu'on défendît aux prêtres de refuser d'enterrer tout individu mort dans la religion catholique. Le conseiller d'État Portalis, qui, par sa place et son expérience, est à portée de connaître les dangers qu'on court, lorsqu'on veut toucher à la limite des pouvoirs temporel et spirituel, pense qu'il faut supprimer cet article qui ferait naître les désordres qu'on veut prévenir. *Il pense que c'est un point délicat sur lequel le gouvernement doit exercer une utile influence, mais sans en parler dans un règlement.* Plusieurs membres de la section partageaient ce prudent avis. La majorité de la section, au contraire, a pensé qu'il ne fallait adopter ni le silence conseillé par M. Portalis, ni l'avis du ministre et qu'on devait, au contraire trancher la question et défendre à tout prêtre de refuser d'enterrer tout individu lorsqu'il en serait requis par les familles. En s'exprimant ainsi, le rapporteur présentait la rédaction suivante : « Les ministres des cultes ne pourront en aucun cas, et sous quelque prétexte que ce soit, refuser leur ministère pour l'inhumation des corps lorsqu'ils en seront requis par les familles. »

Le Conseil d'État modifia encore cette rédaction et adopta celle que nous avons citée dans le texte.

sible pour l'État, les ministres du culte à prêter leur concours aux enterrements. Ce projet de décret en deux articles ne détermine pas l'autorité compétente pour appliquer la sanction. Nous pensons que c'eût été l'autorité gouvernementale, après toutefois qu'une décision du Conseil d'État eût déclaré l'abus. Voici le texte de ce projet de décret :

Article 1. — *Toute personne morte dans l'état extérieur de l'Église catholique a droit aux secours spirituels de cette Église, et c'est de la part des ecclésiastiques manquer à un des premiers devoirs de leur ministère que de refuser, dans ce cas, les offices qui leur sont demandés.*

Article 2. — *A partir de la publication du présent décret, tout ecclésiastique qui, sous quelque prétexte que ce soit, fera de semblables refus, sera réputé démissionnaire et éloigné de 10 myriamètres au moins du diocèse où il exerçait ses fonctions pastorales.*

Ce décret ne fut pas approuvé peut-être à cause de la rigueur de la sanction, peut-être pour les raisons qui ne permirent pas au législateur de l'an XII de formuler des règles plus précises ou plus pratiques que celles que nous avons étudiées, raisons par nous indiquées au paragraphe précédent.

En fait, sauf le recours pour abus que nous avons intentionnellement laissé de côté jusqu'ici, l'autorité ecclésiastique est souveraine maîtresse pour décider s'il y a lieu ou non d'accorder la sépulture religieuse. La sanction de l'article 19 du décret de prairial peut être considérée comme n'existant pas, par suite du refus que fera toujours le second prêtre de remplir l'office auquel s'est refusé le premier ; et quant au droit de l'autorité civile de faire présenter le corps à l'église, de tout temps il a été reconnu qu'on n'en devait pas user. Les circulaires concertées des ministres des Cultes et de l'Intérieur des 15 et 16 juin 1847 sont formelles sur ce point : « Si le cas de refus de sépulture ecclésiastique venait à se produire, dit M. le ministre des Cultes, l'autorité civile, par respect pour le principe de la liberté religieuse et pour la légitime indépendance du culte, devrait s'abstenir de tout acte qui y porterait atteinte, comme d'introduire de force le corps du défunt dans le temple et de faire procéder à des cérémonies qui, détournées de leur but, ne seraient plus qu'un acte de violence exercé contre la conscience du prêtre et un scandale. » — « J'ajoute, dit M. le ministre de l'Intérieur, que si le refus de sépulture était inspiré par des sentiments autres que celui du devoir, les familles trouveraient dans les dispositions des articles 6 et suivants de la loi du 18 germinal an X, le moyen d'obtenir la répression de tels abus. »

Il nous reste à étudier cet appel comme d'abus qui reste ainsi la seule protection des citoyens contre les refus de l'autorité ecclésiastique. Nous remarquons que cette sanction est biens moins rigoureuse que celles que pouvaient autrefois appliquer les parlements. La déclaration d'abus prononcé par le Conseil d'État est un simple blâme qui ne vaut que par l'autorité du corps qui la prononce. Les parlements déclaraient l'abus, en ordonnaient la réparation et obligeaient par la saisie du temporel les ecclésiastiques au respect de leurs arrêts. Est-ce à dire que notre déclaration d'abus actuelle est une mesure ridicule et qu'on pourrait supprimer sans inconvénient puisqu'en réalité elle n'a pas de sanction ? Nous n'en croyons rien, et, pour nous expliquer en deux mots sur ce point intéressant, nous pensons qu'au contraire le législateur a été particulièrement bien inspiré en la créant. Notre société moderne n'aurait pu s'accommoder de l'idée d'un juge imposant à un prêtre des prières ou quelque office de son ministère ou même condamnant à des peines quelconques un prêtre pour avoir fait ou n'avoir pas fait tel acte en tant que prêtre. Elle comprend fort bien au contraire un blâme s'adressant à un ministre du culte qui n'a pas rempli ses devoirs sacerdotaux conformément aux règles qu'il devait respecter en tant que prêtre français. La déclaration d'abus signale le fait à l'opinion publique : et comme c'est l'intérêt de l'Église aussi bien que celui de l'État de maintenir les bons rapports entre eux, il arrivera qu'il sera donné volontairement satisfaction par l'autorité blâmée. S'il en était autrement, on arriverait vite à une situation tendue qui provoquerait de la part du gouvernement des mesures énergiques ou la dénonciation du Concordat. La crainte de tels événements fera presque toujours respecter en fait les décisions du Conseil d'État.

L'article 6 de la loi du 18 germinal an X porte : *Il y aura recours au Conseil d'État dans tous les cas d'abus de la part des supérieurs et autres personnes ecclésiastiques. Les cas d'abus sont l'usurpation et l'excès de pouvoirs, la contravention aux lois et règlements de la République, l'infraction aux règles consacrées par les canons reçus en France, l'attentat aux libertés, franchises et coutumes de l'Église gallicane; et toute entreprise ou tout procédé qui, dans l'exercice du culte, pourrait compromettre l'honneur des citoyens, troubler arbitrairement leur conscience, dégénérer contre eux en injure, en oppression, en scandale public.*

On le voit, les cas d'abus sont assez vaguement définis. Il n'en pouvait guère d'ailleurs être autrement, si l'on considère le nombre et la variété des actes qui peuvent être déférés pour abus, et le caractère que peuvent imprimer à ces actes telles ou telles circonstances qu'il n'était pas possible de prévoir. La rigueur des textes n'eût servi qu'à gêner la liberté du culte ou à rendre l'État impuissant dans les cas où la déclaration d'abus eût été le plus utile.

Mais ce peu de précision de la loi a eu pour conséquence nécessaire de permettre la discussion sur presque tous les cas d'abus qui se sont présentés.

Spécialement en notre matière, on s'est demandé si le refus de sépulture ecclésiastique pouvait être un cas d'abus, quand il y avait abus, et même si ce refus pouvait ne pas constituer un abus. On a surtout discuté ces questions à propos du cas du comte de Montlosier en 1848. Nous rappellerons brièvement les circonstances de cette affaire qui eut le plus grand retentissement.

M. le comte de Montlosier avait publié des ouvrages sur « la formation de certaines congrégations religieuses et le rétablissement des Jésuites en France. » Ces ouvrages avaient été vivement blâmés à Rome. Leur auteur avait cependant toujours vécu dans la pratique de la religion catholique ; il reçut le sacrement de pénitence quelques jours avant sa mort et manifesta l'intention d'être enterré avec les cérémonies de l'Église catholique. L'évêque de Clermont s'y opposa, sous le prétexte qu'il avait demandé à M. le comte de Montlosier la rétractation publique des idées contenues dans ses ouvrages et que celui-ci s'y était refusé. — La famille de M. le comte de Montlosier demanda qu'on déclarât d'abus le refus de l'évêque de Clermont.

Le Conseil d'État rendit dans cette affaire une décision célèbre dont voici les considérants et le dispositif.

« Vu les pièces de l'instruction, desquelles il résulte

que, nonobstant le vœu exprimé par le comte de Montlosier jusqu'aux derniers moments de sa vie et malgré
les instances réitérées de la famille et de ses amis,
l'autorité ecclésiastique de Clermont s'est refusée à permettre pour les dépouilles mortelles du défunt l'accomplissement des cérémonies extérieures et publiques de
la religion catholique, apostolique et romaine, qu'il
avait demandé et reçu le sacrement de pénitence ; et
que le seul motif allégué pour ce refus a été que le comte
de Montlosier n'avait pas voulu donner devant témoins
une rétractation écrite et destinée à la publicité; vu la
loi du 18 germinal an X et spécialement son article 6;
considérant que le refus de sépulture catholique fait
par l'autorité ecclésiastique au comte de Montlosier dans
les circonstances qui l'ont accompagné constitue un
procédé qui a dégénéré en oppression et en scandale
public et rentre dès lors dans le cas prévu par l'article 6
de la loi du 18 germinal an X... Il y a abus... » (Des
30 décembre 1838, 4 janvier 1839).

Nous citerons encore une déclaration d'abus du
22 mars 1826 : « Attendu que la présomption de chrétien
ne peut cesser et cette possession d'état être interrompue
que *pour les causes et dans les cas déterminés par les
canons reçus en France;* que, hors ces cas, toute entreprise ou tout procédé qui, dans l'exercice du culte, tend
à priver un catholique de son état religieux ou à supposer arbitrairement qu'il l'a perdu, constitue un des
cas d'abus prévus par l'art. 6 de la loi du 18 germinal
an X... Après examen des faits... Il y a abus (1). »

(1) Voyez encore Conseil d'État, 2 mai 1868 ; 16 décembre 1830.
Lorsque le Conseil d'État a statué sur des refus de sacrements, il a
adopté la même jurisprudence que pour les refus de sépulture, tan-

De cette jurisprudence, il ressort, à notre avis deux points : 1° Dans certains cas les refus de sépulture peuvent être déclarés abusifs; 2° Dans certains cas les refus de sépulture peuvent ne pas constituer un abus.

La deuxième proposition a été moins contestée que la première. On eût pu cependant, s'appuyant sur le texte de l'article 19 du décret de prairial, qui porte : « Lorsqu'un ministre du culte se permettra, *sous quelque prétexte que ce soit...* » et sur l'intention du législateur manifestée à nouveau dans le projet de décret de 1812 que nous avons cité, de ne pas permettre les refus de sépulture *sous quelque prétexte que ce soit*, décider que tout refus est abusif lorsque le défunt est mort dans l'état apparent de membre de l'Église. C'est l'opinion de M. Vuillefroy, qui s'appuie également sur la jurisprudence ministérielle de l'Empire. Cette opinion ne pouvait pas prévaloir en présence des traditions de l'ancien droit qui la condamnent, et parce que le Concordat proclamant la liberté du culte, on ne pouvait songer à exiger le sacrifice de cette liberté dans des cas où l'Église en usait conformément aux canons reçus en France et appliqués de tout temps dans ce pays, et sans qu'il y ait oppression des citoyens, injure ou scandale public.

La première proposition par contre a été vivement attaquée : des auteurs nombreux et des plus considérables ont soutenu que les refus de sépulture ecclésiastique échappaient toujours et dans tous les cas à la censure du Conseil d'État, au moins en tant que refus et en mettant de côté les actes qui pouvaient les accompagner et

tôt admettant, tantôt rejetant suivant l'exigence des faits, le recours pour abus. Les deux matières sont d'ailleurs identiques au point de vue qui nous occupe.

constituer l'injure ou le scandale. Parmi les défenseurs de la liberté absolue de l'Église en cette matière, nous trouvons au premier rang M. Cormenin et Mgr Affre. Le premier a défendu sa doctrine dans un pamphlet intitulé : *Défense de l'évêque de Clermont traduit pour cause d'abus devant les Révérends Pères du Conseil d'État séant en concile œcuménique à l'hôtel Molé*, par Timon. Paris 1839 ; le second a exposé sa théorie dans son ouvrage : *De l'administration temporelle des paroisses.*

L'argumentation de ces auteurs peut être résumée en deux points, que nous allons successivement exposer et réfuter.

Premier point. — Le principe de la liberté de conscience est un principe de droit nouveau. Le Concordat a proclamé la liberté des cultes en les soumettant toutefois à l'obligation de respecter l'ordre public. Or précisément à cause de la liberté de conscience reconnue à tous aujourd'hui, les refus de sépulture n'intéressent plus l'ordre public ; ce sont des décisions de discipline qui, par leur nature, et parce qu'elles ne peuvent plus avoir d'influence sur la considération de la personne qui en est l'objet ou son état civil échappent au contrôle de l'État. « Le refus de sépulture constatait autrefois que le défunt n'était pas catholique ; or le défaut de cette qualité entraînait des effets civils qui pouvaient compromettre sa possession d'état. Mais, dans notre législation actuelle, le principe de la liberté des cultes étant reconnu, personne ne peut être forcé de professer ou de feindre qu'il professe une religion à laquelle il n'adhère pas. Dès lors il n'y a plus rien dans ces sortes de refus qui puisse intéresser l'ordre public ... Ceux qui veulent avoir l'usage des temples religieux, qui veulent pour leurs obsèques le concours du prêtre d'une

religion doivent se soumettre aux règles de cette religion. » (Affre, *loco citato*.)

Nous avons déjà indiqué le principe de la réponse à
faire à cette argumentation. Certes, si la religion ne re-
cevait aucune protection, aucun avantage spécial de l'Etat,
nous lui accorderions sans hésiter la plus grande liberté
pour décider à quels signes on reconnaît ses membres,
à quelles conditions elle accorde la participation de ses
ministres aux obsèques des citoyens. Mais c'est précisément le sacrifice d'une partie de cette liberté que
l'Église a consentie à l'État qui y a un intérêt supérieur,
conformément aux traditions de l'ancien droit. On peut
faire la critique du Concordat, faire des vœux pour un
régime de séparation absolue des Églises et de l'Etat,
mais tant que ces lois subsisteront, leur observation
s'imposera. Nous pensons que les refus de sépulture ecclésiastique sont bien libres pour l'Église en principe,
mais toutefois que ces refus, pas plus que tous autres
actes de l'Église, ne peuvent contrevenir aux règles
posées par les Articles organiques; que le clergé, en
cette matière religieuse comme en toute autre, doit se
mouvoir dans les limites fixées par les Articles organiques; s'il les dépasse il y a abus. Avons-nous besoin de
rappeler encore les traditions et le soin jaloux des parlements de protéger les particuliers en cette matière ? de
montrer que le législateur de l'an X n'a jamais eu l'idée
de renoncer à la protection que le pouvoir laïque accor-
dait aux citoyens ?

Dira-t-on que tout l'intérêt des citoyens à jouir de la
sépulture ecclésiastique a disparu depuis que les enterrements catholiques ne sont plus les seuls honorés, que
la liberté de conscience oblige au respect de toutes les
opinions, que la croyance religieuse ne produit plus

d'effets civils ? Dira-t-on que ces refus ne peuvent plus
dès lors être injurieux pour les citoyens et que l'État est
sans intérêt à intervenir ? On est étonné de trouver un
pareil langage sous la plume d'écrivains catholiques(1).
Si la prière est efficace, quelles conséquences plus terribles que les conséquences spirituelles que peut entraîner
le refus de la sépulture religieuse ? et si l'État protège
les citoyens contre les abus de l'autorité ecclésiastique est-ce seulement pour que leur état civil, leur considération dans la société ne soit pas troublée par des actes
arbitraires, ou pour que même leur foi ne soit pas alarmée par des décisions abusives ? Il nous semble que cette
dernière solution est la seule exacte, la seule conforme
aux textes, à l'intention du législateur et aux traditions.

Non, l'État n'intervient pas seulement pour protéger
les droits civils des citoyens qui pourraient être troublés
par des actes de l'autorité ecclésiastique ; il intervient
en des matières qui sont du ressort du spirituel, il a le
droit de contrôler les dogmes, les lois de l'Église, et le
clergé français ne peut imposer aux fidèles de France
que les règles de discipline approuvées par le gouvernement dans des formes déterminées. Le gouvernement

(1) Jauffret, *Des recours au Conseil d'État* : « N'est-il pas naturel que ceux qui appartiennent à un culte mettent quelque prix
aux biens spirituels qui y sont attachés, qu'ils regardent comme
injurieux tout acte ou tout procédé qui tendrait à les faire considérer comme indignes d'y prendre part, comme n'appartenant à
aucune religion ? Ah ! loin de se plaindre de l'importance que les
personnes les moins religieuses en apparence paraissent mettre à
ces actes, ne doit-on pas plutôt s'en réjouir dans l'intérêt de la religion ? Si l'on voyait avec indifférence la conduite des ecclésiastiques dans l'exercice public de leurs fonctions, ne serait-ce pas la
preuve malheureusement trop certaine de l'extinction de tout sentiment religieux dans les esprits et dans les cœurs ! ».

a le droit de veiller à ce qu'on n'applique pas les règles canoniques non reçues en France et de déclarer abusives les applications de ces règles. Il peut exiger en toute circonstance que les actes du clergé ne compromettent pas l'honneur des citoyens, ne dégénèrent pas contre eux en oppression, en injure ou en scandale public, alors même que ces actes ne tomberaient pas sous le coup de la loi pénale.

Cette intervention de l'État dans le domaine spirituel peut être critiquée comme non conforme aux idées nouvelles sur la liberté des cultes, sur les devoirs et les droits respectifs de la religion et de l'État dans une société ; mais tant que le Concordat sera debout ainsi que les Articles organiques, on ne peut nier les règles que nous exposions et on en doit souffrir l'application.

Il n'y a donc pas de fin de non-recevoir péremptoire, tirée de la nature même de ces décisions et des principes généraux de la matière, à opposer aux recours pour abus contre des refus de sépulture ecclésiastique. Peut-on soutenir que ce recours sera non recevable parce qu'aucun des cas d'abus prévus par l'article 6 de la loi du 18 germinal an X n'y sera applicable ?

Deuxième point. — M. de Cormenin a écrit : « Est-il vrai que la seule loi de la matière, la loi du 18 germinal an X, soit applicable aux simples refus de sépulture ou de sacrements ? Non.

« En effet, y a-t-il dans le cas proposé usurpation ou excès de pouvoir ? Non ; car l'usurpation qui est la chose de toutes la plus éclatante et la plus active, n'existe pas assurément dans un refus silencieux.

« Contravention aux lois et règlements de l'État ? Non ; car aucune loi, aucun règlement n'oblige le prêtre à suppléer en ce cas les cérémonies funèbres.

« Attentat aux libertés et franchises de l'Église gallicane ? Non ; car ces libertés ne sont pas violées.

« Infraction aux règles consacrées par les canons reçus en France ? Non ; car aucun droit civil, politique, temporel des particuliers qui serait protégé par ces canons; aucun intérêt autre qu'un intérêt purement spirituel ne seraient ici violés.

« Entreprise ou procédé qui, dans l'exercice du culte, pourrait compromettre l'honneur des citoyens, troubler arbitrairement leur conscience, dégénérer entre eux en oppression, ou en injure ou en scandale public ? — Non, car le prêtre qui se tait, qui disparaît, qui s'abstient n'est pas dans l'exercice du culte, il ne jette aucune menace contre les citoyens du haut de la chaire sacrée, il ne profère pas d'injures, il ne trouble pas les consciences, il ne commet pas d'acte oppressif, il ne fait pas le scandale : il le subit.

« La loi du 18 germinal an X est donc ici sans application. »

Nous avons répondu déjà à quelques-uns de ces arguments, montré notamment que le droit de contrôle du pouvoir laïque s'étendait sur le spirituel, sur les règles de discipline de l'Église, et qu'en accomplissant sa haute mission, le clergé ne pouvait, sans abus, en aucun cas, ne pas respecter les limites imposées au pouvoir spirituel en France par la loi du 18 germinal an X.

Nous arrêterons-nous à cette affirmation étrange de la part d'un jurisconsulte que le refus de sacrements, de sépulture échappe au contrôle du Conseil d'État parce que ce n'est pas un acte, mais une abstention silencieuse, un effacement du prêtre ? Qui ne voit que c'est jouer sur les mots et faire dégénérer une discussion qui devrait toujours s'appuyer sur les grands principes. Le refus est un acte, une décision du prêtre, en tant que prêtre, et c'est cette décision qu'on attaque comme abusive.

Si l'on tient compte de ces deux observations, on s'aperçoit aisément que l'examen auquel M. de Cormenin se livre pour voir si les différents cas d'abus sont applicables au refus simple de sacrements, de sépulture, n'ajoute pas beaucoup de raisons nouvelles à celles que nous exposions plus haut en faveur de la théorie que nous combattons.

Notre conclusion est donc, conformément à la doctrine du Conseil d'État, que le refus de sépulture ecclésiastique peut fournir la matière à un recours pour abus.

Dans quels cas y a-t-il abus ?

Si, dans l'affaire de M. le comte de Montlosier, le conseil d'État a déclaré l'abus parce qu'en fait il y avait eu oppression de la conscience des citoyens et scandale public, faut-il en conclure que la déclaration d'abus ne pourrait pas être fondée sur un autre motif ? par exemple sur ce que l'autorité ecclésiastique a appliqué un canon qui n'a pas été reçu comme loi de l'Église gallicane ? Évidemment non.

Le conseil d'État a le droit de juger le refus, de s'en faire décliner les motifs, d'apprécier la forme dans laquelle cette décision ecclésiastique est intervenue. Si la loi de l'Église appliquée par l'autorité religieuse est de celles qui n'ont pas force exécutoire en France, le conseil d'État déclarera sans difficulté l'abus ; si la loi appliquée a force exécutoire en France, le conseil d'État laissera, en principe, au prêtre la responsabilité de sa décision sur le point de savoir si cette loi est applicable en l'espèce. Toutefois, il peut déclarer l'abus, s'il juge qu'il y a eu injure, oppression ou scandale pu-

blic, et, pour le décider, le Conseil devra nécessairement apprécier en même temps que les formes dans
lesquelles le refus a été publié ou notifié et qui peuvent
constituer le scandale ou l'injure, les faits eux-mêmes
sur lesquels le prêtre a statué, et dont l'inexacte appréciation a pu être injurieuse pour le défunt, scanda-
leuse ou oppressive.

Voilà sur ce point quels nous semblent être les véritables principes de la matière tels qu'ils ressortent de
l'étude raisonnée des textes et de l'ensemble des décisions du Conseil d'État. En résumé, il y aura abus lorsque le prêtre, en refusant la sépulture aura appliqué
une loi d'Église non reçue en France, ou lorsque, appliquant une loi reçue en France, son appréciation des
faits, la forme dans laquelle il aura manifesté sa décision pourront être considérés comme « compromet-
tant l'honneur des citoyens, troublant arbitrairement leur
conscience, dégénérant contre eux en oppression, injure ou scandale public. » La tâche du conseil d'État,
comme on en peut juger, sera des plus délicates et des
plus mal aisées.

Lorsque le refus de sépulture ecclésiastique aura eu
un caractère injurieux pour la mémoire du défunt, les
intéressés pourront attaquer le curé devant les tribunaux ordinaires et obtenir des dommages et intérêts,
même une condamnation correctionnelle. Cette poursuite, suivant l'opinion que nous avons eu déjà l'occasion d'exprimer, est absolument indépendante du recours
pour abus, et reste soumise aux règles du droit commun quant à sa recevabilité. Nous posons le principe,
sans vouloir étudier la législation spéciale des injures
en droit civil et en droit pénal.

III. — La liberté des particuliers pour régler les fu-

nérailles est limitée par la loi, les règlements généraux
de police et les ordres spéciaux que peut donner l'autorité municipale, notamment dans la vue d'assurer
l'ordre dans la rue et le caractère de décence qui convient à de pareilles cérémonies. Ce sont ces restrictions
qui vont maintenant faire l'objet de notre étude. La
difficulté est de les grouper : nous le ferons en suivant
à peu près l'ordre chronologique des faits. Nous suppô-
serons toujours que le corps doit être enterré, nous
réservant d'étudier dans un appendice la question aujourd'hui à l'ordre du jour de la crémation.

Le défunt ou la famille ont pu exprimer le désir qu'on
procédât à l'autopsie ou à l'embaumement du corps. —
De telles opérations devant rendre plus tard, le cas
échéant, plus difficiles sinon impossibles les constatations médicales qu'on peut être appelé à faire sur le cadavre, il était naturel qu'on obligeât à prévenir l'autorité. Des ordonnances de police en date des 25 janvier 1838 et 6 septembre 1839 ont réglé les formalités
à accomplir : 1° une déclaration préalable au magistrat
chargé de la police municipale contenant l'autorisation
de la famille (1), l'heure du décès et le lieu de l'opération ; 2° l'autorisation du fonctionnaire chargé de la police municipale. — Les contraventions seront punies
des peines de simple police, parfois même de peines
plus graves, si on admet qu'on peut assimiler de tels
actes, suivant les cas, à des inhumations précipitées ou
à un recel de cadavre de personne homicidée.

Le choix du cercueil, de son ornementation est laissé

____

(1) Nous avons déjà fait observer la dérogation au droit commun :
la volonté de la famille peut faire échec à la volonté du défunt
quand il s'agit de l'autopsie du corps.

à la piété de la famille, au caprice du défunt, sous la seule condition de respecter le monopole des pompes funèbres et d'observer les convenances. Toutefois, dans l'intérêt de la salubrité, des règlements de police ou des ordres particuliers de l'administration pourraient prescrire l'emploi dans l'intérieur de la bière de tan ou de charbon en quantité déterminée. Nous n'insistons pas sur ce point.

Le choix de l'heure des obsèques doit être laissé, en principe, à l'autorité municipale, ou du moins nous devons réserver au maire le droit d'approuver la décision de la famille sur ce point, s'il jugeait par exemple que l'heure choisie est trop rapprochée du décès ou trop éloignée, s'il pensait que la circulation sur la voie publique serait moins gênée à un autre moment aussi convenable sous tous autres rapports, s'il avait en vue d'éviter la rencontre à la même heure de plusieurs convois. Le maire doit user de son droit avec beaucoup de mesure ; il ne peut s'en servir pour rendre impossibles des cérémonies qui, comme quelques-unes de celles de l'Église catholique, ne peuvent avoir lieu que le matin, ni dans le but de contrarier les familles en faisant choix d'une heure à laquelle l'assistance des amis du défunt serait impossible ou très difficile. La nouvelle loi municipale défend au maire de prescrire d'une manière générale telles heures pour certains enterrements, à raison du caractère religieux ou non de ces convois. En fait, les cas où les maires interviendront pour exercer leurs pouvoirs de police sont rares, et le plus souvent ils laissent les familles se concerter avec l'entrepreneur des pompes funèbres et l'autorité religieuse pour fixer la date des obsèques. Cette date est communiquée à la mairie, qui l'approuve en la visant dans le permis d'inhumer.

La cérémonie funèbre se compose essentiellement d'un transport du corps de la maison mortuaire au cimetière en passant ou non par le temple religieux.

La loi est intervenue d'abord pour réglementer les cérémonies religieuses qui peuvent être célébrées à l'occasion des convois funéraires. C'est l'objet de l'article 18 du décret du 23 prairial an XII : *Les cérémonies précédemment usitées pour les convois, suivant les différents cultes, seront rétablies et il sera libre aux familles d'en régler la dépense selon leurs moyens et leurs facultés ; mais, hors de l'enceinte des églises et des lieux de sépulture, les cérémonies religieuses ne seront permises que dans les communes où l'on ne professe qu'un seul culte, conformément à l'article 45 de la loi du 18 germinal an X.* Malgré les termes généraux de cet article, en fait, depuis la Restauration, même dans les communes où l'autorité municipale tient rigoureusement la main à l'application de l'article 45 de la loi du 18 germinal an X, par exemple pour les processions, l'usage s'est maintenu (1) de souffrir que le clergé catholique précédé de la croix ou les ministres des autres cultes avec le cérémonial usité dans ces diverses religions, accompagnent le corps de la maison mortuaire au temple ou au cimetière. C'est là une tolérance que tous les cultes ont intérêt à maintenir, et, sauf nécessité prouvée ou abus trop grand, les maires la respecteront et ne chercheront pas à user du droit que leur confère l'article 18 du décret de prairial. Ce sont en effet des usages qui, comme tout ce qui tient au culte des morts, ne peuvent être modifiés par ordre de l'autorité sans froisser violemment les mœurs et sans amener une révolte des sen-

(1) Sauf peut-être à Paris.

timents les plus recommandables des citoyens : le respect de l'autorité s'en trouve considérablement affaibli
au grand détriment de la morale publique.

Quant aux droits à payer pour ces cérémonies religieuses des enterrements, ils ne sont pas débattus
librement entre l'Église et les particuliers ; nous avons à
signaler une intervention du législateur. Le texte fondamental est l'article 20 du décret de prairial ainsi conçu :
*Les frais et rétributions à payer aux ministres des
cultes et autres individus attachés aux églises et aux
temples, tant pour leur assistance aux convois que pour
les services requis par les familles, seront réglés par le
gouvernement sur l'avis des évêques, des consistoires
et des préfets, et sur la proposition des conseillers d'État
chargés du service des cultes (aujourd'hui le ministre
des Cultes). Il ne sera rien réclamé pour leur assistance
à l'inhumation des individus inscrits au rôle des indigents.*

L'inscription au rôle des indigents est remplacée par
un certificat d'indigence délivré par l'autorité municipale.
L'autorité ecclésiastique commettrait un abus en refusant de concourir aux obsèques d'un individu pour le
seul motif qu'il ne peut payer les honoraires des ministres
du culte, lorsque l'indigence est régulièrement constatée. C'est, du reste, un cas qui ne s'est jamais présenté :
le cas échéant, il y aurait contravention à une loi de
l'État, comme si les honoraires réclamés étaient supérieurs à ceux fixés dans le tarif. — Nous ne parlons ici
que des honoraires des ministres du culte, des oblations.
Quant aux autres dépenses de la cérémonie religieuse,
de l'ornementation de l'église à l'intérieur et à l'extérieur, elles font partie des dépenses des pompes funèbres,
dont nous nous occuperons plus loin et sont réglées

suivant un tarif qui n'est pas arrêté exactement dans les mêmes formes que celui dont nous parlons ici. En général, cependant, les deux tarifs, régulièrement approuvés, sont réunis pour que le public puisse plus facilement se rendre un compte exact des dépenses de la cérémonie religieuse.

L'autorité municipale qui a la police de la rue, a le droit de régler l'itinéraire des convois funèbres, en conciliant les intérêts de la circulation sur la voie publique, et le soin de satisfaire dans la mesure du possible aux désirs de la famille, et de ne pas diminuer la pompe des funérailles. Le plus souvent, l'usage réglera l'itinéraire, qui devra toujours être tracé de telle manière que le convoi puisse se rendre au temple, si cette cérémonie doit être accomplie. Ici encore le maire devra tenir compte de la nouvelle loi municipale qui défend les prescriptions spéciales à telles catégories de convois, à raison de leur caractère religieux ou non religieux.

Une ordonnance de police du 1ᵉʳ février 1835 défend à tous cochers, charretiers et conducteurs de voitures, diligences et charrettes, de quelque genre qu'elles puissent être, d'arrêter les convois funèbres, de les interrompre ou de les séparer dans leur marche.

La liberté des citoyens a surtout été gravement restreinte par la création du monopole des pompes funèbres, dont nous avons maintenant à parler.

Il a paru au législateur que, pour des motifs d'ordre public et de décence, il ne convenait pas d'abandonner le cérémonial des funérailles aux abus de la spéculation. L'établissement d'un monopole en cette matière se comprenait d'autant mieux que la surveillance de l'administration en devenait plus facile, que le service des inhumations des indigents pouvait être aisément assuré et qu'un impôt sur la pompe des funérailles, une sorte d'impôt somptuaire ne blessant nullement les mœurs, devenait ainsi facile à percevoir. Ces considérations ont tant de force que le projet de loi soumis en ce moment à l'examen du Sénat, ne supprime pas ce monopole, mais le fait simplement changer de mains.

Le législateur de 1812, considérant que la pompe des funérailles consiste le plus souvent à la fois dans la solennité de la cérémonie religieuse, dans l'ornementation, la décoration des temples, et dans l'appareil même du transport, voulant aussi ne pas diviser, dans l'intérêt même de ceux qui règlent les funérailles, le monopole en deux parties, l'une concernant la pompe religieuse ou des édifices religieux, l'autre la pompe du transport ou du convoi ; désirant enfin donner aux établissements ecclésiastiques une source précieuse de revenus et assurer ainsi un service public, — a accordé aux fabriques et consistoires le droit exclusif de fournir *les voitures, tentures, ornements et de faire généralement toutes les fournitures quelconques, nécessaires pour les enterrements et pour la décence ou la pompe des funérailles.*

Cette réunion de deux services, l'un religieux et l'autre non, entre les mains des établissements ecclésiastiques a amené des scandales contraires au vœu de la loi, dans ces dernières années ; il s'est trouvé en effet que pour des enterrements civils, les fabriques n'ont pas voulu ou n'ont pas pu fournir des ornements, des poêles notamment sans insignes religieux. Des froissement pénibles en sont résultés, et la liberté de conscience des citoyens a pu paraître menacée par cet état de choses. Le législateur s'en est ému, et, à la date du 12 novembre 1883, la Chambre des députés a adopté un projet de loi dont l'esprit ne peut être qu'approuvé et dont la rédaction nous semble excellente. Nous remarquons toutefois que cette loi enlèverait aux fabriques une partie de leurs ressources sans leur en donner l'équivalent : on eût pu, en faisant des pompes funèbres un service communal, décider que les communes verseraient entre les mains des fabriques tout ou partie des bénéfices qu'elles pourraient retirer de l'exploitation du monopole qui leur est donné.

Voici le texte du projet de loi tel qu'il a été voté par la Chambre des députés :

Article 1er. — Le droit attribué aux fabriques et aux consistoires de faire seuls toutes les fournitures nécessaires pour les enterrements et pour la décence ou la pompe des funérailles, cessera d'exister à partir de la promulgation de la présente loi.

Art. 2. — Dans le délai de trois mois, à partir de cette promulgation, une délibération du conseil municipal, approuvée par le préfet, déterminera, suivant les localités, le mode le plus convenable pour le transport des corps.

La commune sera tenue de se procurer, dans le même délai, par acquisition ou location, le matériel nécessaire à ce transport ou à ces inhumations.

Elle aura seule le droit de le fournir.

Elle exercera son droit soit directement, soit par entrepreneur ou adjudicataire.

Les fabriques, consistoires ou établissements religieux ne pourront pas devenir adjudicataires.

Art. 3. — Le matériel, fourni par la commune, comprendra au moins un brancard, des draps mortuaires noirs et des draps mortuaires blancs.

Il sera le même pour toutes les croyances et ne portera aucun emblème.

Les héritiers ou exécuteurs testamentaires pourront y ajouter, à leurs frais, tous emblèmes ou ornements qui ne sont pas contraires à la décence des funérailles.

Ils pourront de même, dans le cas où ils désireraient un matériel d'une autre classe que celui qui sera en usage dans la commune où aura lieu l'inhumation, s'adresser pour la fourniture de ce matériel, à une autre commune, — sauf la taxe municipale, qui sera due, dans ce cas, à la commune où aura lieu l'inhumation, et dont la taxe sera fixée par le conseil municipal avec approbation du préfet.

Les héritiers ou exécuteurs testamentaires continueront de pouvoir traiter avec les fabriques ou consistoires pour la fourniture des objets destinés à la célébration des cérémonies du culte dans les édifices religieux et à la décoration intérieure et extérieure des églises.

Les sommes ainsi perçues par les fabriques recevront l'emploi prévu à l'article 37 du décret du 30 décembre 1809.

Art. 5. — *Le tarif applicable aux transports de corps et aux inhumations sera fixé par le conseil municipal, sauf approbation du préfet.*

Aucune taxe supplémentaire ne pourra être perçue au profit de la commune ni de son entrepreneur ou adjudicataire pour les présentations ou stations de corps aux édifices religieux.

L'inhumation des indigents sera faite gratuitement et décemment. Le cercueil sera en ce cas délivré gratuitement par la commune.

Art. 6. — *Sont abrogés les articles 18, 19, 21, 22 à 26 du décret du 23 prairial an XII et le titre III du décret du 18 mai 1806.*

Sont également abrogés le décret du 18 mars 1811 et

les décrets ultérieurs sur l'organisation des pompes fu-
nèbres à Paris. Il sera statué par décret rendu eu Con-
seil d'État, dans le delai de trois mois, sur la nouvelle
organisation du service des pompes funèbres à Paris.

Art. 7. — *Les traités actuellement existants entre*
les fabriques ou consistoires et les entrepreneurs ou
adjudicataires, resteront en vigueur jusqu'à leur ex-
piration (1).

La distinction est excellente : les fabriques ou consistoires gardent le monopole des fournitures pour l'ornementation intérieure et extérieure des églises et la
fourniture des objets destinés à la célébration des cérémonies du culte ; les communes auront le service des
transports, la fourniture des draps mortuaires sans emblèmes religieux, les familles pouvant ajouter ces emblèmes si elles le jugent à propos ; la fourniture des voitures de deuil, celle des tentures de la maison mortuaire,
lorsque l'usage des lieux le comporte. On ne peut
qu'applaudir à ces dispositions, très favorables à la
liberté et qui distribuent aux communes et aux établissements ecclésiastiques leur véritable rôle, au grand
avantage de la décence des funérailles et pour le plus
grand respect de toutes les opinions.

En attendant, ce qui ne saurait être douteux, que
cette loi soit votée par le Sénat, nous devons étudier
la législation actuelle, en observant toutefois que beaucoup de questions se poseront dans les mêmes termes
après le vote de la nouvelle loi, par exemple les questions relatives aux marchés à passer pour l'exploitation
du monopole, au caractère civil ou commercial de cette

(1) Voir nos 254, 556, 1342. 3° *Législ. de la Chambre des dé-*
putés (1883), voyez *Documents parlementaires*, 1883, page 1035.

exploitation entre les mains des administrations ou des concessionnaires, aux contraventions au monopole. Nous donnerons surtout notre attention à ces points communs au régime des deux législations.

Article 22 du décret du 23 prairial an XII : *Les fabriques des églises et les consistoires jouiront seules du droit de fournir les voitures, tentures, ornements, et généralement de faire toutes les fournitures quelconques nécessaires pour les enterrements et pour la décence ou la pompe des funérailles.* Le privilège porte donc et sur le transport des corps et sur les pompes funèbres.

Suivant le décret du 18 mars 1806, dont nous ne pouvons ici citer en entier le texte, on doit distinguer le service des cérémonies de l'Église, le service pour les morts dans les églises d'une part, et, d'autre part, celui de la pompe extérieure des convois. Les tarifs relatifs au premier de ces objets sont dressés par les fabriques et communiqués aux conseils municipaux (art. 7 du décret de 1806); ceux-ci, à leur tour, proposent les tarifs du service extérieur, sauf à prendre l'avis des fabriques (art. 11 du même décret). Le décret de 1806 soumettait ces tarifs a l'approbation du chef de l'État. Le décret de décentralisation de 1852 confie au préfet cette attribution. (Décret du 25 mars 1852, tableau A, 46°.) Les seuls tarifs réglés par décrets aujourd'hui doivent donc être les tarifs des oblations, dont nous avons parlé et qui, une fois approuvés régulièrement, sont d'ordinaire un élément du tarif du service religieux ou dans les églises.

Le conseil municipal intervient pour donner son avis sur ces divers tarifs, soit qu'il les propose lui-même, soit qu'il ait à les examiner seulement. C'est à lui qu'il appartenait, aux termes de l'article 9 du décret de 1806, de régler comment doit se faire le transport des corps

dans la commune. Cette attribution passe entre les mains
du maire par application de l'article 97, 4°, cb. avec
l'article 91 de la loi municipale du 5 avril 1884. A Paris,
une ordonnance prescrit l'emploi de corbillards, sauf
pour les convois d'enfants âgés de moins de sept ans.
Dans beaucoup de villes, l'usage de ces deux modes est
toléré, et le choix est laissé aux familles.

Dans la circulaire aux préfets qui accompagna l'envoi du décret de 1852, M. le ministre de l'Intérieur recommande à ces fonctionnaires de veiller « à ce que les classes de convois soient, autant que possible, composées d'une manière invariable, sauf à en augmenter le nombre dans la proportion des fortunes. Il importe, dit-il, que la fixation des classes et leur ordonnance simple et claire prévienne les obsessions et les artifices dont les familles sont souvent l'objet de la part des entrepreneurs auxquels les fabriques afferment le service des pompes funèbres. »

Le vote du projet de loi sur les pompes funèbres ne saurait rien enlever à la sagesse de ces recommandations, qu'il n'était pas inutile de rappeler. Notons toutefois, qu'il appartiendra de nouveau au Conseil municipal, sous l'approbation du préfet, de régler le mode le plus convenable pour le transport des corps : seulement le Conseil devra nécessairement, dans les trois mois de la publication de la loi, délibérer sur ce point parce qu'il devra acquérir, dans ce même délai, le matériel nécessaire au service désormais communal des inhumations. Enfin le tarif pour le transport des corps et des diverses fournitures dont le monopole est à l'avenir assuré à la commune, sera comme les anciens tarifs dits « de la pompe extérieure des convois » (expression de la circulaire de 1852), proposé par le conseil municipal et approuvé par le préfet. Les fabriques n'auront plus à donner leur avis.

Dans les communes pauvres, les fabriques ne se sont pas souciées d'exploiter les monopoles que la loi leur réservait : l'initiative des particuliers ne souffre alors d'autre restriction que celle qui résulte de l'obligation de respecter les convenances: ils peuvent s'adresser à qui bon leur semble pour les fournitures nécessaires à l'enterrement. Toutefois, il arrive souvent que la commune, dans l'intérêt de tous, achète le matériel absolument nécessaire aux inhumations. La loi nouvelle rend cette dépense absolument obligatoire pour les communes : nous approuvons entièrement cette innovation.

Le plus souvent l'exploitation du privilège sera de nature à donner aux fabriques des bénéfices; elles l'entreprennent alors, soit en régissant elles-mêmes ce service, soit en le donnant à régir à un tiers, soit enfin en le cédant par la voie de l'adjudication publique (art. 15, du décret de 1806).

Nous avons dit qu'il y avait deux tarifs et deux classes de services; il peut se faire que les fabriques cèdent leur monopole sur l'un ou sur l'autre seulement de ces services ou sur tous deux. L'opportunité de la décision à prendre sur ce point est appréciée souverainement par le conseil de fabrique.

Toutefois si les fabriques se prononçaient en faveur de la cession du monopole à un entrepreneur, il faudrait tenir compte de l'article 8, du décret du 18 mai 1806 : *Dans les grandes villes toutes les fabriques se réuniront pour ne former qu'une seule entreprise.* Ceci a trait au service des pompes funèbres pour les cérémonies religieuses ; l'article 14 du même décret prescrit la même mesure relativement au monopole portant sur la « pompe extérieure des inhumations » : — *Les fournitures précitées dans l'article 11, dans les villes où les fabriques ne fournissent pas elles-mêmes seront donneés ou en régie intéressée ou en entreprise à un seul régisseur ou adjudicataire*. Cette disposition est très sensée : elle assure aux fabriques des revenus plus considérables, et empêche la concurrence qu'auraient pu se faire entre eux, contre le vœu de la loi, divers entrepreneurs de pompes funèbres. Rien, du reste, ne s'oppose à ce que dans une ville où il y a plusieurs fabriques, quelques-unes ne fournissent elles-mêmes, alors que les autres se débarrassent du souci de l'exploitation directe : mais pour toutes ces dernières il ne peut y avoir qu'un seul régisseur ou entrepreneur.

Les fabriques et consistoires ainsi constitués en unions par la loi dans un but déterminé, constituent une personne morale ayant qualité pour traiter de la cession du monopole dans les formes fixées par la loi, poursuivre l'exécution du marché, en percevoir les bénéfices qui seront ensuite répartis entre les divers établissements ecclésiastiques. La personnalité morale de ces unions a été reconnue par la jurisprudence.

Lorsqu'il y a lieu de céder à un entrepreneur le service des pompes funèbres, les adjudications seront faites, dit l'article 15 du décret de 1806, suivant le mode établi par les lois et règlements pour tous les travaux publics. Le cahier des charges sera proposé par le conseil de fabrique, soumis au conseil municipal et approuvé par le préfet pour les « pompes du service religieux », proposé par le conseil municipal et approuvé par le préfet après avis de l'évêque pour « les pompes extérieures des inhumations ». (Article 14 du décret de 1806; argument d'analogie de l'article 7.)

La loi votée par la Chambre des députés, le 12 novembre 1883, ne laisse aux fabriques que le droit exclusif à fournir les objets servant à la célébration du culte
et à la décoration intérieure et extérieure des églises. —
Ce monopole continuera à être exploité par les fabriques,
de la même façon que le privilège plus complet qu'elles
possèdent actuellement. Le titre II, du décret de 1806,
n'étant pas abrogé par l'article 6 de la loi nouvelle, nous
en conclurions que, dans les villes, la réunion de toutes
les fabriques pour l'adjudication continuera à être obligatoire.

Quant aux communes tenues de se procurer le matériel nécessaire aux inhumations, elles pourront, comme
autrefois les fabriques, exploiter directement ou en régie le droit exclusif à fournir ce matériel, ou le céde
à un entrepreneur par voie d'adjudication publique.
Les fabriques ne pourront pas se rendre adjudicataires.
On a voulu, en spécifiant ce point, empêcher radicalement le retour des anciens abus auxquels les autorités
municipales étaient parfois sympathiques. Le droit commun aurait peut-être suffi : les fabriques ne sont pas
créées dans le but de faire le commerce, et nous établi-
rons que si l'exploitation directe du service des pompes
funèbres n'est pas un fait de commerce pour l'établissement public qui en est chargé par la loi, l'entreprise
de ce service est une entreprise commerciale entre les
mains de toute autre personne.

Le traité relatif à la régie des pompes funèbres constitue un louage de services. La compétence pour les
contestations qui s'élèveraient entre le régisseur et l'administration, serait donc celle des tribunaux de l'ordre
judiciaire et non celle des tribunaux administratifs.

Quand il y a entreprise de pompes funèbres, la question pourrait présenter plus de difficulté. M. Serrigny (*Organisation et compétence administratives*, tome II, p. 702), enseigne que les contestations qui s'élèvent à l'occasion des marchés relatifs aux pompes funèbres, doivent être portées devant la justice administrative. Il se fonde notamment sur ce que l'article 15, § 1, du décret du 18 mai 1806, concernant le service des pompes funèbres, porte que les adjudications seront faites selon le mode établi par les lois et les règlements pour les travaux publics. Cette opinion ne doit pas, suivant nous, être suivie. Ce n'est pas par la forme des actes, mais par leur objet que se détermine la compétence respective des tribunaux administratifs et judiciaires ; aussi, et pour citer un exemple bien connu, les tribunaux civils sont, d'après une jurisprudence aujourd'hui très fermement établie, juges des difficultés d'exécution des baux passés en la forme administrative. Cela étant, il importe peu que les adjudications du service des pompes funèbres soient faites dans la même forme que les adjudications de travaux publics. Ce qui importe et ce qui est décisif, c'est que les entreprises de travaux publics diffèrent essentiellement par leur objet des entreprises de pompes funèbres, qui sont des marchés de fournitures. Or la compétence des conseils de préfecture, compétence exceptionnelle qui déroge au droit commun de la compétence judiciaire, est limitée par la loi du 28 pluviôse an VIII, aux entreprises de travaux publics (1).

(1) Sur la distinction des marchés de fournitures et des marchés de travaux publics, voyez Dufour, t. VII ; Christophe, *Traité des Travaux publics*, t. I, n° 24, Cour de Paris, 6 août 1869, avec une note de Dalloz, Dall. 70, 2, page 87. — En ce sens que les tribunaux administratifs ne sont compétents ni quand il y a régie, ni quand il y a entreprise, voyez Conseil d'État, 2 février 1877 ; Dalloz, 77, 3, 48, et Conseil de préf. Seine, 11 juin 1879, Dalloz, 79, 3, 70.

Le caractère de ce marché a été fixé par la Cour de cassation à propos d'une affaire d'enregistrement. Il a été décidé que « le traité administratif par lequel un entrepreneur de pompes funèbres s'engage pour un temps déterminé à faire, sous la surveillance de l'administration des fabriques, le service des inhumations, exhumations, réinhumations et autres cérémonies funéraires, constitue non un bail par l'administration des fabriques du privilège que leur confère le décret du 23 prairial an XII, ni une simple location de choses mobilières de la part de l'entrepreneur, mais un marché dans le sens de l'article 1787 du Code civil, comprenant à la fois le louage de services et la fourniture de la matière, et passible, par conséquent, du droit proportionnel d'enregistrement à 1 0/0 sur les revenus concédés à l'entrepreneur. » (Art. 69, § 3, 1°, loi du 23 frimaire an VII ; Cass., 25 juin 1877.)

Dans le cas où les fabriques et consistoires exploitent eux-mêmes directement le monopole qui leur est conféré par le décret de l'an XII, ils gèrent un service public et les sommes qu'ils perçoivent ont un emploi déterminé par le décret de 1809. Il n'y a point, par conséquent, d'idée de trafic, de spéculation ; le caractère essentiel de l'acte de commerce fait défaut. Donc les fabriques, ne sauraient être traitées comme des commerçants, et notamment les tribunaux de commerce seraient dans tous les cas incompétents pour connaître des contestations entre les fabriques et les particuliers à l'occasion des fournitures faites ou de l'application des tarifs. (Cour de Paris, 3 mai 1881 ; Trib. Seine, 22 octobre 1878.)

Mais lorsque le service des pompes funèbres est exploité par un adjudicataire ou un entrepreneur régissant dans son intérêt personnel, celui-ci agit dans un but de lucre indéniable, de spéculation ; il désire tirer de ses opérations un bénéfice personnel. Dès lors, il est commerçant. La jurisprudence a eu à se prononcer sur cette question dès 1810, et aux deux degrés de juridiction ainsi que par la Cour de cassation il a été reconnu que « l'entrepreneur des pompes funèbres était dans la classe de ceux désignés dans l'article 632 du Code de commerce. » L'entrepreneur de pompes funèbres est ainsi un véritable commerçant, et on doit appliquer toutes les conséquences de cette idée notamment quant à la nature commerciale des billets souscrits; quant à la compétence des tribunaux de commerce. Nous croyons que la jurisprudence n'a jamais varié sur ce point et que sa solution est parfaitement conforme aux principes (1).

Observons que l'interprétation des tarifs et leur application seront de la compétence *soit des tribunaux civils, soit des tribunaux de commerce,* suivant la distinction que nous avons défendue entre le cas où les fabriques exploitent et celui où elles cèdent l'exploitation de leur monopole ; elles ne seront jamais de la compétence des tribunaux administratifs, bien que ces tarifs soient préparés et arrêtés administrativement. Les tribunaux de l'ordre judiciaire, compétents pour prononcer sur l'exécution d'un contrat entre le fournisseur et le particulier, le sont également pour interpréter l'acte contenant les clauses et conditions du marché auxquelles les parties se sont référées et devaient se référer. C'est l'application des principes.

(1) Tribunal de commerce de Rouen, 7 août 1810 ; Cour de Rouen, 17 août 1810 ; Cour de cassation, 1811 (aff. Bouveret contre Leclerc), Paris, 3 mai 1881.

Tout ce que nous venons de dire s'appliquera également lorsque les communes régiront elles-mêmes ou feront régir ou donneront en adjudication le service dont la loi nouvelle les chargera. Les marchés qu'elles passeront à cet effet, seront des marchés de fournitures, non des marchés de travaux publics, quelle que soit la forme de l'adjudication ; exploitant elles-mêmes, elles ne seront pas réputées faire des actes de commerce ; l'entrepreneur, au contraire, sera commerçant quand il tiendra son droit des communes, comme aujourd'hui qu'il le tient des fabriques. La nature des choses n'aura pas changé.

C'est un point aujourd'hui fixé qu'il y aura contravention de simple police dans le fait de ne pas respecter le monopole des fabriques. C'est le cas d'un commerçant qui ferait concurrence aux fabriques ; le cas même d'un individu qui fournirait lui-même les objets nécessaires aux enterrements ou à la pompe des funérailles, alors même qu'il ne ferait pas commerce; mais qu'il voudrait seulement, ayant ces objets à sa disposition, éviter de payer la taxe. Il est donc important de préciser l'étendue du monopole (1).

A cet égard, il a été jugé que la fourniture des couronnes ou fleurs dont on pare le cercueil, ne rentre pas dans le privilège des fabriques ; de même qu'il n'y a pas contravention à porter derrière un cercueil un poêle de société.

Au contraire la fourniture des bières, même de celles qui sont nécessaires pour les exhumations et retranslations de corps, celle des voitures de deuil qui suivent le convoi dans certaines villes, ajoutant ainsi à la pompe

(1) Crim. cass., 24 mars 1881. Dalloz, 1881, 1, 321.

des funérailles, font partie du monopole. Il y aurait contravention par exemple dans le fait de conduire immédiatement après le convoi une voiture privée dans les villes où la présence des voiture de deuil est un signe de pompe des funérailles.

Le monopole sera quelque peu restreint par la loi nouvelle ; il ne comprendra pas les emblèmes religieux, les croix par exemple à placer sur les draps mortuaires et dont la fourniture rentrera dans le commerce, bien que de tels ornements puissent, par leur luxe, être en même temps qu'un indice des convictions du défunt un signe de pompe des funérailles.

Les tarifs peuvent ne pas prévoir toutes les fournitures que, le cas échéant, les familles pourraient demander et qui ne seraient pas contraires à la décence des funérailles. Le privilège des fabriques ne s'en étendrait pas moins à ces objets et leur prix serait fixé amiablement ou judiciairement, en prenant pour base d'appréciation le prix des objets similaires du tarif ou des objets qui s'en rapprocheraient le plus.

Le monopole des fabriques est absolu et doit être respecté, quelle que soit la qualité de celui qui fait inhumer, quand même ce serait l'État. Il a été décidé à plusieurs reprises à cet égard que même pour les enterrements nationaux que l'État prend à sa charge au lieu et place de la famille du défunt, l'intégralité des droits fixés par le tarif devait être acquittée ; non seulement la part qui revient à l'entrepreneur, mais même la remise qui constitue le bénéfice des établissements publics ecclésiastiques. Une loi seule s'exprimant formellement sur ce point aurait pu restreindre dans ces cas particuliers le droit des fabriques.

Disons en terminant que, comme charge de ce monopole, les fabriques et consistoires sont obligés à faire gratuitement d'une manière décente l'enterrement des indigents. Les fournitures à faire pour ces convois sont réglées par le conseil municipal. Cette obligation passera aux communes après le vote de la loi nouvelle. Les maires doivent tenir la main à ce que le service des indigents soit convenablement fait ; la loi municipale du 6 avril 1884 contient la disposition suivante : Article 93 : *Le maire, ou, à son défaut, le sous-préfet pourvoit d'urgence à ce que toute personne décédée soit ensevelie et inhumée décemment, sans distinction de culte ni de croyance.*

La loi défend de détendre l'église pendant la cérémonie lorsque le corps d'un indigent est présenté et que l'église est tendue. Beaucoup d'auteurs ont remarqué que l'autorité religieuse aurait certainement observé d'elle-même cette règle de politesse : n'est-ce pas le cas de dire : *Quod abundat non viciat.*

Les revenus que procure aux fabriques le privilège devaient être employés, d'après l'article 23 du décret de prairial, « à l'entretien des églises et des lieux d'inhumation et au traitement des desservants. » Le décret de 1809 sur les fabriques ayant simplement rangé cette source de revenus parmi les ressources de ces établissements ecclésiastiques sans rappeler cette affectation spéciale, on en a conclu avec raison que, depuis cette époque, le produit du monopole alimentait le budget fabricial et servait à payer toutes les dépenses mises à la charge des fabriques indistinctement.

A Paris les tarifs et règlements des pompes funèbres sont fixés par décrets (1). D'une manière générale, dans

(1) Les textes pour Paris sont, quant au monopole des pompes funèbres : décret du 18 août 1811 ; ordonnance du 24 juin 1832 ;

le cours de cette étude, nous laisserons de côté les règles très nombreuses spéciales à Paris, cette matière
devant exiger de trop longs développements. Nous nous
occuperons exclusivement de ce qui est le droit commun pour toute la France.

Obligés de respecter le monopole que nous venons
d'étudier, les particuliers peuvent librement choisir la
classe de convoi, les fournitures qu'ils désirent. Exception toutefois est faite quand il s'agit d'enterrer un sup-
plicié. Dans un but de moralité et d'ordre, la loi qui
permet aux familles de réclamer le corps des suppliciés
y met cette condition qu'il sera enterré sans aucune
pompe.

Très souvent le défunt a manifesté la volonté d'être
enterré dans tel ou tel lieu déterminé, auprès de telle ou
telle personne ; lorsqu'il ne s'est pas expliqué sur ce
point, c'est la famille qu'on consulte suivant es règles
que nous avons étudiées. Nous laisserons de côté pour
en parler dans le chapitre suivant, le cas où l'enterrement doit se faire dans une propriété privée. C'est l'exception : en principe l'inhumation a lieu dans le cimetière public.

Or, bien qu'aucun texte, à notre connaissance, ne
s'explique formellement à cet égard, il faut reconnaître

ordonnances du 11 septembre 1842, 17 mars 1843 ; décrets des
2-28 octobre 1852. Depuis 1806 jusqu'en 1871 le service des pompes
funèbres de la capitale a été confié à un adjudicataire. Dans la période comprise entre le 1er avril 1871 et le 30 mars 1878 il y a eu
une régie exploitée dans l'intérêt des fabriques et consistoires. Enfin
ces établissements ont pris possession du matériel des pompes funèbres et l'exploitent pour eux-mêmes depuis le 1er avril 1878. Un
conseil d'administration a été nommé pour représenter les fabriques
et les consistoires en cette affaire.

que les communes ne sont pas légalement obligées à
donner une place dans leurs cimetières à tous ceux qui
ont manifesté le désir d'y reposer. Si nous consultons
la doctrine administrative et la pratique, nous voyons au
contraire que les communes sont seulement tenues de
fournir un lieu de sépulture aux individus morts dans la
commune et à ceux qui y avaient leur résidence habituelle. En dehors de ces hypothèses, aucun texte ou règlement ne défendant au maire de permettre l'enterrement dans le cimetière communal d'individus non compris
dans ces deux catégories, il peut y avoir place pour
une décision de faveur de la part de l'autorité municipale, il n'y a pas un droit pour les particuliers, à moins
toutefois qu'une concession de terrain n'ait été accordée.
Dans ce dernier cas, sauf un certain pouvoir de contrôle
du maire, dont nous étudierons plus tard la base juridique et les limites, il y a une sorte de *jus sepulcri* dont
l'usage est indépendant de la qualité d'habitant de la
commune ou du fait de la mort dans la commune.

La volonté des particuliers sur ce point est donc
limitée par le droit des maires de ne pas accorder une
place dans le cimetière communal à ceux qui y sont sans
droit. Si toutefois ces fonctionnaires jugeaient à propos
de rendre une de ces décisions de faveur dont nous par-
lions plus haut, ils ne pourraient percevoir aucune taxe;
la loi n'autorisant la perception de droits que pour les
concessions proprement dites d'une durée supérieure à
cinq ans. Ici nous supposons que le maire permet simplement l'inhumation dans les conditions du droit commun, comme s'il s'agissait d'un habitant de la commune.

Quant à la place à fixer dans le cimetière, aucune
difficulté s'il y a un terrain concédé: s'il n'y en a pas,
l'emplacement de chaque tombe sera déterminée par le

maire, qui devra s'efforcer cependant de donner satisfaction au désir du défunt toutes les fois que cela ne
nuira pas au bon aménagement du cimetière.

Nous ne pouvons insister davantage pour le moment
sur ces règles, que nous retrouverons dans le cours de
cette étude et que nous étudierons en parlant des pouvoirs de police des maires sur les cimetières.

Lorsque le cimetière choisi n'est pas celui de la commune où le décès s'est produit, lorsqu'il y a lieu à un
transport de corps d'une commune dans une autre commune (1), certaines formalités doivent être remplies, et
nous allons voir ici encore que l'autorité peut faire échec
à la volonté des particuliers.

Deux autorisations sont nécessaires: la première est
donnée par l'officier de l'état civil du lieu du départ, qui
drese en outre procès-verbal de l'état du corps au moment où on l'enlève ou au moment où on le met en bière.
Il délivre ensuite un passe-port motivé au conducteur et
il adresse directement au maire du lieu où il doit être
déposé une expédition de l'acte de décès et une du procès-verbal.

La seconde autorisation est accordée par les sous-
préfets lorsque le corps voyage dans la limite de leur
arrondissement, mais la compétence appartient aux
préfets toutes les fois qu'il s'agit de transporter les corps
hors de l'arrondissement ou de les diriger dans un autre
département ou à l'étranger. Une circulaire du ministre
de l'Intérieur de 1881 rappelle qu'il n'y pas lieu de re-

---

(1) Dans le cas où il s'agit simplement de ramener le corps d'un
individu du lieu où il est décédé dans son domicile ou dans une
autre maison de la même commune en attendant les funérailles,
une simple autorisation de l'officier de l'état civil est nécessaire et
suffisante, sans autre formalité.

courir à l'administration centrale pour les demandes de translation de corps.

Les mesures prescrites dans l'intérêt de la salubrité publique sont les suivantes :

1° La translation du corps d'un individu récemment décédé ne peut être effectuée hors du département où a eu lieu le décès que dans un cercueil en bois de chêne dont les compartiments de 4 centimètres d'épaisseur seront fixés avec des clous à vis et maintenus par 3 frettes en fer serrées à écrou. — 2° Quand le trajet à parcourir excédera 200 kilomètres, le corps doit être placé dans un cercueil en plomb renfermé lui-même dans une bière en chêne. Le cercueil en plomb doit être confectionné avec des lames de plomb laminé de 0^m,002 au moins d'épaisseur et solidement soudées entre elles. Le cercueil en plomb peut être également exigé même pour des distances moindres toutes les fois que les circonstances rendront cette mesure nécessaire. 3° Dans tous les cas le fond du cercueil contenant le corps doit être rempli par une couche de 6 centimètres d'un mélange pulvérulent composé d'une partie de poudre de tan et de deux parties de charbon de bois pulvérisé. Le corps doit être entièrement couvert de cette même poudre avant la fermeture du cercueil. (*Revue générale d'administration*, année 1881.)

APPENDICE

DE LA CRÉMATION

L'usage de brûler les morts fort en honneur dans l'antiquité païenne, a disparu de l'Europe avec le triomphe du christianisme. Dans le moyen âge le bûcher fut réservé aux cadavres des seuls criminels, dans des cas assez rares. A l'époque de la Révolution française, les mœurs et coutumes des anciens Romains furent, on le sait, l'objet d'imitations tout à fait à la mode dans cette période qui va de 1790 aux premières années du règne de Napoléon. On ne doit point s'étonner dès lors de voir une ville du midi décerner à un de ses concitoyens les honneurs de véritables funérailles romaines, brûler son corps et en envoyer ses cendres à la Convention qui, un peu embarrassée de cet envoi, ordonna le dépôt de l'urne funéraire aux archives. Ce fut un fait isolé. On continua à enterrer les morts comme par le passé, et ce n'est guère que dans ces dernières années que la question de la crémation a été posée d'une façon sérieuse, agitée dans les discussions des savants et qu'une campagne a été entreprise presque dans tous les pays de l'Europe pour préparer l'opinion publique à accepter l'idée de la crémation au moins facultative.

C'est en Allemagne que le mouvement a eu son point de départ. Le 29 novembre 1849 Jacob Grimm lut à l'Académie des sciences de Berlin une communication sur la crémation qui fut vivement discutée. Des sociétés nombreuses se formèrent pour la défense des idées de M. Grimm et dans le but d'amener les gouvernements à permettre cette pratique. La crémation est devenue facultative dans certaines villes d'Allemagne et en Italie. En France, en Belgique, en Angleterre elle n'est point tolérée. Dans ces divers États les lois ne s'occupant que de l'inhumation du corps, on en a conclu qu'il appartenait au législateur seul de décider s'il était opportun de permettre l'incinération, question grave au point de vue de l'hygiène et de la bonne justice criminelle. Dans le silence des textes, il faut admettre en conséquence que la crémation est défendue. C'est ce qui résulte pour la

France d'une lettre de M. le ministre de l'Intérieur au préfet de la Seine en 1881, à propos d'une délibération du Conseil municipal de Paris (7 août 1879) décidant qu'un concours serait ouvert sur « le meilleur mode de crémation ». « Dans mon opinion, monsieur le Préfet, le décret du 23 prairial an XII qui règle la matière, rapproché des articles 77 Code civil et 358 Code pénal, ne prévoit que le mode d'inhumation actuellement pratiqué, c'est-à-dire le dépôt des corps et leur consomption dans la terre. Une loi nouvelle serait nécessaire pour en modifier les dispositions et permettre la mise en pratique de la crémation même à titre d'essai. » Nous ne croyons pas que la question se soit présentée devant les tribunaux : certainement elle recevrait, le cas échéant, la solution indiquée dans la lettre de M. le ministre de l'Intérieur. — En Belgique, où le décret du 23 prairial an XII est en vigueur, on devrait appliquer les mêmes principes ; nous pouvons citer en ce sens une décision ministérielle récente (1) : « L'incinération n'est admise par aucun texte en vigueur. Le législateur serait seul compétent pour introduire facultativement en Belgique la pratique de la crémation. » En Angleterre, où la question se pose en des termes identiques, un jugement du 8 mars 1883 a décidé que l'inhumation était seule permise.

Tel est le droit. En législation serait-il utile et sage de permettre la crémation ?

En faveur de ce procédé de destruction des corps on invoque des considérations d'hygiène très fortes : on supprimerait des causes d'épidémie et d'infection en faisant disparaître par le feu les cadavres. On ajoute que le danger des inhumations de personnes vivantes ne

____

(1) Rapportée dans la *Revue générale d'administration*, 1881.

serait plus à redouter. De plus on ne serait plus obligé d'enlever à l'agriculture des champs considérables pour le service des morts. Enfin on met en avant, mais cette idée ne nous semble pas de nature à peser beaucoup dans le débat, que les sentiments intimes des survivants seront moins froissés par la pensée de l'incinération que par celle de la décomposition du corps du décédé.

Contre la crémation on fait valoir de arguments nombreux, mais qui n'ont pas tous une égale valeur.

D'abord des raisons religieuses, certains cultes, et notamment le culte catholique ne pouvant s'accomoder de cette pratique. Il est aisé de répondre qu'il n'est pas question de prohiber l'inhumation, mais de rendre facultatives les incinérations. De plus nous ne pensons pas que cette préférence de l'Église catholique pour les inhumations soit de nature à ne pas céder devant les avantages bien démontrés de la crémation rendue pratique et acceptée par l'opinion publique. Ce n'est pas, croyons-nous, affaire de dogme.

On objecte en second lieu qu'il serait imprudent de rendre aujourd'hui l'incinération facultative, parce qu'on n'a pas encore trouvé de procédé permettant de pratiquer cette opération à bon compte et dans des conditions d'hygiène convenables. Cette question est du domaine de la science et nous ne la discuterons pas. En tous cas si le problème n'a pas encore été résolu il ne peut manquer de l'être de manière à donner entière satisfaction à tous les intérêts.

L'argument le plus grave contre la crémation se tire de ce qu'un tel procédé détruisant entièrement le corps, des constatations médicales deviennent ainsi dans la suite absolument impossibles et rendent impossible la recherche d'un crime. Nous ne nions pas la force de cette objec-

M. CHAREYRE.

tion. Qu'on nous permette cependant de penser qu'il serait possible d'atténuer cet inconvénient en ne tolérant l'incinération qu'autant que l'autopsie aura été faite par un médecin délégué par le chef du parquet. Les traces de mort violente n'échapperont que bien difficilement à l'homme de l'art, et l'accomplissement rigoureux de cette prescription mettra souvent la justice en éveil dans les cas où, sans elle, un crime aurait pu échapper. — On pourrait en second lieu défendre la crémation des cadavres de personnes mortes dans des conditions déterminées, par exemple de mort violente.

Grâce à ces mesures et à d'autres que la réflexion indiquera à la sagesse du législateur, une fois que l'opinion publique, qu'on ne doit pas heurter de front en pareille matière, sera préparée à accepter ce mode de destruction des corps, et après qu'on aura trouvé un système pratique, hygiénique et économique d'incinération, nous ne voyons pas quelles raisons sérieuses on pourrait opposer à l'établissement de la crémation facultative, — et même obligatoire si on pouvait parvenir à vaincre la préférence de l'Église catholique et des cultes en général pour les inhumations.

Nous espérons tout de la science et du temps.

CHAPITRE III

Des lieux de sépulture

L'ordre naturel des idées, après la question par nous traitée à la fin du chapitre précédent, nous amène à étudier la législation des terrains destinés aux sépultures.

Toutefois nous observons que les lois ont dû s'occuper de cette matière même à des époques où l'usage de brûler les morts était généralement suivi : à Rome, par exemple, au moins à dater de l'époque de Sylla. Les cendres précieusement recueillies dans des urnes étaient le plus souvent enfouies dans la terre, sous un tertre, dont le relief servait à marquer la place de ces restes et à la désigner au respect de tous. La loi intervenait alors, mais seulement pour empêcher la profanation et la violation des tombeaux, pour protéger le droit au sépulcre.

Chez les peuples et dans les temps où la coutume se retrouve d'enterrer les morts, au devoir de veiller au respect des tombes s'est joint pour le législateur un souci d'un autre ordre : celui de la salubrité publique. Cette préoccupation se traduit d'une manière plus nette dans les actes législatifs, à mesure que la science parvient à formuler avec plus d'autorité les préceptes de l'hygiène, qu'une civilisation plus avancée, une opinion publique plus instruite acceptent plus aisément l'ingérence de l'autorité sociale dans ces matières et lui assignent son véritable rôle.

Les premiers chrétiens, s'inspirant de cette parole du Christ que « chacun ressuscitera avec son corps », voulant aussi rompre avec les pratiques païennes qui suivaient le décès d'un individu, remirent en honneur l'usage de conserver et d'enterrer les morts. Chacun connaît ces catacombes dont Chateaubriand a fait une si magnifique description, lieux de réunions et de prières où, chassés et persécutés, les adeptes de la religion nouvelle venaient affermir leur foi et reprendre courage. Les catacombes sont à la fois les premières églises des chrétiens et les premiers cimetières.

Nous n'avons pas à retracer ici par quelle suite d'événements la religion du Christ devint la religion générale de l'empire romain. Mais on comprend aisément que ce qui se pratiquait pour une petite église devint impossible quand tout un peuple suivit la foi nouvelle. On dut faire aux nécessités de la salubrité publique leur part ; on plaça les cimetières autour, mais en dehors des temples : on respecta néanmoins les traditions, et, en souvenir des temps anciens, le rituel prescrivit de célébrer la messe sur le tombeau d'un saint ou d'un martyr.

Nous retrouvons les mêmes pratiques dans les pays chrétiens après la chute de l'empire romain ; nous les rencontrons notamment en France. A chaque église paroissiale était attaché un cimetière, lequel la joignait ordinairement comme une de ses dépendances, ce qui est très conforme aux traditions du culte catholique. Toutefois cette union matérielle de l'église et du cimetière n'était pas rigoureusement exigée par les lois canoniques, et, surtout dans les villes très peuplées, les inconvénients et les dangers qui en résultaient, devinrent tels que les ecclésiastiques furent les premiers à demander que les terrains destinés aux sépultures fussent choisis dans des conditions moins défavorables à la santé publique (1).

(1) Des accidents très nombreux et très graves survenus à Paris dans le voisinage du cimetière des Innocents amenèrent le Parle-

Ces doléances des évêques et des archevêques sont visées dans le préambule de la déclaration du 10 mars 1776, que nous reproduisons plus loin.

« En principe, dit Denisart, il n'y a que les paroisses

ment de Paris à s'occuper de la question un an avant la déclaration royale de 1776. Voici en quels termes M. Denisart (*Collection des décisions nouvelles et de notions relatives à la jurisprudence*, t. IV, V° *Cimetière*), parle de l'arrêt du règlement du Parlement de Paris du 21 mai 1765 :

« Le Parlement de Paris a rendu un règlement célèbre sur un réquisitoire de M. le Procureur général, concernant les cimetières de la capitale. Un arrêt du 12 mars 1763 avait ordonné aux marguilliers et fabriques des paroisses de fournir un mémoire sur l'état des cimetières. Les mémoires ayant été fournis, la Cour a rendu, le 21 mai 1665, son arrêt de règlement contenant dix-neuf articles.

1° Il est défendu de faire à l'avenir aucune inhumation dans les cimetières actuellement existants à Paris, à compter du 1er janvier 1776 ;

2° Il est ordonné que les cimetières actuellement existants resteront dans l'état où ils sont jusqu'après une visite de police et les formalités usitées lors des transports des ossements remplies ;

3° Il est défendu d'enterrer dans les églises d'autres personnes que les curés, etc... et ce, à la charge d'y mettre les corps dans des cercueils de plomb et non autrement ;

4° Il sera choisi hors la ville sept ou huit terrains ;

5° Chacun des cimetières sera clos de murs de dix pieds d'élévation au pourtour et aura seulement une chapelle de dévotion et un logement de concierge.

L'article 16 veut que la fosse commune de chacun des cimetières soit renouvelée au plus tard trois fois dans l'année, et l'ancienne comblée quand même elle ne serait pas remplie ; l'article 18 défend de planter aucuns arbres ni arbrisseaux dans lesdits cimetières. »

Denisart ajoute : « Le Parlement, de concert avec la puissance ecclésiastique, emploie continuellement tous les moyens possibles pour supprimer les cimetières de l'intérieur de la capitale et pour faire cesser par là une cause d'infection et de corruption toujours subsistante jusqu'à ce jour. »

qui aient le droit d'avoir des cimetières ; les autres
églises n'en peuvent avoir qu'en vertu de privilèges particuliers. » Les cimetières devaient être bénits par l'évêque,
comme les églises elles-mêmes. On réservait seulement
un coin de terrain pour ceux à qui l'Église refusait ses
prières. — Nous concluons de cet ensemble de faits, sans
cependant que nous puissions nous appuyer d'une autorité, que l'inhumation d'un individu dans sa propriété
privée devait être défendue en principe. Nous ne pouvons dire du reste si l'autorité ecclésiastique s'était réservé le droit d'accorder des dispenses ou des privilèges,
ni dans quelles conditions ces sépulures privées pouvaient être établies.

Le plus souvent, quand on désirait ne pas être enterré dans le cimetière public, et quand on avait quelque
titre à cette faveur, on sollicitait l'honneur de reposer
dans l'église même. Ce privilège, réservé d'abord, comme
nous l'avons vu, aux martyrs, aux confesseurs, à ceux
dont la sainteté de la vie avait honoré l'Église, fut accordé ensuite d'une façon plus large et à des titres moins
recommandables. La fortune et le rang y donnèrent des
droits et l'abus devint tel que nous voyons le pape Ur-
bain IV obligé de défendre l'église Saint-Pierre de Rome
elle-même contre l'envahissement de ces sépultures qui
confondaient, dit-il, les impies avec les personnes pieuses,
les criminels avec les saints.

Ici encore le manquement aux lois de l'hygiène eut
des conséquences fâcheuses, qui émurent vivement l'opinion, et en particulier le clergé, vers la seconde moitié
du XVIIIe siècle. Les évêques prirent l'initiative d'une ré-

____

(1) Denisart, *Collection de décisions nouvelles et de notions
relatives à la jurisprudence*, t. IV. V° *Cimetière*, n° 3.

forme qui s'imposait, et, le premier, l'archevêque de
Toulouse, le 23 mars 1775, par un mandement resté
célèbre, défendit avec rigueur les inhumations dans les
églises de son diocèse. Cette ordonnance répondait à un
besoin si pressant, et la réforme était si populaire que
le Parlement de Toulouse enregistra de suite cet acte et
qu'une déclaration royale intervint l'année suivante, le
10 mars 1776, à l'effet de prescrire dans tout le royaume
les sages mesures prises par l'archevêque de Toulouse (1).

Cette déclaration du 10 mars 1776 est le premier
monument législatif émanant du pouvoir royal sur la
matière qui nous occupe : au nom des grands intérêts
matériels de la société qui sont commis à sa garde, le
roi réglemente les conditions matérielles dans lesquelles
doivent être pratiquées les inhumations. C'est une attribution qui lui revient de droit et que personne n'a pu
sérieusement lui contester. On peut regretter seulement
qu'il ait cru devoir attendre aussi longtemps pour en
user, et qu'il en ait usé avec autant de timidité.

Voici le préambule de cette déclaration : « Les archevêques, évêques et autres personnes ecclésiastiques,
assemblées l'année dernière dans notre bonne ville de
Paris, par notre permission, nous ont représenté que,
depuis plusieurs années, il leur avait été porté, des diverses parties de leurs diocèses respectifs, des plaintes
touchant les inconvénients des inhumations fréquentes
dans les églises et même par rapport à la situation actuelle de la plupart des cimetières, qui, trop rapprochés

____

(1) En Autriche, en 1778, l'impératrice-reine Marie-Thérèse défendit également d'enterrer dans les églises. Elle ordonna en outre
que les cimetières seraient placés loin des habitations.

desdites églises , seraient placés plus avantageusement, s'ils étaient plus éloignés des enceintes des villes, bourgs ou villages des différentes provinces de notre royaume. Nous avons donné à des représentations si justes d'autant plus d'attention, que nous sommes informé que celle des magistrats de notre royaume s'est portée depuis longtemps sur cette partie de la police publique, et leur a fait désirer sur cette matière une loi capable de concilier, avec la salubrité de l'air et ce que les règles canoniques peuvent permettre, les droits qui appartiennent aux archevêques, évêques, curés, patrons, seigneurs , fondateurs ou autres dans les différentes églises de notre royaume : excité par ces vœux, nous n'avons pas cru devoir différer d'expliquer nos intentions ».

L'article 1er de la déclaration défend d'inhumer dans les églises, — et ce mot comprend tous les lieux fermés où les fidèles se réunissent pour la prière, même les oratoires particuliers, — « aucune personne écclésiastique ou laïque , de quelque qualité, état et dignité qu'elle puisse être, à l'exception des archevêques, évêques, curés, patrons des églises et hauts justiciers ou fondateurs de chapelles , sous quelque cause que ce soit. » Les exceptions permises par la déclaration royale étaient plus nombreuses que celles admises par le mandement de l'archevêque de Toulouse, moins étendues que celles tolérées par le Parlement de Paris dans son arrêt du 21 mai 1765. Celui-ci permettait en effet l'inhumation dans les églises à tous ceux qui payeraient deux mille livres à la fabrique. La déclaration prescrivait, dans le cas où l'inhumation dans une église était exceptionellement autorisée, qu'un caveau devait être établi « de 78 pieds carrés en dedans d'œuvre, pavé de grandes pierres tant au fond qu'à la surperficie et l'inhumation devait être faite à six pieds en terre au-dessous du sol intérieur, » dispositions pleines de sagesse, qui font le plus grand honneur au rédacteur de l'ordonnance.

Quant aux autres personnes ayant à la date de la déclaration royale le droit d'être inhumées dans les églises, quant aux religieux et religieuses, l'inhumation n'est plus permise que dans les cloîtres et chapelles ouvertes y attenant, à la charge d'y faire construire des caveaux dans les conditions indiquées plus haut. S'il n'existait ni cloître ni chapelle ouverte, l'inhumation devait être faite dans le cimetière commun avec autorisation de choisir la place et d'y construire un caveau ou monument. (Art. 4, 5, 6, de l'ordonnance.)

« En conséquence des précédentes dispositions, porte l'article 7 de la déclaration qui en est le plus important, les cimetières qui se trouveront insuffisants pour contenir les corps des fidèles seront agrandis, et ceux qui, placés dans l'enceinte des habitations, pourraient nuire à la salubrité de l'air, seront portés, autant que les circonstances le permettront, hors de ladite enceinte, en vertu des ordonnances des archevêques ou évêques diocésains ; et seront tenus les juges du lieu, les officiers municipaux et habitants d'y concourir, chacun en ce qui les concernera. »

Ainsi les évêques et archevêques devaient donner leur approbation à la translation des cimetières ; disons mieux : il appartenait à eux seuls de prescrire cette mesure. Nous l'avons dit, les cimetières étaient choses saintes au même titre que les églises ; on comprend aisément dès lors, étant donnés les rapports de l'Église et de l'État à cette époque, que l'autorité laïque n'ait pas cru pouvoir prendre pour elle le droit d'ordonner seule la désaffectation des cimetières existants et l'affectation de nouveaux terrains au service des inhumations. Si les juges intervenaient, c'était non comme représentants de l'administration chargée d'apprécier l'opportunité de l'ordonnance de l'évêque, mais parce que leur devoir était de constater et de permettre les exhumations. Or le transport des ossements accompagnait toujours la translation du cimetière.

L'article 8 et dernier de l'ordonnance autorisait les villes et communautés qui seraient tenues de déplacer leurs cimetières en vertu de l'article 7, à acquérir les terrains nécessaires et les exemptait des droits d'indemnité et d'amortissement qui les auraient frappées si l'acquisition avait été réalisée pour tout autre motif.

Enfin la déclaration réservait tout ce qui a trait aux cimetières de Paris, sur lesquels un acte spécial devait intervenir, et qui restèrent soumis aux dispositions de l'arrêt du Parlement de Paris du 21 mai 1765 (1).

Telles furent, dans leur ensemble, les prescriptions très sages, très conformes aux indications de la science, de la déclaration de 1776. Malheureusement l'exécution de ces mesures dut souffrir de la faiblesse, du désordre, du peu d'unité de l'administration à cette époque, comme aussi du partage de pouvoirs qu'on avait dû maintenir en cette matière entre l'autorité ecclésiastique et l'autorité civile.

Les événements de la Révolution française, en modifiant profondément les rapports de l'Église et de l'État, permirent au rédacteur du grand décret du 23 prairial

(1) Nous avons donné en note, à une des pages précédentes, les principales dispositions de cet arrêt de règlement du Parlement de Paris.

an XII d'être plus hardi, plus complet, de commander
avec plus d'autorité et de rigueur, de donner enfin à l'administration les pouvoirs étendus dont elle a besoin
pour assurer l'hygiène des cimetières, ainsi que la
liberté de conscience, celle des cultes, et la décence
publique.

Nous ne nous occuperons dans ce chapitre que des
conditions matérielles dans lesquelles doivent se trouver
les terrains destinés aux sépultures.

Il ressort de la lecture du décret du 23 prairial an XII,
que les inhumations en principe doivent être faites dans
les cimetières publics ; qu'on les permet cependant sous
certaines conditions dans les propriétés privées ; qu'elles
ne doivent jamais être pratiquées dans une église ou un
hôpital.

I. — DES CIMETIÈRES PUBLICS

Article 2 du décret du 23 prairial an XII : *Il y aura
hors de chacune des villes ou bourgs, à la distance de
trente-cinq à quarante mètres de leur enceinte, des terrains entièrement consacrés à l'inhumation des morts.*

Nous avons dit que dans l'ancien droit, à chaque paroisse était ordinairement attaché un cimetière. Or
les communes nouvelles ayant été, au point de vue
des circonscriptions administratives, calquées sur les
anciennes paroisses, se trouvaient en général pourvues
d'un cimetière public ; et comme toutes devaient pouvoir
procurer à leurs habitants un lieu de sépulture, celles
qui, par exception n'en avaient pas, usaient d'un cimetière voisin en vertu d'une tolérance ou d'un traité. Tel
était le fait.

Il semble que le texte de l'article 2 du décret de prairial que nous avons cité, impose aux seules communes

urbaines, celles qui renferment des villes ou bourgs, agglomérations d'habitations plus considérables que les villages, l'obligation d'avoir un cimetière public. Quid alors pour les communes rurales?

On pourrait se demander d'abord si vraiment le décret de l'an XII avait eu l'intention d'établir une distinction entre les diverses communes de France. L'intention contraire, ainsi qu'on l'a remarqué bien souvent, paraît résulter du rapport présenté au conseil d'État par M. de Ségur, où celui-ci déclarait en termes formels que le décret n'avait eu d'autre but que de réunir dans un seul règlement les dispositions éparses des édits anciens. Or ces édits ne distinguaient pas.

Quoi qu'il en soit, il est certain que la distinction, autorisée par les mots du texte prévalut (1); et c'est présisément pour la supprimer et faire cesser ainsi les résistances des conseils municipaux aux mesures de salubrité publique que l'administration supérieure voulait imposer aux communes, que fut rendue l'ordonnance du 6 décembre 1843, dont nous parlons plus loin.

Observons du reste que, même avant la généralisation des dispositions du décret de prairial, voulue par l'ordonnance de 1843, la loi du 18 juillet 1837 avait rangé parmi les dépenses obligatoires pour les communes « l'entretien et la clôture des cimetières. » On aurait pu sans effort déduire de ce texte l'obligation pour toutes les communes de France d'avoir un cimetière.

(1) Une circulaire du 26 thermidor an XII et une lettre ministérielle rapportée dans le *Journal des communes*, t. XIII, page 308 expliquent que les dispositions du décret de prairial ne sont pas obligatoires pour les communes rurales, mais qu'il est conforme à l'esprit de cette législation que ces communes s'y conforment quand elles le peuvent.

Malgré les dispositions de lois que nous avons énumérées, la pratique administrative tolère la réunion de plusieurs communes pour l'usage d'un seul cimetière, à la condition que le service des inhumations soit assuré d'une manière convenable.

Dans quelles conditions doivent être établis les cimetières publics? La loi contient à cet égard un certain nombre de prescription dictées, les unes par une pensée d'hygiène, les autres dans le but d'assurer la liberté des cultes. Nous ne nous occuperons dans ce chapitre que des premières, les seules qui subsistent aujourd'hui depuis la loi du 15 novembre 1881.

Nous avons dit quels dangers avaient présentés avant 1789 l'existence des cimetières au milieu des villes et comme l'opinion publique s'en était émue. Les dispositions de l'arrêt du parlement de Paris du 21 mai 1765, celles mêmes de la déclaration du 10 mars 1776 n'avaient pu supprimer entièrement le mal. La nécessité de renouveler en les corrigeant et les complétant les mesures prises dans ces divers actes s'imposait.

L'article 2 du décret de prairial dont nous avons cité plus haut le texte a voulu rendre impossible dans le voisinage immédiat des grandes agglomérations de maisons l'existence des lieux d'inhumation. Désormais donc, non seulement on ne doit point permettre la création d'un nouveau cimetière à une distance moindre de 35 à 40 mètres de l'enceinte des villes ou bourgs, mais s'il se trouve encore des cimetières dans ces conditions, ils doivent être transférés dans une situation moins défavorable à la santé publique. — C'était là non pas une simple faculté, mais une obligation imposée au moins aux communes urbaines; et l'administration supérieure avait le devoir d'exiger la stricte observation du décret, même et surtout contre le mauvais vouloir des conseils municipaux.

Le point de savoir si telle ou telle masse d'habitations constituait une ville, un bourg ou un village, était un pur point de fait, que l'administration tranchait en chaque hypothèse, sauf recours au Conseil d'Etat si la décision de l'agent administratif était critiquée par les intéressés.

Dans le cas où une commune urbaine résistait à l'exécution du décret de prairial, quelle était l'autorité administrative compétente pour l'y contraindre ? Le Conseil d'Etat avait, à deux reprises, décidé que ce pouvoir était dans les attributions du roi (Cons. d'Etat, 10 janvier 1827, comm. de Limalonge ; 14 septembre 1830, comm. de Paramé). Une circulaire postérieure, du 20 juillet 1841 (rapportée au *Bulletin officiel* du ministre de l'Intérieur, p. 259), prenant texte de l'article 15 de la loi du 18 juillet 1837 décida que les préfets pouvaient, après avoir fait constater la nécessité de la translation, mettre le maire en demeure de procéder à l'opération, et, en cas de refus de sa part, y procéder eux-mêmes.

Par une faveur exceptionnelle, le décret du 23 prairial an XII, statuant pour le cas où une commune serait obligée de transférer (ajoutons : ou d'établir) un cimetière, en vertu de ses articles 1 et 2, décidait que les communes pourraient, sans autre autorisation que l'autorisation générale qui leur était accordée par la déclaration de 1776, acquérir les terrains qui leur seraient nécessaires à cet effet. Elles devraient simplement remplir les formes voulues par l'arrêté du 7 germinal an IX. Ces formes étaient les suivantes : délibération du conseil municipal, enquête *de commodo et incommodo*, avis du conseil de fabrique et du préfet.

La loi du 18 juillet 1837 décida en principe que les

acquisitions d'immeubles par les communes feraient l'objet de délibérations du conseil municipal qui seraient exécutoires sur arrêté du préfet ou sur ordonnance royale, suivant la valeur de l'acquisition et les ressources des communes.

L'exception apportée par le décret de l'an XII aux règles ordinaires à suivre par les communes en cas d'acquisition de biens de mainmorte, lorsque les terrains acquis sont destinés à l'établissement d'un cimetière, a-t-elle subsisté, même après la loi du 18 juillet 1837? On aurait pu le soutenir en vertu du brocart *Specialibus generalia non derogant*, et parce que la faveur faite par l'ordonnance de 1776 et maintenue par le décret de prairial a toujours sa raison d'être dans le but très favorable de l'acquisition. Toutefois nous croyons qu'en pratique on n'a retenu du décret de prairial que la nécessité d'une enquête *de commodo et incommodo* et l'habitude de prendre l'avis du conseil de fabrique. Mais quant aux autorisations administratives nécessaires, on a abandonné la règle du décret de prairial et suivi la loi de 1837, comme on suivra désormais la nouvelle loi municipale du 5 avril 1884 (art. 68).

Telles étaient les dispositions du décret de l'an XII sur les distances à observer entre l'enceinte des villes et bourgs et leurs cimetières. Les communes urbaines étaient obligatoirement assujetties à suivre ces prescriptions, auxquelles les communes rurales échappaient absolument. Fortes du texte du décret, ces dernières se prévalaient souvent de leur droit pour s'opposer aux mesures que l'administration supérieure croyait devoir prescrire dans un but de salubrité publique.

Ému de ces résistances, en 1841, M. le ministre de l'Intérieur consulta les conseils généraux sur l'opportunité qu'il pouvait y avoir à appliquer les prescriptions sanitaires de l'article 2 du décret de prairial aux communes rurales. Ces conseils émirent tous un avis favorable en principe, mais ils différèrent d'opinion sur l'étendue de l'extension à donner à l'article 2. Sur le vu de ces avis, une commission composée de hauts fonctionnaires, de savants et d'administrateurs, élabora un règlement d'administration publique, qui devint, par la sanction royale, l'ordonnance du 6 décembre 1843. Une circulaire du ministre de l'Intérieur, M. Duchâtel, accompagna l'envoi de cette ordonnance aux préfets et en régla les détails d'exécution. La circulaire est en date du 30 décembre 1843.

L'idée maîtresse de ces textes est de généraliser les dispositions du décret du 23 prairial an XII et d'en étendre les prescriptions à toutes les communes de France. Les préfets reçoivent le droit d'examiner et de décider pour chaque commune l'utilité qu'il y aurait à transférer le cimetière à trente ou quarante mètres des habitations agglomérées, alors même que celles-ci ne constitueraient ni des villes ni des bourgs, et, cette utilité constatée, le pouvoir d'ordonner la translation et de choisir le nouvel emplacement.

On s'est demandé parfois si l'ordonnance du 6 décembre 1843 n'était pas illégale comme statuant sur des questions qui eussent du être tranchées législativement. Nous ne nous attarderons pas à la discussion de ce point, car en pratique, l'ordonnance est suivie et appliquée sans aucune hésitation par la jurisprudence. Nous observerons seulement que l'article 30, § 17, de la loi du 18 juillet 1837 porte : *Sont obligatoires pour les communes : la clôture des cimetières, leur entretien et leur translation, dans les cas prévus par les lois et règle-*

ments d'administration publique. Les derniers mots de ce texte n'autorisent-ils pas le pouvoir exécutif à régler cette matière sans que la nécessité d'une loi s'impose? Nous le croirions volontiers.

Donc aujourd'hui l'administration centrale représentée par le préfet a, dans toutes les communes de France, le droit d'ordonner la translation d'un cimetière trop rapproché de la masse des habitations, et ce droit lui est donné dans l'intérêt de la salubrité publique.

Il n'en subsiste pas moins une différence entre les villes ou bourgs et les simples villages. Pour les premiers la translation du cimetière établi au mépris des prescriptions du décret est obligatoire : la formule de l'article 2 du décret de prairial est impérative; pour les seconds, la translation peut être imposée par l'administration supérieure, sans que ce soit une obligation pour elle : la formule de l'article 1ᵉʳ de l'ordonnance est permissive. Mais, comme en définitive le préfet, dans les deux cas, peut imposer sa volonté au conseil municipal, la différence entre les deux hypothèses n'a guère qu'un intérêt théorique. Le devoir du préfet est plus ou moins étroit, et c'est là tout.

On réunit aujourd'hui en pratique les deux hypothèses et, qu'il s'agisse de villes, de bourgs ou de villages, on applique les dispositions du décret de prairial en les complétant par celles de l'ordonnance, notamment par celle si importante de son article 1ᵉʳ : *La translation d'un cimetière, lorsqu'elle sera devenue nécessaire, sera ordonnée par un arrêté du préfet, le conseil municipal entendu. Le préfet déterminera également le nouvel emplacement du cimetière sur l'avis du conseil municipal et après enquête* de commodo et incommodo.

Nous laisserons donc de côté maintenant la distinction entre les villes ou bourgs et les villages. Nous nous proposons d'étudier dans le détail les conditions requises pour que le préfet puisse ordonner la translation d'un cimetière, les formalités qu'il doit suivre et les voies de recours ouvertes contre ses décisions.

— Pour que la translation soit obligatoire aux termes du décret de prairial, il faut que le cimetière soit à moins de 35 mètres de l'enceinte des villes ou bourgs. Il ne pouvait y avoir de difficulté pour les cités qu'un mur entoure. C'est le petit nombre, et pour les autres la question se posait de savoir à partir de quel point on devait compter la distance. De nombreux arrêts du conseil d'État ont fixé la jurisprudence en ce sens que la distance doit se compter à partir de la masse des habitations, à partir du périmètre extérieur des constructions groupées ou des enclos qui les joignent immédiatement et en dépendent. Ainsi il a été décidé qu'on ne devait tenir aucun compte de l'existence à moins de 35 à 40 mètres d'une habitation isolée ; qu'au contraire on devait tenir compte de l'existence d'un jardin, d'un clos, quand ce jardin, ce clos peuvent être considérés comme faisant corps avec une habitation dépendant de la masse. — Ces principes sont certains, et les nombreux arrêts qui sont intervenus, en les rappelant, ont réglé le seul point vraiment litigieux dans chaque espèce : le point de fait.

Depuis l'ordonnance de 1843, nous devons généraliser la solution admise auparavant pour les villes et bourgs ; la distance se comptera de la même façon pour les agglomérations de maisons qui forment de simples villages. Le préfet doit ou peut ordonner la translation d'un cimetière quand ce cimetière est distant de moins de 35 mètres du périmètre extérieur des habitations groupées.

L'éloignement des agglomérations d'habitations n'est pas la seule précaution d'hygiène que recommande le décret de 1804. Son article 3 prescrit en effet de choisir de préférence pour l'emplacement des cimetières, les terrains les plus élevés et au nord. — Désirant mettre fin à une pratique désastreuse pour la santé publique et trop généralement suivie jusqu'alors, le décret prohibe d'une façon absolue les fosses communes et règle les conditions matérielles dans lesquelles chaque fosse devra être établie.

Art. 4. — *Chaque inhumation aura lieu dans une fosse séparée : chaque fosse qui sera ouverte aura un mètre cinq décimètres à deux mètres de profondeur, sur huit décimètres de largeur, et sera ensuite remplie de terre bien foulée.*

Art 5. — *Les fosses seront distantes les unes des autres de trois à quatre décimètres sur les côtés, et de trois à cinq décimètres à la tête et aux pieds.*

Art. 6. — *Pour éviter le danger qu'entraîne le renouvellement trop rapproché des fosses, l'ouverture des fosses pour de nouvelles sépultures n'aura lieu que de cinq années en cinq années ; en conséquence les terrains destinés à former de nouveaux lieux de sépulture seront cinq fois plus étendus que l'espace nécessaire pour y déposer le nombre présumé des morts qui peuvent y être enterrés chaque année.*

Supposons qu'un cimetière situé à la distance réglementaire des masses d'habitations soit cependant très mal établi au point de vue de l'hygiène ; il est dans un terrain bas, marécageux : il n'est point exposé au nord. Supposons que ce cimetière ait une étendue trop restreinte. Dépend-il du préfet, sous le contrôle de l'administration supérieure, d'en ordonner la translation? Nous n'aurions pas osé le décider avant l'ordonnance de 1843. Depuis la promulgation de ce texte et le commentaire qu'en donne la circulaire du 30 décembre, nous pensons au contraire, nous appuyant sur la généralité de l'article 1ᵉʳ : *La translation d'un cimetière, lorsqu'elle sera devenue nécessaire,...* que le préfet ayant constaté la nécessité, quelle qu'en soit la cause, a un pouvoir propre et arbitraire pour ordonner la translation du cimetière.

Quelles formalités doivent accompagner cette mesure?

On peut décomposer l'opération administrative en trois parties :

1° Ordre de transférer le cimetière ;

2° Désignation de l'emplacement du nouveau cimetière ;

3° Acquisition des terrains.

En outre, la translation d'un cimetière peut nécessiter des mesures transitoires.

La translation du cimetière peut être réclamée par le conseil municipal lui-même : celui-ci est en définitive un juge excellent de l'opportunité de la mesure, laquelle intéresse avant tout les habitants de la commune et les finances municipales. Dans ce cas, le préfet, après avoir instruit l'affaire, prend un arrêté conforme à la décision du conseil. Mais s'il arrivait par exception que le préfet jugeât la translation utile, malgré l'avis du conseil municipal, et si, du reste, le cimetière à transférer était dans une situation non conforme aux vœux de la loi, le préfet ne serait pas arrêté par la résistance du conseil municipal.

Dans ce cas, la circulaire ministérielle du 30 décembre 1843 recommande aux préfets de faire établir la nécessité de la translation « par un rapport circonstancié d'hommes de l'art, chargés d'apprécier les dangers ou les inconvénients résultant soit de la situation topographique, soit de l'insuffisance d'étendue, soit de la nature du sol du cimetière ou de toute autre cause. » C'est sur ce rapport, et après que le conseil municipal en aura délibéré, que le préfet doit prendre un arrêté pour déclarer qu'il y a lieu de supprimer l'ancien cimetière.

Contre ce premier arrêté, qui constitue un acte administratif pris en vertu d'un pouvoir discrétionnaire, un recours contentieux est impossible. Mais la procédure à fin de réformation par voie gracieuse est toujours ouverte, et souvent ici sera précieuse. De plus, un recours pour excès de pouvoirs peut être formé par le conseil municipal ou les autres intéressés, soit que le préfet n'ait pas suivi les formes substantielles, c'est-à-dire n'ait pas pris l'avis du conseil municipal, soit que son arrêté ait été dicté par un autre souci que celui de la salubrité publique, de l'intérêt général, point de fait qui sera extrêmement délicat à établir.

En donnant ainsi aux préfets la décision en cette matière, en leur permettant d'imposer aux communes la désaffectation de leurs cimetières, l'acquisition d'un terrain nouveau ou l'affectation d'un de leurs terrains à un service communal, suite nécessaire de l'arrêté qui prescrit la translation, l'ordonnance déroge gravement dans un intérêt très élevé au principe posé par la loi du 18 juillet 1837 et maintenu par les lois postérieures, notamment par la nouvelle loi municipale du 5 avril 1884. Ces lois laissent, en général, les communes libres de ne pas faire, sans les rendre toutefois libres de faire. Spécialement l'initiative des acquisitions communales est

laissée aux conseils municipaux, et le droit de refuser
l'approbation dont elles ont besoin est seulement réservé
à l'administration supérieure. — Ici l'initiative peut appartenir et la décision appartient toujours au préfet, qui
doit toujours, il est vrai, prendre l'avis du conseil municipal, mais n'est pas tenu de le suivre.

Une fois la nécessité de la translation reconnue dans
la forme que nous avons indiquée, commence la deuxième
série des opérations administratives, celle qui a pour
objet de déterminer l'emplacement du nouveau cimetière.

Ici encore, la décision appartient au préfet; mais ce
fonctionnaire doit faire procéder préalablement à une
enquête *de commodo et incommodo;* il doit également
prendre l'avis du conseil municipal. Ces deux formalités sont seules substantielles, et l'omission de l'une ou
de l'autre rendrait recevable un recours pour excès de
pouvoirs. Les formes prescrites pour l'enquête sont celles
indiquées dans la circulaire du ministre de l'Intérieur du
20 août 1825 (1). Ces formalités suffisent lorsque le propriétaire du terrain désigné consent à céder amiablement
sa propriété : l'avis du sous-préfet, celui du conseil de
fabrique ordinairement demandés ne sont pas obligatoires.

Le préfet, en désignant l'emplacement (ajoutons :
l'étendue) du nouveau cimetière et la date à laquelle la
translation doit être effectuée et les inhumations doivent
cesser dans l'ancien cimetière, agit en vertu d'un pouvoir discrétionnaire. Nous concluons ici encore qu'aucun
recours au contentieux n'est possible. Seul le recours

_____

(1) *Recueil des circulaires du ministre de l'Intérieur,* t. V,
page 412.

pour excès de pouvoirs serait recevable dans le cas où les formes prescrites par la loi et indiquées par nous comme substantielles n'auraient pas été observées; il serait recevable également, si le préfet s'était laissé guider moins par le souci de l'intérêt général que par des convenances étrangères à cet intérêt. Nous répétons ici ce que nous avons dit plus haut pour un cas analogue : ce point de fait sera des plus délicats à établir.

Le recours serait rejeté, si on alléguait simplement que le préfet a choisi un terrain alors que tel autre aurait bien mieux rempli le vœu de la loi et se trouverait dans des conditions d'hygiène plus favorables : alors même que le dire du requérant serait hors de toute contestation, il y aurait seulement matière à pourvoi gracieux. C'est précisément, en effet, sur le choix du terrain que s'exerce l'arbitraire du préfet, et le juge ne peut substituer sa décision à celle du fonctionnaire chargé par un texte de ce choix, encore bien que ce fonctionnaire se soit trompé.

L'arbitraire du préfet n'est cependant pas absolu : il ne peut par exemple, sans abus de pouvoirs, — ce point est résolu par une jurisprudence constante, — désigner un terrain situé à moins de 35 mètres des masses d'habitations. La question pouvait faire l'objet d'un doute, au moins pour les villages, à cause de la formule permissive de l'ordonnance de 1843. Du moment, aurait-on pu dire, que le préfet est juge de l'utilité qu'il peut y avoir à transférer les cimetières existant à une distance moindre, il doit aussi pouvoir décider si l'établissement d'un nouveau lieu de sépulture, dans ces conditions, présente ou non des dangers. — Le Conseil d'État n'a pas admis ce raisonnement, et nous estimons qu'il a en cela parfaitement compris l'esprit de la loi, et l'a très exactement suivi.

Nous avons dit que l'éloignement des agglomérations d'habitations n'était pas la seule précaution d'hygiène que recommande le décret de 1804. Son article 3 prescrit de choisir de préférence pour l'emplacement du cimetière « les terrains les plus élevés et au nord ». La ciculaire de M. le ministre de l'Intérieur Duchâtel, en rappelant cette disposition du décret aux préfets chargés d'en assurer l'exécution, ajoute : « En cas d'obstacle provenant de la disposition des localités, on pourrait, à défaut d'autres, choisir un emplacement situé dans des conditions différentes. » — Nous irons plus loin, et même au cas où il se trouverait des terrains élevés et au nord et où on aurait fait choix d'un autre terrain, nous ne croyons pas que le recours pour excès de pouvoirs serait recevable pour ce seul motif. C'est un simple conseil, non une injonction rigoureuse que formule l'article 3 du décret de prairial ; et quand il s'agit d'établir un cimetière, l'élévation du terrain et son exposition ne sont pas les seules circonstances à prendre en considération ; l'hygiène et le souci d'assurer les facilités d'accès imposent parfois un autre choix. C'est la seule manière raisonnable d'interpréter l'article que nous commentons. On aboutirait, avec l'opinion contraire, à imposer aux préfets de mauvais actes d'administration dans l'intérêt de certains particuliers et au détriment de certains autres, ce qu'évidemment le législateur de 1804 n'a pas pu vouloir.

Le décret du 23 prairial an XII et l'ordonnance du 6 décembre 1843, qui règlent les conditions dans lesquelles les cimetières doivent être créés, ne contiennent aucune disposition d'où l'on puisse faire résulter l'interdiction d'établir le cimetière d'une commune sur le territoire d'une commune voisine. Cette mesure est parfois absolument nécessaire : par exemple pour une grande ville dont l'enceinte limite la commune. L'administration dans tous les cas reste chargée d'apprécier les circonstances dans lesquelles il peut y avoir lieu d'autoriser un cimetière placé dans ces conditions. Si elle l'autorise aucun recours pour excès de pouvoirs fondé sur ce motif ne sera recevable (1).

Nous pensons au contraire qu'il y aurait abus de pouvoirs de la part d'un préfet qui fixerait l'étendue d'un cimetière de telle façon que ce cimetière ne pourrait recevoir cinq fois le nombre de morts que la commune y dépose chaque année. C'est une obligation stricte que l'article 6 du décret de prairial impose à l'administration.

Indiquons qu'une cirulaire ministérielle recommande aux préfets de suivre le vœu des conseils municipaux, quand ceux-ci désignent un emplacement et que cet emplacement réunit les conditions légales de situation et d'étendue (2). Le plus souvent donc en fait, bien que la décision appartienne au préfet, ce fonctionnaire laissera au conseil municipal le soin de déterminer l'emplacement et homologuera simplement la délibération du conseil sur ce point.

Les recours pour excès de pouvoirs peuvent être formés par la commune ; ils peuvent l'être par tous les intéressés ; ils le seront le plus souvent par les voisins du nouveau cimetière, qui ont le plus grand intérêt à critiquer tous les actes tendant à leur imposer ce fâcheux voisinage. Le Conseil d'État a même jugé (3) que le recours pouvait être formé par les habitants de la commune, en

(1) Voyez : *Recueil des arrêts du Conseil d'État*, 1867, p. 530, et 1874, p. 944.

(2) Voyez : *Journal de droit administratif*, 1865, p. 362.

(3) Conseil d'État, 13 décembre 1878.

leur nom personnel. Ils ont en effet un intérêt, moral
il est vrai, mais personnel et direct, à ce que les lieux
de sépulture où reposent leurs proches ne soient pas dé-
placés illégalement.

L'emplacement une fois ainsi déterminé, soit par une
délibération du conseil municipal homologuée par le
préfet, soit par un arrêté du préfet modifiant la décision
du conseil municipal, il ne reste plus qu'à réaliser l'établissement du nouveau cimetière. La loi ayant donné
aux préfets le droit d'imposer aux communes la translation du cimetière, a dû, comme conséquence nécessaire,
leur donner le droit de vaincre toutes les résistances
des conseils municipaux et des maires, en substituant à
chaque instant de la procédure sa volonté propre à
l'inertie ou au refus des représentants de la commune.

Le terrain choisi peut appartenir déjà à la commune ;
dans ce cas une délibération du conseil municipal, ou,
sur le refus du conseil mis en demeure, un arrêté du
préfet affectera le terrain communal à la sépulture des
habitants. Les travaux d'appropriation nécessaires (1)
seront entrepris sous la surveillance du maire ou du
préfet, les frais restant à la charge de la commune
comme dépenses obligatoires.

Le terrain choisi peut appartenir à un particulier, et ce
particulier peut consentir à le céder amiablement à la
commune.

Si le conseil municipal a voté la dépense, la procédure

(1) Ces travaux sont d'abord des travaux de nivellement ou de
terrassement nécessaires pour mettre le terrain à même de remplir
sa nouvelle destination. De plus la loi (décret du 23 prairial an XII)
recommande de clore le cimetière de murs de deux mètres de hauteur et d'y faire des plantations à la condition cependant de ne pas
gêner la circulation de l'air.

est très simple, l'acte d'acquisition est passé par le maire et soumis à l'approbation du préfet dans le cas prévu par la loi du 5 avril 1884, quand la dépense totalisée avec les autres dépenses de même nature pendant l'exercice courant, dépasse les limites des ressources ordinaires et extraordinaires que les communes peuvent se créer sans autorisation spéciale. (Art. 68, 3°.)

Si le conseil municipal refusait de voter la dépense, comme cette dépense est obligatoire, en vertu de la loi du 5 avril 1884, après une mise en demeure du conseil municipal, la dépense sera inscrite d'office au budget, communal par décret pour les communes ayant plus de trois millions de revenus, par arrêté du préfet en conseil de préfecture pour celles dont le revenu est inférieur. (Art. 149, loi 5 avril 1884.) Si les ressources de la commune sont insuffisantes pour subvenir aux dépenses obligatoires ainsi inscrites d'office, il y sera pourvu par le conseil municipal, ou, en cas de refus de sa part, au moyen d'une contribution extraordinaire établie par un décret dans les limites du maximum déterminé annuellement par la loi des finances, et par une loi spéciale si la contribution doit excéder ce maximum. (Art. 39, loi du 18 juillet 1837; art. 148, dernier paragraphe, loi du 5 avril 1884.)

Si le maire refusait de passer l'acte d'acquisition (ou de suivre la procédure d'expropriation), indépendamment du droit de suspension ou de révocation qui appartient à l'autorité supérieure (L. du 5 mai 1855; loi du 14 avril 1871, art. 86 de la nouvelle loi municipale), nous croyons que le préfet pourrait, après une mise en demeure, prendre la place du maire et réaliser l'acte. Ce n'est pas, en effet, forcer le sens des mots que de dire : Le maire refuse de faire un des actes que le préfet lui dicte au nom de la sûreté générale.(Art. 9 du 18 juillet 1837 ; art. 85, loi du 5 avril 1884.) C'est le seul moyen du reste de faire exécuter l'ordre de translation du cimetière.

Il peut se faire que la résistance du propriétaire dont le terrain est désigné pour servir d'emplacement au nouveau cimetière oblige à recourir aux formalités de l'expropriation pour cause d'utilité publique. Une circulaire ministérielle du 30 décembre 1843 recommande de n'user de ce moyen que quand on ne trouve pas dans la commune d'autres terrains propres aux inhumations.

Un décret doit intervenir pour déclarer l'utilité publique, et ce décret doit être lui-même précédé d'une enquête, qui ne se confond pas avec celle prescrite par l'ordonnance de 1843 préalablement à la désignation de l'emplacement. Les formes de l'enquête ne sont pas les mêmes : celles de l'enquête *de commodo et incommodo* prescrite par l'ordonnance de 1843 sont réglées par la circulaire du 20 août 1825 ; celles de l'enquête qui doit précéder la déclaration d'utilité publique, sont fixées par l'ordonnance du 23 août 1835 (il s'agit de travaux communaux). Leur but est également différent : cette dernière enquête doit porter avant tout sur l'utilité publique du travail à entreprendre.

Il ne faudrait pas croire que tout travail concernant les cimetières ait un caractère d'utilité publique ; il y aura à examiner des points de fait délicats sur lesquels le Conseil d'État a eu, à plusieurs reprises, à donner son avis. Notamment il a décidé que la translation du cimetière présentait le caractère d'utilité publique, non seulement quand elle était commandée par un intérêt de salubrité publique ou de simples convenances communales (facilités d'accès), mais même quand elle n'avait pour but que de procurer à la commune un cimetière plus grand dans lequel il serait loisible de donner des concessions de terrains aux particuliers. Ce dernier point a été admis après des hésitations nombreuses, et par cette raison que la mesure n'était pas dans le pur intérêt des finances de la commune, mais qu'elle devait avant tout permettre aux familles l'accomplissement d'un pieux devoir.

Lorsque le décret déclarant l'utilité publique aura paru, le reste de la procédure d'expropriation suivra son cours ordinaire.

MESURES TRANSITOIRES. — Le conseil d'Etat a jugé, le 17 juin 1881, que le pouvoir d'ordonner la translation d'un cimetière entraîne pour le préfet le droit de prescrire toutes les mesures transitoires qui peuvent être utiles, et notamment le droit de permettre la continuation des inhumations dans les terrains concédés dans l'ancien cimetière. Cette autorisation est de nature à donner satisfaction aux légitimes susceptibilités des familles, et elle ne peut pas présenter de bien grands inconvénients, surtout quand la translation du cimetière a eu pour motifs non le voisinage des maisons d'habitation, mais des raisons d'ordre purement administratif, la facilité d'accès ou l'agrandissement par exemple.

Nous avons jusqu'ici principalement parlé du cas où il s'agit de transférer un cimetière ; c'est en effet l'hypothèse la plus fréquente. Toutefois, il peut être nécessaire de créer un cimetière nouveau dans une commune qui n'en avait pas, ou d'agrandir un ancien cimetière. Nul doute que dans ces cas encore, pour identité de motifs, la décision n'appartienne au préfet, et quant à l'opportunité de la mesure et quant à la fixation de l'emplacement et de son étendue. Nul doute encore que les mêmes prescriptions sanitaires ne doivent être observées, qu'il s'agisse d'établir un cimetière nouveau ou de remplacer un ancien cimetière. Enfin il a été décidé à plusieurs reprises que si l'administration pouvait tolérer l'existence d'un lieu de sépulture ancien dans des conditions extra-légales, elle ne pouvait, sans excès de pouvoirs, permettre l'agrandissement d'un tel cimetière, rendant ainsi plus durable et presque définitif un état de choses contraire au vœu de la loi. On ne pourrait donc pas permettre l'agrandissement d'un cimetière placé à moins de trente-cinq mètres des habitations groupées, même lorsque les terrains ajoutés seraient à une distance plus grande : à moins toutefois qu'en ajoutant ces terrains, on ne retranche définitivement du cimetière et on n'en isole par le mur de clôture toutes les parties qui seraient à une distance extra-légale des masses de maisons.

Nous ne nous étendrons pas davantage sur ces cas de création de cimetières nouveaux ou d'agrandissement d'un cimetière ancien : nous posons simplement le principe accepté par tous les auteurs et la jurisprudence, de l'assimilation de ces hypothèses et de celle de translation du cimetière, seule textuellement prévue par le décret de prairial et l'ordonnance de 1843 ; assimilation quant aux pouvoirs respectifs des diverses autorités administratives et aux formalités à accomplir. *Mutatis mutandis*, on applique toute la théorie que nous avons établie pour les translations de cimetières.

Les règles que nous avons étudiées jusqu'ici sur les cimetières publics ne sont pas applicables de plein droit aux cimetières parisiens. (Art. 8, ordonnance 6 décembre 1843 ; art. 10 loi, 16 juin 1859.) La matière est réglée pour eux par des textes spéciaux dans l'examen desquels nous ne croyons pas devoir entrer.

II. — Des lieux de sépulture appartenant a des particuliers. — Article 14 du décret du 23 prairial an XII. *Toute personne pourra être enterrée sur sa propriété pourvu que ladite propriété soit hors et à la distance prescrite de l'enceinte des villes ou bourgs.*

Tel est le seul texte que nous ayons sur la matière, et nous pouvons à bon droit nous étonner de son laconisme, si nous songeons aux graves dangers que sa mauvaise application pourrait présenter.

On a été en effet jusqu'à prétendre que tout citoyen avait le droit, pourvu qu'il fût libre de disposer d'un terrain de deux mètres carrés à la distance requise des villes ou bourg, de s'y faire enterrer sans autorisation spéciale, et malgré l'opposition de l'administration. Celle-ci aurait eu simplement, en vertu de ses pouvoirs de police et de sa mission de veiller a la salubrité publique, le droit de prescrire plus tard l'exhumation quand les dangers de cette sépulture dans une propriété privée auraient apparu.

Contre cette doctrine le bon sens proteste, comme aussi l'esprit du décret de l'an XII. Ce législateur, qui réglemente par le détail les mesures d'hygiène qu'il convient de prendre pour les cimetières publics, aurait abandonné aux hasards des événements les sépultures dans les terrains des particuliers et désarmé l'administration en présence de la volonté parfois déraisonnable des individus ! Cela est évidemment inadmissible. La vérité est que le décret ne pouvait édicter des règles générales pour des circonstances naturellement très variées : il s'en est remis sur ce point à l'autorité municipale à qui les pouvoirs les plus étendus sont donnés « pour la surveillance et la police » des lieux de sépulture publics et privés, et qui a ces lieux « sous son autorité ».

La Cour de cassation a très nettement affirmé cette théorie dans un arrêt de sa chambre criminelle rendu le 14 avril 1838 (affaire Périssel), sur les conclusions de M. le procureur général Dupin.

Il s'agissait dans l'espèce d'un individu qui, fort de la doctrine que nous exposions plus haut pour la combattre, avait, au mépris de la défense de l'administration, qu'il soutenait illégale et non sanctionnée par conséquent par les peines de police, fait inhumer un de ses proches sur un terrain privé. La Cour de Riom avait acquitté ce particulier sous prétexte qu'un permis d'inhumation ayant été délivré par l'administration, l'article 358 du Code pénal n'était applicable ni dans son texte ni dans ses motifs. La Cour de cassation, cassant l'arrêt de la Cour de Riom, décide qu'en réalité l'article 358 du Code pénal n'est pas applicable au cas où le permis d'inhumer a été donné sous la condition que l'inhumation se ferait dans tel ou tel lieu, mais que l'inaccomplissement de la condition a pour sanction les peines de simple police. « Attendu, porte l'arrêt, que l'article 16 du décret du 23 prairial an XII confère à l'administration municipale la police et la surveillance des lieux de sépulture que l'autorité dont il l'investit implique donc le pouvoir d'interdire toute inhumation particulière dans tout autre lieu que le cimetière commun... La défense du maire de procéder à toute inhumation dans un autre lieu est légale et obligatoire sous les peines de simple police. »

« En vain dirait-on, avait conclu M. le procureur général Dupin, que le droit d'inhumer où bon semble appartient à chacun, sauf à l'autorité à intervenir en cas d'inconvénient pour réprimer l'abus et faire exhumer. Lorsqu'il s'agit de mesures à prendre pour prévenir des troubles, des crimes, ou lorsqu'il s'agit de mesures de salubrité, il est du devoir de l'autorité d'empêcher le mal, qu'on est souvent impuissant à réprimer. C'est surtout en ces matières qu'il faut appliquer la règle : *Melius est intactam causam servare quam post vulneratam remedium quærere.* Tout prouve donc la nécessité d'une autorisation préalable.

L'arrêt de la Cour de cassation dont nous venons de parler, reconnaît qualité au maire pour défendre toute inhumation ailleurs que dans le cimetière public (1) et reconnaît que les infractions à cette défense sont sanctionnées par les peines de simple police. Mais supposons que le maire n'ait pas pris de règlement général portant cette défense et que le permis d'inhumation par lui délivré soit pur et simple, ne contienne pas mention du lieu où l'inhumation peut et doit être faite. Nous croyons, bien que cette solution soit regrettable et peu conforme au vœu de la loi, qu'aucune contravention ne peut être dressée si un particulier profitait de cette espèce de blanc-seing du permis pour faire pratiquer l'inhumation sur une propriété privée. Aucune loi ou règlement, — et nous le regrettons, — ne prescrit de solliciter l'autorisation préalable, et en matière criminelle, on ne peut suppléer aux textes qui manquent.

En fait, presque toujours on sollicitera une autorisation préalable de l'administration. Voyons quelles règles

(1) Nous entendons par là que le maire peut défendre d'une manière générale de pratiquer, sans autorisation spéciale, les inhumations ailleurs que dans le cimetière public. Mais ce magistrat ne pourrait pas d'avance décider qu'il n'accordera aucune autorisation spéciale : ce serait vraiment faire abus du droit de surveillance et de police que de renoncer ainsi à un pouvoir de décision arbitraire, de supprimer une faculté que la loi a créée dans une vue d'intérêt général. (Conf. : Batbie, *Cours de droit administratif.*)

doit observer le maire quand il donne ou refuse cette autorisation.

D'abord, cela est certain, il ne peut, sans excès de pouvoirs, permettre d'inhumer dans un terrain situé à moins de 35 mètres de l'enceinte des villes ou bourgs ; disons : à moins de 35 mètres de toute agglomération d'habitations. C'est en ce sens, nous l'avons vu, qu'on a généralisé l'expression plus restreinte du décret de l'an XII.

Pourvu que cette distance soit respectée, le maire peut autoriser, mais il n'est pas tenu de le faire. Il use de son pouvoir de police en refusant l'autorisation ; son refus ne pourrait pas être déféré au Conseil d'État par un recours contentieux. Cet acte en effet est pris en vertu d'un pouvoir discrétionnaire et constitue un règlement de police dont la légalité est appréciée souverainement par les tribunaux judiciaires. Le recours pour excès de pouvoirs serait recevable si le maire avait usé de son droit pour des motifs autres que ceux d'intérêt général pour lesquels la loi le lui a donné. Quant à l'opportunité de la décision du maire, elle échappe entièrement à l'appréciation du Conseil d'État.

Puisque le maire a un pouvoir propre et discrétionnaire de décision, nous dirons simplement de quelle façon il lui est recommandé d'en user, sans que l'oubli de ces prescriptions puisse amener l'annulation de sa décision par une autre voie que la voie gracieuse. — Le maire ne doit pas autoriser les inhumations dans les maisons, ni dans les cours, jardins ou enclos de peu d'étendue joignant ces maisons. Il doit faire examiner la nature du sol, l'emplacement choisi pour la sépulture, les conditions dans lesquelles elle doit être opérée.

Le maire peut-il autoriser une sépulture non plus d'un

individu, mais d'une famille dans un terrain privé ? La
question est délicate et demande à être bien posée. —
Certes le maire peut, à mesure que chaque décès se produit dans une famille, permettre l'inhumation des membres de cette famille dans un même terrain privé. Rien
dans la loi ne s'y oppose ; nous dirons même que le décret a eu en vue ces sépultures de famille si usitées chez
les peuples anciens, notamment à Rome, quand il a permis les sépultures dans les propriétés privées. — Mais le
maire peut-il, par voie d'autorisation générale, permettre
à un particulier de fonder dans sa propriété un tombeau
où il pourra faire inhumer les membres de sa famille au
fur et à mesure que les décès se produiront ? En prenant une décision de cette nature, le maire a-t-il excédé
ses pouvoirs ? Le Conseil d'État semble l'avoir pensé (1).
(Avis du 27 décembre 1860, — Masson) « Ce n'est qu'au
propriétaire seul et non à sa famille que pourra être
destinée la sépulture. » Nous croyons cependant que
le maire peut prendre valablement un tel arrêté, cet
acte n'engageant pas l'avenir puisqu'il peut toujours être
rapporté, et ne pouvant créer pour la famille autorisée
à avoir un tombeau dans ces conditions aucun droit à
indemnité dans le cas où le maire qui a donné la permission comme magistrat chargé de la police viendrait
à la retirer ensuite en la même qualité.

Nous déciderions au contraire, d'accord cette fois
avec le Conseil d'État (avis du 4 juillet 1832), que le maire
ne peut pas donner une autorisation générale d'inhumer
dans une propriété tous les possesseurs ou propriétaires
même par indivis du terrain (2). Une telle autorisation

(1) *Bull. du ministère de l'Intérieur*, 1861, p. 208 et 380.

(2) Dans le même ordre d'idées, une décision ministérielle (*Bull.*
1864, n° 40) décide que le maire ne doit pas permettre à une con-

aurait pour effet la création d'une sorte de cimetière public et nous avons vu que la création de ces établissements est remise à la vigilance de l'administration supérieure.

Enfin le droit de fonder des tombeaux privés ne peut être accordé qu'à ceux qui sont propriétaires du terrain. Nous pensons toutefois qu'on ne doit pas prendre cette expression trop à la lettre : il est loisible au maire de décider qu'un individu peut être enterré sur un terrain qui ne lui a jamais appartenu, pourvu que son propriétaire y consente.

Par contre, le vœu de la loi est que le terrain destiné à la sépulture se trouve dans un héritage et ne constitue pas à lui seul tout cet héritage. Le but de la loi est de permettre la réalisation de ce vœu des individus qui désirent reposer dans les lieux où ils ont vécu, au milieu des choses qui leur étaient familières ; la satisfaction même de ce sentiment qui fait désirer garder auprès de soi, chez soi, pour les entourer d'un culte plus jaloux, les restes de ceux que l'on aimait. Là est la mesure de

grégation de construire dans sa propriété un caveau destiné aux inhumations des membres de la congrégation. « Ce serait donner une trop large extension à l'article 14 du décret du 23 prairial an XII, à cette disposition restrictive de sa nature, que d'en induire la faculté d'établir à perpétuité un tombeau ou cimetière réservé aux membres de la communauté. Un tel privilège que chaque communauté pourrait réclamer à son profit, aurait pour effet de rendre illusoires les sages précautions prises par le législateur dans l'intérêt de l'ordre public et de la salubrité. » Mais il sera possible, au décès de chaque religieux ou religieuse, d'obtenir la permission d'inhumer dans un même terrain réunissant les conditions légales.

Voyez : *Journal de droit administratif*, t. V, p. 126 ; t. IX, p. 603.

Voyez, *même recueil*, année 1865, p. 61.

l'autorisation à accorder ; et notamment il a été jugé que l'on ne pouvait, sans fausser l'esprit de la loi, fonder un tombeau dans un terrain très restreint acheté à cet effet, pour éluder, par exemple, la nécessité d'acquérir à un prix plus élevé une concession perpétuelle dans le cimetière public. Sans cela on aurait vu des particuliers morceler leur héritage et en vendre les parcelles pour l'établissement de sépultures particulières, au grand préjudice de la commune et des fabriques, au grand détriment de l'ordre public.

III. — DES INHUMATIONS DANS LES ÉGLISES ET LES HOPITAUX. — L'article 1er du décret du 23 prairial an XII prescrit une mesure dont nous avons vu la nécessité s'imposer avec force à la fin du xviiie siècle. Voici le texte de cet article : *Aucune inhumation n'aura lieu dans les églises, temples, synagogues, hôpitaux, chapelles publiques, et généralement dans aucun des édifices clos et fermés où les citoyens se réunissent pour l'exercice du culte, ni dans l'enceinte des villes et bourgs.*

En donnant à cette disposition la première place, en la formulant avec une rigueur jusqu'alors sans exemple, le législateur marqua nettement son intention de mettre fin d'une façon irrévocable aux abus que nous avons signalés et qui s'étaient maintenus en partie, malgré la déclaration de 1776, peut-être à la faveur des exceptions que souffrait cette ordonnance. Guidé par une pensée d'hygiène, le législateur de 1804 dut prohiber les inhumations dans tous les lieux où elles présentaient les mêmes dangers que dans les églises : notamment dans les hôpitaux où les inconvénients des sépultures sont particulièrement fâcheux.

Il est impossible de concevoir une prohibition plus

nette et plus absolue que celle dont nous traitons. Et cependant la controverse a pu s'élever sur la possibilité d'y apporter des exceptions, grâce aux deux textes suivants :

Article 72 du décret du 30 mars 1809 : *Nul cénotaphe, nulles inscriptions, nuls monuments funèbres ou autres, de quelque genre que ce soit, ne pourront être placés dans les églises que sur la proposition de l'évêque diocésain et la permission du ministre.*

Article 13 du décret du 23 prairial an XII: *Les maires pourront également, sur l'avis des administrateurs des hôpitaux, permettre que l'on construise dans l'enceinte de ces hôpitaux des monuments pour les fondateurs et bienfaiteurs de ces établissements, lorsqu'ils en auront déposé le désir dans leurs actes de donation, de fondation ou de dernière volonté.*

Nous croyons, pour notre part, que la faculté accordée par ces décrets d'élever des monuments funèbres soit dans les églises, soit dans les hôpitaux, ne pouvait avoir et n'avait pas dans l'esprit du législateur pour corrélative la faculté de pratiquer des inhumations dans ces établissements sous les mêmes conditions. Il faut dénaturer le sens des mots pour arriver à une autre solution avec les textes que nous avons cités. — Or les décrets de 1804 et de 1812 ayant force de loi, il en résulterait que l'administration commettrait un abus de pouvoirs en autorisant, contre le gré de la loi, une inhumation dans une église ou dans un temple.

La question ne pouvait guère se poser en matière contentieuse. La pratique administrative a fait une distinction et suivi des règles que nous devons faire connaître.

Les maires qui peuvent, sur l'avis des administrateurs des hôpitaux, permettre qu'on construise dans leur enceinte des monuments pour les fondateurs et bienfaiteurs de ces établissements, ne peuvent pas autoriser dans ces hôpitaux l'inhumation desdits fondateurs et bienfaiteurs. Ce qui peut être autorisé par les maires, c'est l'établissement de signes commémoratifs, mais non de véritables tombeaux.

Quant aux églises, des exceptions nombreuses ont été admises. Le rédacteur du *Journal du Palais* remarque que la cathédrale de Saint-Denis et la chapelle de Dreux se trouvent affectés à la sépulture des membres de la famille royale ; que l'église de l'Hôtel des Invalides, outre les corps des gouverneurs de l'Hôtel, a reçues les dépouilles de Napoléon Ier et de diverses autres personnes. L'église Sainte-Geneviève dut recevoir aussi les restes des grands hommes.

Une circulaire du 12 avril 1819 décide en outre qu'une ordonnance du roi, rendue sur le rapport du ministre des Cultes, peut accorder la faveur de l'inhumation dans une église (1). Et de fait des autorisations de ce genre sont intervenus, notamment en faveur d'archevêques, évêques et curés, même, dans des cas rares, pour d'autres personnes très distinguées. (V. Affre, *Administration des paroisses*.)

En constatant les exceptions que la pratique administrative a cru pouvoir apporter à la généralité de la prohibition de l'art. 1er du décret de prairial, nous observons que ces exceptions ne sont pas trop compromettantes pour la santé publique, l'administration restant maîtresse absolue d'accorder ou de refuser le privilège et devant

______

(1) Dans ce sens, voyez : Observations du ministre des Cultes, Conseil d'État du 8 août 1873, Dalloz, 74, 3, 44.

régler les conditions matérielles de ces inhumations. Aussi le droit de l'administration en cette matière ne lui est-il contesté qu'en théorie et pour le pur honneur des principes.

« La défense d'inhumer dans les églises a naturellement fait naître la question de savoir si les ossements des personnes mortes depuis longtemps et inhumées dans les églises devaient être laissées ou bien transférées conformément au décret du 23 prairial an XII. Le Conseil d'État, par avis du 31 mars 1811, a déclaré que les ossements ne présentant plus aucun danger pour la salubrité publique, pouvaient être laissés dans les églises, mais sous la réserve du droit de l'autorité ou des des familles, si cette translation était demandée ou jugée nécessaire. — Cet avis, qui n'a pas été régulièrement approuvé, a été adopté par l'usage (1) ».

APPENDICE

Nous aurions terminé ce chapitre si nous n'avions à signaler une loi du 7 avril 1873 relative à la conservation des tombes des soldats morts pendant la dernière guerre, loi dont la triste nécessité s'imposait au lendemain de la campagne de France. Cette loi fut précédée d'un accord avec l'Allemagne. « L'Assemblée nationale bien inspirée, dit M. Ducrocq (2), voulut la voter sans discussion, et ses dispositions s'expliquent d'elles-mêmes. » Nous citerons seulement le texte de cette loi.

Article 1er. — *Les terrains dépendant des cimetières communaux qui servent actuellement à l'inhumation des soldats français ou allemands morts pendant la der-*

—————

(1) Dalloz, *Rép. génér.*, Vᵒ *Cultes.*
(2) Ducrocq, *Cours de droit administratif*, 6ᵉ éd. nᵒ 846.

nière guerre, et les terrains qui seraient ultérieurement requis dans le même but, seront, sur la demande du préfet, cédés à l'État au prix du tarif en vigueur pour les concessions perpétuelles. Dans les communes où il n'existe pas de tarif, le prix de la concession sera fixé par le préfet en conseil de préfecture, après avoir pris l'avis du conseil municipal. »

Art. 2. — *L'État est autorisé à acquérir par voie d'expropriation pour cause d'utilité publique les terrains non clos, situés en dehors des cimetières, dans lesquels une ou plusieurs tombes militaires, et les terrains nécessaires pour les exhumations et les chemins d'accès ; ces acquisitions sont déclarées d'utilité publique. Les terrains à acquérir et les terrains occupés temporairement jusqu'aux exhumations, qui ne pourront avoir lieu qu'après un délai de cinq années, seront désignés après enquête par des arrêtés du préfet approuvés par le ministre de l'Intérieur. Ces arrêtés décideront dans quelle mesure les terrains environnants seront soumis aux servitudes établies par les décrets du 22 prairial an XII et du 7 mars 1808.*

Art. 3. — *Sur la production de l'arrêté rendu par le préfet et approuvé par le ministre, l'expropriation sera prononcée et suivie conformément aux dispositions de la loi du 3 mai 1841.*

Art. 4. — *Les indemnités dues pour l'expropriation des terrains d'inhumations, pour l'occupation temporaire de ces terrains jusqu'à l'exhumation et pour les servitudes dont pourront être frappés les terrains environnants, seront réglées par le jury conformément aux dispositions de la loi du 21 mai 1836.*

Art. 5. — *Les dispositions de l'article 58 de la loi du 3 mai 1841 sont applicables à la présente loi.*

Art. 6. — *Les lois et réglements relatifs à la police et*

à la conservation des cimetières sont applicables à tous les terrains affectés à des tombes militaires.

Art. 7. — Les dépenses nécessaires à l'application de la présente loi seront prélevées sur les crédits mis à la dispositions du ministère de l'Intérieur pour les dépenses de la guerre non classées.

Nous remarquerons l'application faite par cette loi du petit jury et le principe posé de l'indemnité pour une servitude d'utilité publique, servitude dont l'établissement restait d'ailleurs facultatif pour l'administration. Nous aurons plus tard à revenir sur ce dernier point.

CHAPITRE IV

De la séparation des divers cultes dans les cimetières publics

Nous avons étudié les conditions matérielles dans lesquelles les cimetières doivent être établis, et nous avons vu que les dispositions de la loi qui y ont trait avaient été dictées par un souci manifeste de la salubrité publique. Jusqu'à ces dernières années, l'autorité administrative avait un autre devoir à remplir quand elle créait ou transférait un cimetière, et ce devoir procédait d'une autre idée : le respect des pratiques religieuses. L'article 15 du décret du 23 prairial an XII prescrivait en effet de donner à chaque culte excercé dans la commune un lieu d'inhumation distinct.

La question de neutralité ou de non-neutralité, de sécularisation ou de non-sécularisation des cimetières s'est posée pour la première fois à l'époque de la Révolution ; elle a été discutée à deux reprises par le législateur d'une façon sérieuse : en l'an XII, à propos de la rédaction du décret de prairial et de son article 15 ; en 1881, au sujet de l'article unique de la loi du 14 novembre. A ces deux époques elle a reçu des solutions tout à fait différentes.

Ces divergences de nos lois s'expliquent par la nature très délicate du problème à résoudre, par la difficulté de trouver une conciliation satisfaisante entre deux grand intérêts, deux prétentions légitimes : l'État, ayant le devoir d'assurer une place également honorée dans le champ du repos, un respect égal dans la mort à tous les citoyens quelle qu'ait été leur foi, quelle qu'ait été leur vie, — les religions, réclamant pour ceux qui ont suivi leur culte et qu'elles reconnaîtraient pour tels un lieu d'inhumation distinct où l'accomplissement des formalités de leur rituel fût ou très aisé ou même possible, et affirmant par l'organe de leurs défenseurs les plus autorisés que la neutralité des cimetières gênerait considérablement ou empêcherait d'une manière absolue la pratique du culte. Le décret de l'an XII accorda trop peut-être aux exigences religieuses et provoqua par les abus de ses applications un mouvement de réaction que nous jugeons excessif et qui se traduisit par l'abrogation pure et simple par la loi du 14 novembre 1881 de l'article 15 du décret de prairial.

Avant de rechercher l'esprit et la portée de ces deux textes, nous donnerons quelques indications sur les causes et les origines de la question qui nous occupe. Cet exposé historique a été fait avec des développements plus étendus que ceux que comporte ce travail, à la tribune de la Chambre par M. Rameau, à celle du Sénat par M. Chesnelong, lors de la discussion de la loi de 1881. Les deux orateurs ont manifestement paraphrasé et suivi un résumé très net présenté à la barre de la Commission provisoire, faisant fonction de Conseil d'État, à l'occasion d'une affaire jugée le 13 mars 1872 et qui avait vivement ému l'opinion publique.

A l'origine du christianisme, c'est dans les catacombes que les adeptes de la religion nouvelle se réunissaient et pratiquaient leur culte. De là, lorsqu'une liberté plus grande donnée au chrétiens, des réunions de plus en plus nombreuses et fréquentes et les nécessité plus pressantes de l'hygiène, obligèrent à pratiquer les inhumations hors des temples, cette union intime consacrée et perpétuée dans le rituel entre l'église et le cimetière.

L'autel, dans le culte catholique, est en réalité un tombeau et, dans la même cérémonie l'évêque bénit et consacre l'église et le cimetière. Le cimetière est, dans le dogme catholique, une suite, une dépendance de l'église ; le cimetière est église des morts, mais église de même nature et consacrée par la même cérémonie que le temple qui sert aux réunions des fidèles. On comprend dès lors pourquoi le culte catholique réclame avec la même insistance l'usage exclusif de ses cimetières et l'usage exclusif de ses temples.

Avec un soin aussi jaloux, à peu près toutes les religions ont revendiqué le même droit. Il en est une cependant qui l'a fait avec une énergie toute particulière, c'est la religion juive. A Paris où, depuis le commencement du siècle, les cimetières sont neutres en vertu d'une tolérance des divers cultes, les israélites ont toujours eu un cimetière séparé et toutes les fois qu'un cimetière a été créé à Paris, un terrain spécial leur a été réservé.

Nous trouvons l'explication de cette insistance dans les paroles adressées par M. le grand rabbin Isidore, à la commission du Sénat chargée d'examiner loi de 1881 : « Tout le monde connaît, dit-il, la sévérité de nos prescriptions à l'égard des symboles matériels qui représentent la divinité. Il suffit qu'il s'en trouve dans un lieu pour que le culte israélite soit rendu absolument impossible. Si donc, les cimetières en commun étaient établis par la loi, ou bien il faudrait que les israélites cessassent d'y pratiquer les cérémonies de leur culte, ce qui serait une violation de leur propre liberté religieuse, ou bien il faudrait en faire disparaître les symboles matériels représentant la divinité, ce qui serait la violation de la liberté religieuse d'autrui, déplorable alternative qu'il faut également éviter pour ne pas porter atteinte à un des grands principes du droit moderne. »

La religion protestante, — nous parlons au moins des deux confessions reconnues en France, — est certainement celle qui s'accommode le plus aisément de la neutralité des cimetières ; aucun dogme, aucun rite ne s'y oppose. Cependant, s'il n'y a pas nécessité religieuse pour les membres de l'Église réformée, d'avoir un cimetière séparé, au moins toutes leurs sympathies sont-elles acquises à cette idée. Ils trouvent de grands avantages à la possession d'un lieu d'inhumation distinct. « Ils y font construire des oratoires, dit M. Boyer à la Chambre des députés, et c'est là, au milieu du recueillement de tous, que la dernière prière est dite par le pasteur. »

Nous ne pouvons passer en revue toutes les religions existantes ; ce que nous avons dit des grands cultes reconnus en France, nous suffit pour constater le lien étroit qui existe dans la plupart des cas entre la spécialisation des cimetières et le libre exercice des cultes. La question qui doit se poser en législation est celle de savoir si la liberté du culte est ici compatible avec l'ordre public, peut se concilier avec lui ou doit lui être sacrifiée.

Avant 1789, la religion catholique était seule reconnue en France. Le cimetière placé généralement autour du clocher, était sous la main du clergé qui le régissait seul et lui appliquait les lois canoniques. Or ces lois excluent de la terre consacrée par les bénédictions de l'Église, toute personne non reçue dans son sein. Il résultait de cet état de choses et de cette législation que tout cimetière se divisait alors en deux parties : l'une bénite et honorée pour les fidèles, l'autre négligée et infamante pour les enfants morts sans baptême, les infidèles ou les pécheurs impénitents. En dehors de ces deux espaces, il n'y avait rien. Les protestants, privés d'état civil et de temples, ne possédaient point de cimetières ; ils étaient ensevelis dans les caves de leurs maisons, dans les jardins, dans les champs, dans les forêts. Si l'un d'eux était porté au cimetière, il y était inhumé dans le terrain des hérétiques ; si, par erreur, il avait trouvé place dans la partie bénite, son cadavre en était arraché et rejeté avec celui des pécheurs impénitents.

La Révolution a supprimé ces exclusions injurieuses. La déclaration du 22 août 1879, le préambule de la Constitution des 3 et 4 septembre 1791, en proclamant l'égalité civile et en déclarant qu'aucune atteinte n'y peut être portée par des distinctions tirées des croyances religieuses et du culte de chaque citoyen, avaient posé le principe, dès le 12 frimaire an II, un décret de la Convention l'appliquait aux sépultures.

A Warlay-Baillon, district d'Amiens, un attroupement considérable de femmes avait empêché l'inhumation dans le cimetière d'une protestante. L'Assemblée, saisie d'une pétition qui demandait que des mesures fussent prises pour empêcher le retour d'un pareil scandale, déclara par un ordre du jour motivé « qu'aucune loi n'autorise à refuser la sépulture dans un cimetière public à un citoyen, quels que soient ses opinions religieuses et l'exercice de son culte. »

Sous le Consulat, comme sous la Convention, le cimetière de la commune est ouvert à tous. Le gouvernement s'en explique d'une manière formelle dans une circulaire ministérielle en date du 15 brumaire an XII :

« Dans les anciens usages de l'Église, on distinguait deux formes de refus de sépulture : l'un, dit refus de la sépulture solennelle, emportait seulement privation de la présentation à l'église et de l'accompagnement du prêtre, autrement dit des obsèques religieuses ; l'autre, dit refus de sépulture dans le lieu saint, comprenait encore le refus d'inhumation dans le cimetière commun. »

« Dans le nouveau régime, les cimetières ne sont plus soumis à l'autorité ecclésiastique. Ils appartiennent aux communes et sont placés sous la surveillance des autorités municipales ; l'inhumation est devenue un acte purement civil auquel chaque citoyen a un droit égal ; dès lors le refus de sépulture dans le lieu saint ne peut plus avoir lieu : l'autorité ecclésiastique n'aurait plus le moyen de l'appliquer. Le refus de sépulture dans l'état actuel des choses ne peut donc jamais s'appliquer qu'à la sépulture solennelle et aux obsèques religieuses ; quant à l'inhumation dans le cimetière commun, elle est de droit. »

Telle était la législation en vigueur, législation qui, on le voit, admettait la neutralité des cimetières, lorsque fut rendu le décret du 23 prairial an XII, qui a régi la matière pendant soixante-dix ans.

Article 15. — *Dans les communes où l'on professe plusieurs cultes, chaque culte doit avoir un lieu d'inhumation particulier ; et dans le cas où il n'y aurait qu'un seul cimetière, on le partagera par des murs, haies ou fossés en autant de parties qu'il y a de cultes différents, avec une entrée particulière pour chacun, et en proportionnant cet espace au nombre des habitants de chaque culte.*

La rédaction de cet article fut précédée au Conseil d'État d'une discussion que nous ne pouvons analyser, mais d'où il ressort avec évidence que la question fut posée d'une manière très exacte et très sûre. L'esprit de cet article 15 s'en dégage aisément. Ce n'est pas dans l'intérêt de l'ordre public seul, pour éviter, comme on l'a dit trop souvent, la rencontre de deux convois ap-

partenant à deux cultes différents, que le législateur ordonne qu'un cimetière distinct soit donné à chaque culte,
car alors les articles 16 et 17 , les pouvoirs de police
donnés au maire eussent rendu cet article 15 peu utile.
Ce qu'on voulut avant tout, c'est, d'une part, sauvegarder la liberté de conscience en rendant impossible pour
l'avenir le retour des exclusions injurieuses et des abus
provoqués par l'intolérance religieuse des anciens temps,
assurer à tous les citoyens, sans distinction de croyances,
une place dans le cimetière public communal ; d'autre
part respecter le libre exercice des cultes en leur réservant dans le cimetière public des emplacements distincts
où ils pussent accomplir leurs cérémonies.

Nous ne pouvons nous empêcher de constater que la
base de la conciliation tentée par l'article 15 du décret
était très sage, très pratique, et que l'esprit de cet
article était excellent. Un jurisconsulte l'a dit avec autorité : « L'article 15 du décret eût été suffisant si on
l'avait partout bien compris et surtout exactement appliqué. Malheureusement, dans ces matières qui touchent
à tant d'intérêts divers , les habitudes, les mœurs, les
croyances , les préjugés survivent longtemps aux lois
nouvelles ; ils les éludent, les dénaturent, ils les annule-
raient si la justice ne les faisait respecter. »

Il est certain que l'article 15 du décret de prairial
contenait une lacune importante ; on ne peut nier non
plus, en lisant les arrêts du Conseil d'État et les nombreux documents extra-judiciaires qui furent soumis aux
Chambres en 1881, que l'application de ce décret ne fut
point partout faite dans l'esprit du législateur de 1804,
esprit si respectueux à la foi des croyances individuelles
de chaque citoyen et du libre exercice de tous les
cultes.

Voici la lacune du décret : on prévoyait le cas où plusieurs religions seraient suivies par les habitants d'une commune à l'époque de la création du cimetière ; on ne prévoyait pas le cas où dans la suite des membres d'un autre culte viendraient réclamer dans le cimetière public la place à laquelle ils ont droit. — On ne s'occupait point de ceux qui n'appartiennent à aucun culte et aux croyances desquels la société doit sinon un encouragement, du moins la protection qu'elle accorde à la liberté de conscience de tous les citoyens.

Quant aux scandales et aux abus qui se produisirent, l'énumération en serait longue : ils provinrent surtout de ce que les maires crurent pouvoir assigner à ceux qui n'appartenaient pas au culte ayant la majorité dans la commune des places peu décentes parfois, presque infamantes, par exemple dans un terrain réservé aux suppliciés. Peut-être aussi l'autorité religieuse, surtout les curés catholiques, eurent-ils le tort de ne pas faire au siècle, aux idées reçues aujourd'hui et acceptées de tous une part assez large et de maintenir ce qu'ils considéraient comme leur droit avec trop de rigueur dans des cas où l'opinion publique, la raison et l'intérêt bien entendu de la religion auraient dû les engager à une tolérance plus grande.

Mais, parce que les dispositions du décret de prairial n'étaient pas complètes ; parce qu'à leur abri, des vexations arbitraires et des troubles à la liberté de conscience avaient été commis, devait-on mettre à néant l'article 15 et revenir à la neutralité des cimetières ? Qu'il nous soit permis de ne pas le penser : nous avons peine à croire que la solution qui a prévalu dans la loi de 1881 soit la meilleure. On eût pu aisément compléter l'article 15 du décret de prairial et le corriger : en centralisant davantage cette matière, en en réglant les détails par des circulaires administratives conçues dans l'esprit exact de la loi, on eût pu arriver à un *modus vivendi* stable, sans sacrifier entièrement, comme on semble l'avoir fait, les convenances, les besoins ou les nécessités des cultes reconnus.

Quoi qu'il en soit, l'abrogation pure et simple de l'article 15 du décret de prairial fut votée à une très forte majorité et à la Chambre et au Sénat. Nous devons nous demander quelles sont les conséquences de cette abrogation.

Le maire devra fixer la place de chaque tombeau sans avoir à se préoccuper de la religion du défunt, sans avoir à tenir compte des séparations que l'usage ou des décisions antérieures de l'autorité avaient établies entre les lieux d'inhumation réservés aux différents cultes. On eût pu se demander, avec le seul texte de la loi de 1881, si les maires qui n'étaient plus obligés de donner des cimetières séparés à chaque culte, pouvaient continuer néanmoins à le faire lorsqu'ils reconnaissaient l'opportunité de cette mesure ; si la neutralité des cimetières était obligatoire ou facultative. Les discussions de la loi du 14 novembre 1881, la nouvelle loi municipale indiquent jusqu'à l'évidence que la neutralité est obligatoire. Il est expressément recommandé aux maires de distribuer les emplacements en faisant abstraction de la religion du défunt : c'est le vœu constant du législateur. En fais beaucoup d'autorités municipales n'ont tenu aucun compte de ces dispositions nouvelles et ont laissé subsister les séparations entre cimetières des divers cultes, assignan à chaque défunt une place suivant la religion qu'il professait. Il faudra longtemps encore avant d'arriver à faire disparaître ces pratiques illégales.

Aucune marque distinctive indiquant la prise de possession d'un cimetière par un culte ne doit être tolérée dans le cimetière communal, par exemple le maire pourrait et devrait ordonner l'enlèvement d'une croix placée au milieu du champ de repos, et qui ne serait spéciale à aucune sépulture.

Indiquons enfin que les maires n'auraient plus le droit de défendre l'inhumation d'une personne dans un terrain concédé par ce seul motif que le défunt appartenait à tel ou tel culte, alors que les personnes inhumées déjà dans ce terrain appartenaient à un autre culte, ou que la concession se trouve dans la partie du cimetière réservée aux membres d'une autre religion (1).

(1) En Angleterre, jusqu'à ces dernières années, aucun enterrement ne pouvait avoir lieu dans le cimetière paroissial, sans que le clergé anglican procédât aux rites de sa religion. De là un grief sérieux pour les dissidents, qui, à défaut d'un terrain spécialement affecté à leur secte, ne pouvaient être enterrés sans être accompagnés à leur dernière demeure des cérémonies d'une confession qu'ils avaient repoussée de leur vivant. Depuis longtemps déjà le conflit était arrivé à l'état aigu, et, dès 1877, la Chambre des lords avait reconnu, avec l'assentiment des hauts prélats de l'Église anglicane, la nécessité d'y mettre fin en donnant certaines satisfactions aux non conformistes. Le cabinet a soumis à la Chambre des lords en 1880 un projet de loi dont l'objet est d'autoriser l'inhumation de tout dissident dans le cimetière paroissial et de permettre à ses proches ou à ses amis de faire célébrer sur sa tombe les cérémonies de son culte. La Chambre des lords a bien adopté le principe du bill, mais elle a introduit certains amendements qui prêteront aux dissidents des motifs suffisants pour continuer la lutte engagée sur ce point. Le premier amendement restreint le droit accordé aux dissidents, aux paroisses où il n'existe pas de cimetière non consacré dans lequel les dissidents auraient déjà droit de sépulture. Un second amendement exclut de la mesure proposée par le gouvernement les parties consacrées dans les cimetières dont une partie spéciale serait réservée aux non conformistes.

CHAPITRE V

De la servitude qu'impose aux propriétés le voisinage des cimetières
Des autres dommages résultant de ce voisinage

La proximité des cimetières entraîne naturellement pour la propriété foncière, surtout pour les terrains bâtis ou destinés à recevoir des constructions, des désagréments considérables résultant soit des exhalaisons malsaines, plus ou moins pénibles ou dangereuses, suivant la nature et l'exposition des terrains destinés aux sépultures, la sagesse et la stricte observation des règlements de police ; soit des dépréciations de valeur provenant, par exemple, de la transformation d'une vue riante en la perspective attristée du champ du repos. A ces désavantages, suite naturelle et nécessaire d'un pareil voisinage, la loi ajoute des prohibitions rigoureuses, une servitude d'utilité publique très lourde, dont nous trouvons la formule dans les articles 1 et 2 du décret du 7 mars 1808.

Article 1. — *Nul ne pourra, sans autorisation, élever aucune habitation ni creuser aucun puits à moins de 100 mètres des nouveaux cimetières transférés hors des communes en vertu des lois et règlements.*

Article 2. — *Les bâtiments existants ne pourront également être restaurés sans autorisation. Les puits pourront, après visites contradictoires d'experts, être comblés en vertu d'ordonnances du préfet du département, sur la demande de la police locale.*

Nous nous proposons d'étudier cette servitude d'utilité publique, d'en fixer le but et d'en délimiter le champ

d'application. Nous examinerons ensuite si les propriétaires ne trouvent pas dans nos lois quelque moyen de
se faire indemniser des gênes et restrictions de toutes
sortes à l'exercice du droit de propriété que nous avons
signalées comme dérivant à leur préjudice du voisinage
des lieux de sépulture.

L'idée qui a inspiré la création de la servitude dont
nous nous occupons n'est pas douteuse : c'est la même
pensée d'hygiène qui avait déjà dicté les dispositions du
décret du 23 prairial an XII, prescrivant la translation des
cimetières hors des villes et bourgs et fixant à trente-
cinq mètres des habitations groupées, la distance minima
à laquelle les nouveaux lieux de sépulture pouvaient
être établis. En 1808 le législateur crée autour des cimetières un rayon, une zône, dans laquelle il présume
que la présence habituelle de l'homme ne peut être sans
danger pour lui, ni le creusement des puits sans inconvénient pour la salubrité publique.

La nécessité de cette disposition du décret de 1808
complétant les dispositions du décret du 23 prairial
an XII, avait dû vivement apparaître. Ce dernier décret, en effet, ne contenait aucune prohibition de bâtir
dans le voisinage des lieux de sépulture, et il serait arrivé
que des cimetières, transférés à grands frais à plus de
35 mètres des habitations, se seraient bientôt trouvés
dans des conditions extra-légales par suite de constructions nouvelles.

Si le point de départ, l'idée maîtresse des articles 1
et 7 du décret du 23 prairial an XII et du décret du
7 mars 1808 est une même préoccupation d'hygiène, il
serait peu prudent d'en conclure que le législateur
de 1808 a été imprévoyant ou a manqué de logique en ne
décidant pas, comme conséquence nécessaire du nou-

veau décret, que la distance de 35 mètres en deçà de laquelle les cimetières ne peuvent pas être établis près des habitations agglomérés, serait portée à 100 mètres.

Ce sont deux questions bien différentes que tranchent les deux textes précités, et la rigueur des prescriptions de la loi ne pouvait être la même dans les deux cas.

Quand il s'agit de l'établissement ou de la translation d'un cimetière, la loi défend de faire choix d'un terrain distant de moins de 35 mètres des villes, bourgs ou villages, et cette règle ne souffre aucun tempérament, quelles que soient les circonstances de fait qui pourraient faire conclure qu'un cimetière établi au mépris des prescriptions de la loi n'offre aucun danger pour la salubrité publique. En deçà de 35 mètres il y a, en quelque sorte, présomption *juris* et *de jure* que le cimetière est insalubre. Au delà de cette limite, l'administration reste libre de choisir l'emplacement le plus convenable, notamment quant à l'hygiène et aux facilités d'accès.

Quand il s'agit d'une maison isolée distante de moins de 100 mètres d'un cimetière, ou d'un puits à creuser dans cette zône, la loi réserve à l'administration le soin d'apprécier, en tenant compte des circonstances du fait, spécialement de la nature des terrains, de leur exposition, de leur aération, si ces habitations doivent être ou non tolérées, si les puits doivent être creusés ou doivent être comblés. Il y a sans doute présomption d'insalubrité, mais cette présomption peut être écartée par un examen des faits abandonné aux soins de l'administration.

On le voit, le décret de 1808 a complété heureusement, dans le même esprit qui inspira le décret de prairial, un ensemble de mesures destinées à assurer le respect des lois de l'hygiène les plus simples. Il a été créé des prescriptions qui ne se confondent pas avec celles de l'article 1ᵉʳ du décret de 1804, qui ne s'imposent pas dans les mêmes hypothèses, qui ne comportent pas la même rigueur d'application et auxquelles il serait peu raisonnable dès lors d'assigner la même mesure.

Nous nous étonnons qu'il ait fallu un arrêt du Conseil d'État (1) pour décider que l'article 1ᵉʳ du décret du 7 mars 1808 ne fait pas obstacle à ce qu'un cimetière soit établi à moins de cent mètres des habitations ou des puits existants, pourvu qu'il soit placé à 35 mètres des habitations agglomérées. Toute controverse sérieuse sur ce point nous paraît impossible.

En quoi consiste la servitude établie par le décret du 7 mars 1808? Cette servitude est double : elle concerne les habitations d'une part, et d'autre part les puits.

Quant aux constructions, défense est faite de bâtir de nouvelles habitations dans un rayon de 100 mètres autour de certains cimetières, d'augmenter ou de réparer les habitations existantes dans ce rayon, sans une autorisation administrative. Il y a là quelque chose d'analogue à ce qui se passe en matière d'alignement. Tout propriétaire soumis à la servitude d'alignement ne peut bâtir ou faire certaines réparations aux bâtiments existants qu'après s'être fait délivrer un plan d'alignement, qui est une véritable autorisation administrative. Si le propriétaire construit ou répare sans autorisation ou contrairement aux conditions de l'autorisation, en matière d'alignement comme en matière de servitude d'utilité publique résultant du voisinage des cimetières, il y a une contravention à un règlement de police. Les règles de compétence, sauf exception pour les alignements de

----

(1) Cons. d'État, 7 janvier 1869, Dalloz, 70, 3, 6.

grande voirie, seront les mêmes ainsi que les pouvoirs des juridictions de répression. — Mais comme le but de ces servitudes est tout différent, il faut arrêter là la comparaison et rechercher quelles sont les conditions particulières de cette servitude *non ædificandi*, qu'impose le voisinage des cimetières.

Quelles sont les constructions visées par le décret de 1808 ? Le texte dit: « les habitations ». Et une jurisprudence constante, s'inspirant heureusement pour interpréter cette expression, des motifs qui ont fait établir la servitude, décide qu'il faut entendre par ce mot « habitation » toute construction, quelle qu'en soit la forme extérieure, même un hangar fermé par une légère couverture en zinc dressée sur de minces poteaux en bois, sans murailles ni clôtures et par conséquent ouvert à tous les vents (1), pourvu que cette construction soit destinée à la présence habituelle de l'homme. — La question doit être résolue par une appréciation du fait dans chaque espèce. Pour ne citer que quelques exemples, les tribunaux ont reconnu le caractère d'habitations non seulement aux ateliers ne recevant les ouvriers que pendant le jour, mais même à de simples caves ou celliers quand il a été prouvé que, ces caves appartenant à un marchand de vins (dans l'espèce de vins de Champagne), des manipulations y étaient pratiquées journellement par des ouvriers plus ou moins nombreux; à des hangars servant d'abri à des machines éloignées de l'usine, quand le service de ces machines exigeait la présence ordinaire des ouvriers (2). Par contre nous déciderions, sans nous

______

(1) Cass. ch. criminelle, 10 juillet 1863, Joubert.

(2) Cass., 27 avril 1861, aff. Bartel; 10 juillet 1863, aff. Joubert. Voici la formule de la Cour de cassation : « Tout bâtiment dans

appuyer cependant d'aucune décision judiciaire, qu'on peut bâtir ou réparer sans autorisation des hangars servant à entreposer des outils agricoles ou des entrepôts servant à garder des matières premières pour les besoins ultérieurs d'une industrie. La destination de pareils bâtiments comporte bien la visite de l'homme, mais non sa présence habituelle, qui est la condition *sine qua non* de la servitude.

Nous avons dit que la question de savoir si telle construction était ou non une habitation au sens du décret du 7 mars 1808 devait être résolue par une appréciation du fait dans chaque espèce. Nous serions tenté d'en conclure que quand le tribunal de simple police a décidé ce point, cette appéciation échappe au contrôle de la Cour suprême. La Cour de cassation n'a pas admis cette solution et a décidé à deux reprises (1) qu'il lui appartenait d'apprécier le fait en cette matière et de prononcer, contre l'opinion du premier juge, que telle construction était une habitation au sens du décret de 1808. Cette doctrine ne nous semble pas très sûre ou plutôt nous paraît comporter un tempérament. Si le juge de police a défini inexactement le mot habitation, il a commis une erreur de droit que corrigera la Cour suprême, rien de mieux. S'il a, au contraire, exactement défini ce mot, s'il a écrit dans son jugement qu'il entendait par habitation tout bâtiment dans lequel se rencontre le fait de la présence habituelle, quoique non permanente, de l'homme, et s'il a décidé, d'après les circonstances du fait, que tel ou tel bâtiment rentrait ou non dans cette définition, les

lequel se rencontre le fait de la présence habituelle, quoique non permanente de l'homme, est soumis à la servitude. »

(1) Mêmes arrêts Bartel et Joubert.

principes nous conduisent à affirmer qu'une pareille appréciation échappe à la censure de la Cour de cassation.

Un bâtiment peut être destiné par ses propriétaires à un usage ne nécessitant pas la présence habituelle de l'homme et cependant être établi dans de telles conditions que, par un simple changement de volonté, on puisse l'affecter à un service exigeant cette présence. Dans ces conditions nous estimons que l'autorisation préalable à la construction est nécessaire, sans quoi il y aurait un moyen vraiment trop simple d'éluder une servitude dictée par un intérêt d'ordre public. Nous pensons en conséquence que le constructeur ne peut se passer de l'autorisation que quand les bâtiments ne sont pas destinés à abriter habituellement les hommes et ne peuvent y être destinés qu'en y faisant des réparations équivalant en réalité à une nouvelle construction prohibée par le décret.

Il ne suffisait pas que la loi prohibât la construction de nouveaux édifices dans le rayon de 100 mètres autour des cimetières ; pour être complète et donner entière satisfaction aux nécessités de l'hygiène, elle devait se préoccuper des habitations existant déjà au mépris des conditions sanitaires dont elle prescrivait le respect. L'ordre de démolir en bloc toutes ces constructions eût semblé trop rigoureux si l'État n'avait pas accordé d'indemnité, trop onéreux s'il en avait accordé une : on prit un moyen terme en défendant de restaurer sans autorisation administrative les habitations situées dans la zône de la servitude. On restreignait ainsi gravement le droit de propriété et on s'en remettait au temps pour ramener toutes les habitations au droit commun du décret de 1803. — Ces explications nous serviront à résoudre une question délicate, celle de savoir quelles réparations sont prohibées, quelles réparations sont permises. — L'administration n'a aucun intérêt à ne pas permettre au propriétaire de tirer tout le parti possible de son immeuble, sous la seule condition qu'il ne retardera pas par des travaux la destruction par vétusté de l'édifice. Les travaux défendus sont les travaux confortatifs et non les travaux d'embellissement. C'est la même solution qui a été affirmée à diverses reprises par la jurisprudence en matière d'alignement.

Remarquons que le décret de 1808 n'a pas, pour les habitations, comme pour les puits, réservé à l'administration le droit de supprimer après enquête et visites contradictoires les édifices qui lui sembleraient insalubres. On peut expliquer cette différence par l'importance inégale du préjudice qu'occasionne, en règle générale, la supression d'un puits ou la destruction d'une maison, peut-être aussi par les dangers plus grands que présente un puits renfermant de l'eau pernicieuse, qu'une maison exposée à des exhalaisons malsaines.

Depuis la loi du 13 avril 1850, la lacune de la législation que nous signalons a été en partie comblée. Cette loi relative à l'assainissement des logements insalubres permet à l'administration d'imposer aux propriétaires, sous les conditions qu'elle détermine, certains travaux ; et ces travaux peuvent atténuer les dangers que présente un « logement » trop voisin du cimetière. Si l'insalubrité tient à un agencement défectueux de l'habitation et est aggravée mais non causée entièrement par le voisinage du cimetière, et s'il est jugé qu'on ne pourra pas remédier au mal par des réparations, la commission municipale pourra prescrire la fermeture provisoire et le conseil de préfecture décider la fermeture définitive de l'habitation. Enfin, l'article 13 de la loi dispose que *lorsque l'insalu-*

*brité est le résultat de causes extérieures et permanentes,
ou lorsque ces causes ne peuvent être détruites que par
des travaux d'ensemble, la commune pourra acquérir,
suivant les formes et après l'accomplissement des formalités prescrites par la loi du 3 mai 1841, la totalité des
propriétés comprises dans le périmètre des travaux.* Ces
mesures sagement mises en œuvre seront d'un précieux
secours pour l'administration et permettront, pour le plus
grand avantage de la salubrité publique, de compléter
l'œuvre du décret de 1808.

Voilà pour les habitations. Nous avons peu de choses
à dire des puits, ayant cité plus haut le texte même du décret de 1808. Défense est faite de creuser des puits sans
autorisation administrative dans le rayon de la servitude.
S'il en existe déjà dans ce rayon, l'administration pourra,
sur la demande de la police locale, en ordonner la suppression après enquête et visites contradictoires d'experts.
Observons que le rôle de l'administration sera moins
délicat à remplir en ce qui concerne les puits qu'en ce
qui concerne les habitations : la pente du sol, sa per-
méabilité, l'analyse de l'eau donnant des indications
précises qui permettront au préfet de ne donner des
ordres qu'à bon escient. — Le décret ne parle pas des
réparations à faire aux puits et ne semble pas les prohiber. Nous pensons cependant que si les travaux exécutés dans un puits avaient pour effet d'y attirer de l'eau
qui ne s'y rendait pas auparavant, une autorisation administrative devrait être sollicitée, ces travaux équivalant à la perforation d'un puits nouveau.

Le législateur, — et cela ressort avec évidence non pas
du contexte de la disposition, qui semblerait plus général,
mais de la place de cette disposition dans l'article 2 du
décret de 1808, — a prévu le cas où l'administration vou-

drait ordonner la suppression d'un puits existant à l'époque de la promulgation de la loi, mais non le cas où un puits ayant été autorisé depuis 1808, viendrait par suite de bouleversements naturels ou non naturels du sol, à recevoir des eaux viciées. Dans cette dernière hypothèse, le préfet pourrait-il prendre, sans excès de pouvoirs, un arrêté prescrivant de combler le puits ? Nous n'oserions pas le décider, partant surtout du principe que les restrictions au droit commun de la propriété sont du droit le plus étroit. Cependant, en raison, on ne voit pas de motif de distinguer : la nécessité d'une action administrative s'impose avec la même autorité dans les deux hypothèses.

Tous les cimetières, tous les lieux de sépulture n'entraînent pas pour les propriétés voisines la servitude non *ædificandi et putei non fodiendi*. Il est de principe, nous l'avons dit, que les restrictions au droit commun de la propriété sont de droit étroit : d'où nous tirons immédiatement cette conséquence que le texte du décret de 1808, visant seulement le cas où des cimetières ont été transférés hors des communes, la servitude ne frappe pas les propriétés voisines des cimetières existant encore, au mépris de la loi, dans l'enceinte des villes, bourgs ou villages, à moins de 35 mètres des habitations groupées. Cette solution n'a jamais fait de doute dans la pratique administrative (1).

Plus délicate était la question de savoir si l'on devait appliquer les rigueurs du décret de 1808, non seulement au cas de cimetières transférés à plus de 35 mètres des groupes d'habitations en vertu des prescriptions

______

(1) Déc. min., 17 mars 1839 ; Cass., ch. cr., 18 août 1854, aff. Malrie.

du décret de prairial, mais même aux cimetières qui n'avaient pas besoin d'être transférés, parce qu'ils étaient déjà dans les conditions requises ; — soit que l'administration se fût conformée aux prescriptions de règlements antérieurs à 1804, soit qu'elle eût obéi spontanément à des préoccupations bien naturelles d'hygiène. La raison de douter est plus forte dans la seconde de ces hypothèses que dans la première. Cependant la jurisprudence n'a pas distingué et avec raison : elle a admis dans tous ces cas l'existence de la servitude (1). L'esprit de la loi n'est pas douteux ; le texte est conçu de façon à n'être pas trop froissé de cette interprétation extensive et la raison commande d'appliquer aux mêmes situations les mêmes solutions.

Il résulte d'un avis du Conseil d'État, du 20 juillet 1864, que les servitudes établies par le décret du 7 mars 1808 sont applicables à l'égard d'un cimetière non transféré lorsque, d'une part, ce dernier a été agrandi au moyen d'acquisitions de terrains situés à la distance légale de l'enceinte des villes, bourgs ou villages et que, d'autre part, la portion du cimetière qui se trouvait trop rapprochée de cette enceinte a été définitivement interdite aux inhumations (2).

M. Ducrocq observe (3) « que, dans la pratique, on n'applique pas les prohibitions du décret de 1808, dans la partie de la zône environnante des cimetières transférés qui se trouve du côté des habitations distantes de 35 à 40 mètres. » C'est ce qui résulte d'une circulaire ministérielle du 30 décembre 1843. Cette pra-

---

(1) Même arrêt de cass. V. enc. cass., 27 avril 1861.
(2) *Journal de droit administratif*, 1865, p. 57.
(3) *Cours de droit administratif*, t. II, p. 56, 6e édition.

tique n'a rien qui nous surprenne : si l'administration a reconnu, en transférant le cimetière, que le terrain choisi était assez éloigné des habitations pour ne pas compromettre leur salubrité ; elle n'a que peu d'intérêt à recommencer pour chaque construction ou réparation de bâtiment, une enquête qui a dû déjà être faite avec soin. Cependant il n'y a là, à notre avis (1), qu'une simple tolérance et non un droit pour les particuliers, le texte du décret ne comportant pas d'exception pour cette hypothèse. Et M. le ministre de l'Intérieur reconnaissait lui-même, avec le conseil d'État, qu'il faudrait une disposition législative pour augmenter, diminuer ou altérer les servitudes résultant du décret de 1808. (Circ. min. du 30 décembre 1843, § 20) (2).

Le seul fait du déplacement du mur d'enceinte d'une ville et de son rapprochement du cimetière n'a pas pour conséquence de faire cesser sur les terrains ajoutés à la ville, la servitude *non ædificandi* qui grève la zône de 100 mètres autour du cimetière ; cet affranchissement ne peut être édicté que par une loi. « Le rayon de la servitude a toujours, dit la Cour de cassation, sa raison d'être et son intérêt que l'agrandissement de la ville et le rapprochement des habitations a rendu plus sensible et plus impérieux, loin de le faire disparaître. » (Cassation, 27 avril 1801, aff. Bartel.)

(1) *Contra* : M. Davenne, *Régime adm. et financier des communes.*

(2) Extrait de la circulaire du ministre de l'Intérieur du 30 octobre 1843 :

« Dans la pratique il y a une distinction essentielle à observer. Pour la plupart des cas, et à moins de circonstances tout à fait exceptionnelles qu'on ne saurait prévoir, lorsqu'une commune a satisfait à l'obligation que lui impose le décret de l'an XII et qu'elle a transporté son cimetière à 35 ou 40 mètres de ses murs, il

La servitude frappe les propriétés distantes de moins
de 100 mètres des cimetières publics, et, comme il n'y a
pas de servitude sans texte, nous déciderions que le
décret de 1808 né s'applique pas aux propriétés voisines
des terrains des particuliers qui reçoivent des sépultures.
L'administration qui a la police de ces terrains aurait
seulement le droit d'ordonner l'exhumation si l'existence
des tombeaux présentait des inconvénients graves pour
la santé publique.

Cette solution s'impose avec d'autant plus de force que
le législateur, dans la loi du 7 avril 1873 relative aux
tombeaux des militaires morts pendant la guerre, a cru
devoir consacrer par un article formel, l'article 2, la
possibilité d'établir autour des tombes de militaires les
servitudes créées par le décret de 1808: *Des arrêtés pré-
fectoraux approuvés par M. le ministre de l'Intérieur
décideront dans quelle mesure les terrains environnants*

ne serait ni juste, ni d'ailleurs vraiment utile d'étendre les prohibitions prononcées par le décret du 7 mars 1808 sur un rayon
de 100 mètres du côté des habitations que la translation du cimetière à la distance légale, a dû avoir pour effet d'exonérer de toute
servitude ; c'est donc seulement du côté des terrains non bâtis que
doivent porter les prohibitions qui ont pour objet non seulement
de garantir la salubrité publique, mais de ménager autour des cimetières transférés une zone de terrains libres qui en facilite l'agrandissement, s'il était plus tard reconnu nécessaire. »

Si nous citons ce passage de la circulaire, c'est surtout pour faire
observer que M. le ministre de l'Intérieur s'est gravement trompé
en pensant que l'établissement de la servitude avait pour objet
même accessoire d'empêcher l'érection de bâtiments dont l'expropriation serait plus coûteuse en cas d'agrandissement du cimetière,
que l'expropriation des terrains nus. Et nous ne doutons pas un
seul instant, malgré l'autorité de la circulaire, qu'il y aurait abus
de pouvoirs à refuser une autorisation de construire en se fondant
sur ce motif.

seront soumis aux servitudes établies par les décrets...
Cette disposition de la loi est très sage, qui permet à l'autorité compétente, par une exacte appréciation du nombre et de l'agglomération des sépultures, de décider si les terrains où reposent les soldats morts à la guerre sont assimilables à des cimetières et comportent l'établissement d'une servitude *non ædificandi* ou à l'instar des tombeaux privés, ne nécessitent pas cette mesure.

Telles sont les conditions, tel est le mode de cette servitude d'utilité publique. Quelle est la sanction des prescriptions de la loi ? Quelle est l'autorité compétente dour appliquer cette sanction ?

Le décret de 1808 a force de loi et est sanctionné par les peines ordinaires des contraventions, à défaut de peines spéciales non prévues par le texte (art. 471, n° 15, C. p.). La connaissance des infractions appartient, en vertu des principes généraux, — et en absence de texte dérogeant au droit commun, — au juge de police (1) compétent et pour interpréter le décret et pour apprécier les éléments de l'infraction ainsi que pour appliquer la peine et ordonner la suppression de la contravention. Si donc l'administration a connaisssance de l'existence d'une infraction, elle ne peut pas ordonner, sans excès de pouvoirs, par mesure administrative, la démolition du bâtiment construit ou réparé sans autorisation. Elle dénoncera ce fait au parquet, qui poursuivra le délinquant devant le juge de simple police.

Comme conséquence de ces principes, nous déciderons qu'il appartient au juge de police à l'exclusion de l'administration d'apprécier si le bâtiment construit ou

______

(1) Cass. ch. crim., 24 janvier 1863.
Cons. préf. de la Seine, 24 juillet 1853.

réparé sans autorisation est ou non une habitation, si la réparation est une réparation de consolidation ou d'embellissement. Il lui appartient d'ordonner la démolition de l'ouvrage construit ou réparé au mépris des prescriptions de la loi.

Par contre, l'acte d'autorisation est un acte administratif, qu'il n'est pas de la compétence des tribunaux judiciaires d'apprécier. Si donc, au cours du procès, une autorisation est représentée dont le sens ou la portée soit douteux, ou si une controverse sérieuse s'élève sur la validité de l'autorisation, le juge, après examen des aits, renverra devant l'autorité administrative compétente pour trancher la question préjudicielle d'existence, de validité ou d'interprétation de l'acte d'autorisation.

Quelle est l'autorité administrative compétente pour donner l'autorisation de construire ou de réparer des édifices dans la zône soumise à la servitude? C'est le maire, le préfet de la Seine à Paris. Ce fonctionnaire agit ici, non pas comme représentant de la commune, mais comme magistrat chargé de la police municipale.

Conséquence : le maire ne peut être lié dans l'exercice de ce pouvoir de police par un traité passé entre la commune et le particulier qui sollicite l'autorisation, traité réservant au profit du particulier le droit de bâtir dans la zône de la servitude. C'est ce qu'a décidé le Conseil d'État dans un arrêt du 6 janvier 1855. Dans l'espèce, il s'agissait d'un individu qui avait cédé gratuitement ses terrains à une ville à l'occasion d'un percement de rue. Il avait été entendu implicitement entre les parties contractantes que, pour prix de cette cession, le particulier construirait le long de la voie nouvelle. Le Conseil d'État a jugé qu'en lui refusant ensuite l'autorisation de bâtir à moins de 100 mètres du cimetière, le maire avait agit en vertu de ses pouvoirs de police. Il réservait du reste aux tribunaux judiciaires le soin d'apprécier s'il y avait ou non droit à indemnité à raison du préjudice résultant de l'inexécution du contrat.

Le maire en donnant ou refusant l'autorisation agit en vertu d'un pouvoir discrétionnaire. D'où nous concluons aisément que l'arrêté du maire défendant de bâtir ou de réparer ne peut pas être attaqué au contentieux. Il serait seulement susceptible d'un recours pour excès de pouvoirs, si le maire avait pris l'arrêté non pas dans la vue de veiller à la salubrité publique, mais dans un but très différent ; par exemple pour, en vue d'une expropriation prochaine, de travaux communaux prochains, empêcher une construction qui élèverait considérablement le chiffre de l'indemnité à payer par la commune. Le Conseil d'État aura un point de fait très délicat à apprécier.

Outre le recours pour excès de pouvoirs ainsi limité, le particulier blessé par un refus d'autorisation pourra suivre la voie gracieuse et demander la réformation de l'arrêté au préfet, puis au ministre.

De même le préfet pourra spontanément réformer un arrêté d'autorisation, quand il juge cette autorisation dangereuse pour la santé publique. La loi ne soumettant l'exercice de ce droit de réformation à aucun délai, il faut admettre qu'il sera possible tant que l'autorisation n'aura pas été suivie d'un commencement d'exécution ; c'est la limite extrême que lui fixent le bon sens et l'équité. Les tribunaux apprécieront, d'après les faits, s'il y a eu ou non commencement d'exécution.

Quant au maire, il ne peut rapporter une autorisation donnée ; celle-ci constitue un droit acquis pour le particulier, sous la réserve de la non-réformation par l'autorité supérieure avant tout commencement d'exécution.

L'autorisation doit être expresse. La Cour de cassation a décidé en ce sens que « le défaut d'opposition du préfet de la Seine à l'érection d'une construction projetée, dans les vingt jours qui suivent le dépôt des plans, ne permet de procéder au commencement des travaux et ne met le propriétaire en règle qu'en ce qui concerne l'exécution des règlements de voirie, mais non en ce qui concerne l'exécution du décret du 7 mars 1808. » Cette décision est intervenue dans une espèce très nette : la demande à laquelle il n'avait pas été répondu dans les vingt jours énonçait formellement l'intention de construire à moins de 100 mètres d'un cimetière. (Cassation, ch. crim., 17 janvier 1863.)

Lorsqu'une construction a été autorisée, elle rentre dans le droit commun de la propriété et peut être réparée en toute liberté, la prohibition de restaurer ne s'appliquant, aux termes du décret, et ne pouvant s'appliquer en raison qu'aux édifices existants à l'époque de la promulgation du décret. Pour les mêmes motifs, nous déciderions que les agrandissements peuvent être exécutés librement. Toutefois, si la partie du bâtiment ajoutée, importante par elle-même, se trouvait dans des conditions hygiéniques d'aération et d'exposition autres que celles qui ont paru suffisantes à l'administration pour permettre la première habitation, elle constituerait, en réalité, une construction nouvelle au point de vue de l'application de la servitude, et une autorisation nouvelle devrait être sollicitée.

Un certain nombre de jugements et même d'arrêts de la Cour suprême, ont décidé que, lorsqu'un an, délai de la prescription en matière de contravention, était expiré depuis la construction ou la réparation non autorisées, la contravention était prescrite et que le juge devait renvoyer purement et simplement le prévenu des fins de la plainte. Nous ne croyons pas cette solution exacte ; l'existence d'une habitation soumise à la servitude, construite ou réparée sans autorisation, constitue au premier chef une contravention permanente et continue dont la suppression peut être ordonnée, quelque soit le temps depuis lequel elle existe. On ne prescrit point contre l'ordre public intéressé à ne pas laisser subsister une habitation qui présente du danger pour la salubrité publique, et il serait scandaleux qu'un état de choses illégal pût se maintenir par l'effet du retard des poursuites. Ce que la loi prohibe, ce n'est pas le fait de construire ou de réparer ; c'est l'existence d'un bâtiment construit ou réparé sans autorisation. Nous tirerons encore cette conséquence que, quand un jugement a condamné le contrevenant à l'amende et à la démolition, et que ce jugement n'a pas été signifié ou exécuté pendant trente ans, partant que la prescription en est acquise, on pourra, par une nouvelle constatation des faits, arriver à un second jugement ordonnant au moins la démolition (1).

(1) La Cour de cassation ne semble pas avoir une doctrine très nette en ce qui concerne le caractère constitutif des contraventions successives et continues. Ainsi elle admet qu'il y a contravention successive dans le fait d'exploiter sans autorisation un établissement insalubre (Cass, 29 août 1861) ; dans le fait d'exploiter sans se mettre en règle, un établissement rentrant dans une catégorie d'entreprises qu'un règlement soumet à l'autorisation municipale (Cass. 21 février 1845) ; dans le fait d'occuper des ouvriers qui ne sont pas en règle en ce qui concerne la possession du livret ; dans le fait de conserver des lieux d'aisance établis sur un cours d'eau au mépris d'un règlement local (Cass., 15 juillet 1864). Et elle se refuse à voir une contravention de cette nature dans le fait d'une plantation sur la voie publique ou d'une entreprise sur cette voie, dans le fait de construire ou de réparer au

Ayant ainsi étudié la servitude d'utilité publique dont le décret de 1808 frappe les propriétés voisines des cimetières, nous abordons la seconde question que nous avons posée au commencement de ce chapitre : Les propriétaires ne trouvent-ils pas dans nos lois quelque moyen de se faire indemniser des gênes et restrictions de toutes sortes à l'exercice du droit de propriété que nous avons signalées comme résultant à leur préjudice de la proximité des lieux de sépulture ?

Un cimetière est transféré hors d'une ville à la distance réglementaire ; on a exproprié et payé les terrains sur lesquels il doit être établi ; le nivellement du sol qui doit être le nouveau cimetière a-t-il nécessité des opérations qui mettent les propriétés contiguës en contre-haut ou en contre-bas, on accorde à leurs propriétaires indemnité pour ce dommage ; on a procédé de même, si on a occupé momentanément ces terrains voisins, si on y a extrait quelques matériaux. Le cimetière est établi ; les

mépris des prescriptions du décret de 1808. Où est cependant la différence ? Comment logiquement peut-on distinguer ?

Il résulte de la théorie de la Cour de cassation sur le point qui nous occupe qu'une fois l'an de la prescription écoulé, l'administration n'a aucun moyen d'arriver à faire enlever les constructions élevées contrairement aux prescriptions du décret de 1808 ou réparées dans ces conditions. Si en effet, pour donner satisfaction au principe de l'imprescriptibilité du domaine public, au cas d'entreprise sur ce domaine, la cour suprême donne une action civile en revendication du domaine public, même après la prescription de la contravention ; une action de cette nature ne saurait exister dans le cas dont nous traitons. Il resterait la ressource d'appliquer la loi sur les logements insalubres.

Le Conseil d'État admet la théorie des contraventions permanentes pour les usurpations en matière de grande voirie ; nous croyons que dans notre hypothèse l'analogie des situations le conduirait à l'admettre également.

propriétés voisines subissent une servitude *non ædificandi et putei non fodiendi* très pénible ; ils sont exposés aux exhalaisons malsaines, aux dangers d'épidémie, — et nous ne parlons pas des inconvénients dits moraux d'un pareil voisinage ; — les propriétaires ont-ils droit à une indemnité ? Telle est la question.

On peut la décomposer en deux termes qui se rapprochent beaucoup, sans pourtant se confondre :

1° La création de servitudes d'utilité publique, l'assujétissement de propriétés à ces servitudes, donnent-elles lieu au payement d'une indemnité ? Cette question est générale ; elle s'est posée en législation, en doctrine et en jurisprudence, notamment à propos des servitudes militaires, de celles qu'impose le voisinage des cours d'eau navigables ou flottables et des chemins de fer.

2° Indemnité est-elle due aux propriétaires pour les autres inconvénients, les autres causes de dépréciation de valeur que la proximité des cimetières les oblige à subir ?

Nous discuterons d'abord le premier point.

La création de servitudes d'utilité publique, l'assujétissement de propriétés à ces servitudes donnent-elles lieu au payement d'une indemnité au profit du propriétaire qui en souffre ?

Si, pour résoudre ce problème, nous pouvions nous placer seulement en présence de la grande disposition d'équité de l'article 545 du Code civil et demander à un raisonnement philosophique rigoureux l'application de ce texte à l'hypothèse que nous examinons, sans hésiter un instant, nous nous prononcerions pour l'affirmative, nous admettrions le principe de l'indemnité.

Nul, dit l'article 545 Code civil, *ne peut être contraint de céder sa propriété, si ce n'est pour cause d'utilité*

publique et moyennant une juste et préalable indemnité.
Jamais peut-être les hommes éminents qui ont eu la
gloire de rédiger le Code civil, n'ont eu de formule plus
heureuse pour exprimer une idée plus sage. Si l'utilité
publique commande dans certains cas d'obliger un particulier au sacrifice de sa propriété, il est juste qu'il ne
supporte pas seul les sacrifices pécuniaires qu'entraîne
cette nécessité ; il ne doit y contribuer sur son patrimoine
que dans la proportion des autres citoyens. C'est là, à
notre sens, une disposition de justice, d'équité, qui s'impose avant tout, comme le corollaire du grand principe
de l'égalité de tous les citoyens pour la contribution aux
charges et dépenses publiques.

La même raison, la même justice qui fait affirmer le principe du droit à l'indemnité lorsqu'un citoyen est exproprié
de son héritage pour cause d'utilité publique, doit conduire à reconnaître l'existence du même droit lorsque
ce citoyen est exproprié, pour la même cause d'utilité
publique, d'une des facultés que la loi reconnaît et protège au même titre que le droit complet de propriété.

Et dès lors comment comprendre que la loi accorde
une indemnité au particulier exproprié de tout ou partie
de son champ, de sa maison, défende sous les peines
les plus sévères de lui enlever, sans lui payer au préalable une juste indemnité, un pouce de terrain, une tuile
de son toit, et permette qu'on le dépouille, pour le
même motif d'utilité publique, sans dédommagement
d'aucune sorte, des avantages les plus précieux que lui
assurait son droit de propriété ?

Il ne faut pas se payer de mots : entre l'expropriation
d'une parcelle de terrain et l'expropriation d'un des
avantages que donne au propriétaire son droit de propriété, il y a une différence de plus ou de moins, il n'y

a pas de différence d'essence, pour employer une formule très exacte, chère à l'école évolutioniste anglaise, il y a une différence de degré, il n'y a pas de différence de nature.

En quoi consiste en effet le droit de propriété ? En un faisceau d'avantages, de facultés que la loi reconnaît au propriétaire et protège. Celui qui est propriétaire foncier peut bâtir, il peut vendre, il peut planter. Demandez-lui le sacrifice de tous ces avantages, expropriez-le pour le même objet d'une de ces facultés, qui ne voit que l'acte qui le dépouille doit être soumis aux mêmes formes, aux mêmes conditions ; qui ne voit que c'est se laisser duper par les mots que de prétendre que, pour le même motif d'utilité publique, il est juste d'imposer à un citoyen la privation sans indemnité d'un ou de plusieurs de ces droits dans lesquels se résout le droit de propriété, et il est souverainement injuste, déraisonnable, inadmissible de l'exproprier sans indemnité d'une parcelle de terrain ?

Certes il y a des servitudes qui frappent les héritages et pour lesquelles cependant tout le mode admet qu'aucun droit à indemnité n'est ouvert et ne doit être ouvert en raison. Ce sont les servitudes dites légales ; elles constituent en réalité le droit commun de la propriété que le législateur est bien obligé de régler dans un intérêt général : mais le caractère spécial de ces servitudes celui qui les distingue nettement des servitudes d'utilité publique qui nous occupent, c'est leur généralité, leur réciprocité à laquelle la situation naturelle des lieux peut seule faire obstacle. Si je dois recevoir sur mon héritage les eaux d'un fonds plus élevé, je puis obliger mon voisin à recevoir les miennes ; si l'on peut me contraindre à me clore, je puis imposer à mon voisin la même obligation. Certes, l'ordre public profite de l'existence de ces servitudes, mais on ne peut pas dire que ce bénéfice lui est acquis aux dépens d'un citoyen par une lourde contribution imposée à son patrimoine. Tous ceux qui en souffrent en profitent ou peuvent éventuellement en profiter. Cette généralité et cette réciprocité du sacrifice excluent le principe de l'indemnité.

Mais tout autre est la situation quand il s'agit de servitudes d'utilité publique : qu'il plaise à l'autorité militaire d'établir un fort dans la propriété voisine de la mienne ; que l'administration des ponts et chaussées détourne une rivière flottable et lui donne un nouveau cours le long de mon héritage ; qu'un chemin de fer soit établi qui suive la clôture de mon jardin ; qu'un cimetière soit créé à quelques mètres de chez moi, aussitôt, mon fonds sera grevé de servitudes très lourdes ; je ne pourrai plus bâtir ou planter ; mon héritage perdra 50 0/0 de sa valeur.

Où est la généralité ? où est la réciprocité ? On n'en peut décemment parler, à moins d'admettre, comme l'a fait la Cour de Nancy (1), que ce sont là des dommages qui rentrent dans les chances de diminution de valeur auxquelles les propriétés sont sans cesse exposées dans l'état de société, sous l'influence des progrès de l'industrie, du mouvement de la population ou de la liberté accordée à chacun par le législateur ; ou à moins de prétendre, comme le fait une autre décision judiciaire, que ces dommages ne sont pour le particulier que le juste équivalent des bienfaits qu'il reçoit du développement, du progrès de la défense nationale, de la salubrité publique !

(1) Nancy, 30 mai 1842.

En vérité, lorsque l'État, le département ou la commune, chargés de pourvoir aux gands intérêts de la défense nationale, de la salubrité publique, de la voirie, prescrit une mesure nouvelle, un travail nouveau, l'exécution de cette mesure exige un sacrifice pécuniaire de la part des contribuables qui profitent du développement et du progrès des services publics ; elle exige également l'expropriation d'un certain nombre de droits des particuliers qui seraient inconciliables avec l'accomplissement de la mesure prescrite ou du travail projeté. Si un citoyen titulaire ce ces droits peut souffrir dans ses convenances personnelles d'en être dépossédé, au moins ne doit-il pas en souffrir dans son patrimoine, et ne peut-on pas exiger de lui des sacrifices pécuniaires plus grands que ceux réclamés des autres contribuables, lesquels profitent au même titre que lui du progrès réalisé.

Spécialement en ce qui touche les lieux de sépulture, si la commune a intérêt à établir un cimetière dans des conditions de salubrité parfaites, cet établissement ne va pas sans obliger les propriétaires du champ exproprié et les voisins à quelque sacrifice de leurs droits : et il est souverainement juste que la masse des contribuables de la commune, profitant de la création de ce cimetière, paye ce bénéfice de telle façon que les propriétaires expropriés ou les voisins incommodés y contribuent sur leur patrimoine à proportion de leurs facultés imposables et seulement dans cette mesure.

En résumé, nous ne contestons pas le droit du législateur d'exproprier ou d'imposer à la propriété des servitudes, des restrictions dans un but d'utilité publique. Si respectueux qu'il soit des droits des citoyens, il est des cas où l'intérêt général peut et doit faire fléchir ou modifier ces droits. Mais nous croyons avoir prouvé qu'en raison, le même principe du payement d'une indemnité posé par la loi quand on exige d'un citoyen le sacrifice de son droit de propriété dans un but d'utilité publique, s'impose quand c'est non plus un droit complet de propriété, mais un démembrement de ce droit ou un avantage pécuniairement appréciable que l'utilité publique commande à un citoyen de lui sacrifier. C'est dans la stricte observation de cette règle et là seulement qu'est la justice et l'équité.

Nous trouvons ces idées exprimées avec beaucoup de chaleur par M. Bethmont à la Chambre des députés, lors de la discussion de la loi du 15 juillet 1845 sur la police des chemins de fer (1). Et, dans la doctrine, M. Duvergier n'a pas hésité à défendre avec énergie ces idées d'équité; elles se sont même imposées avec tant de force à son raisonnement, que le savant auteur conclut, en dépit des arguments contraires que nous exposons plus loin, que les propriétaires frappés d'une servitude d'utilité publique peuvent demander aux tribunaux une indemnité et doivent l'obtenir (2).

(1) « Quel est l'homme sérieux qui dira qu'on ne prend pas un terrain, quand ce terrain qui avait une valeur à raison de l'utilisation que j'en pouvais faire, perd toute sa valeur à raison de l'utilisation que l'on me défend de faire. » (Discours de M. Bethmont. V° Duvergier, *Collect. des Lois*, 1845, p. 296.)

(2) « Il y a deux manières de morceler un immeuble, dit M. Duvergier (*Collection des Lois*, 1841, p. 74) : l'une consiste à retrancher matériellement une partie; l'autre, à enlever, sans division matérielle, un des éléments qui constituent le droit de propriété. En d'autres termes on peut diviser en fragments la chose sur laquelle porte ce droit ou décomposer le droit lui-même ; puis distraire un des fragments de la chose ou un des démembrements du droit. Chacune de ces opérations cause un préjudice également certain, également appréciable. On ne voit pas pourquoi le mal qui est la suite de l'un

Si, en raison, le système que nous venons de déve-lopper et de défendre ne paraît pas de nature à soulever des contestations bien sérieuses, il faut convenir que la pratique législative ne lui a pas donné raison, et, à notre grand regret, après une longue hésitation, nous devons reconnaître qu'en droit indemnité n'est due pour l'assü-jétissement d'un fonds à une servitude d'utilité publique, que lorsqu'un texte spécial le décide.

C'est l'opinion qui a rallié la presque unanimité de la doctrine et une jurisprudence constante de la Cour de cassation et du Conseil d'État lui a donné l'appoint de son autorité.

La Cour de cassation notamment a tranché la con-troverse en ce sens dans un arrêt de principes remar-quable à plusieurs titres : il intervint sur le rapport de M. le conseiller Petit et sur les conclusions conformes de M. l'avocat général Reverchon, et dans une espèce extrêmement favorable aux demandeurs d'indemnité. Il s'agissait d'un habitant de la malheureuse commune de Saint-Ouen qui subissait du fait de l'assujétissement à la servitude une perte d'environ 50,000 francs.

Notons que la commune de Saint-Ouen, outre son ci-metière communal, possédait déjà un cimetière parisien et qu'on venait de lui en imposer un second. L'assujétis-

recevrait une réparation, et pourquoi le dommage dont l'autre est la cause resterait sans indemnité. Il y a expropriation dans la véri-table acception du mot, soit qu'on ôte une portion du champ, soit qu'on enlève au propriétaire une partie de ses droits sur le champ laissé entier. Le principe de la juste et préalable indemnité est un grand principe constitutionnel, qui ne peut être méconnu parce que des lois d'exécution ne l'ont pas développé, ou parce que ceux qu'il protège ont négligé pendant plus ou moins longtemps d'en récla-mer l'application, ou que, par erreur, on a refusé de la leur faire.

sement sans indemnité à la servitude résultant de la
création de ce nouveau cimetière parisien paraissait, et
à bon droit, doublement injuste et pénible au demandeur. La chambre civile de la Cour de cassation décida
le 8 mai 1876 que « la prohibition générale et absolue
qu'établit le décret du 7 mars 1808 étant dictée, non par
un intérêt purement communal, mais par un intérêt de
salubrité publique, on ne saurait distinguer entre le cas
où les nouveaux cimetières appartiennent aux communes sur le territoire desquelles ils sont créés et celui
où ils appartiennent à d'autres communes et sont destinés à l'hinumation des morts de ces autres communes. »
Ayant tranché ce premier point, la Cour arrête que l'assujétissement d'un fonds à une servitude d'utilité
publique ne donne pas lieu au payement d'une
indemnité (1).

Pour établir l'exactitude juridique de cette solution,
nous laisserons de côté tous les arguments dits de raison dont on a essayé trop souvent d'appuyer la théorie
que nous adoptons. Celle-ci en effet, nous l'avons dit,
pour être conforme à la volonté bien clairement et fréquemment manifestée par le législateur, n'en blesse pas
moins le bon sens, la logique et un des grands principes de notre droit moderne : celui de l'égale contribution de tous les citoyens aux charges publiques.

Mais il est impossible de ne pas constater, quelque
désir que l'on ait de voir régner dans nos lois la justice
et l'équité, que les rédacteurs du Code civil et tous les
législateurs qui se sont ensuite occupés de la question
jusqu'à nos jours, ont toujours marqué de la façon la

______

(1) Voyez deux arrêts du Conseil d'État, du 24 février 1856 (rapporteur : M. Aucoc), et 5 février 1857 (Dalloz, 1857, 3, p. 9 et 74.)

plus nette et la moins équivoque l'intention de n'accorder en principe aucune indemnité pour l'assujétissement
d'un fonds à une servitude d'utilité publique. Peut-être
l'intérêt financier de l'État à l'adoption de cette théorie
a-t-il fait fermer les yeux sur son injustice ; peut-être
une doctrine économique peu sûre, des souvenirs mal-
heureux de brocarts anciens ou de soi-disant principes
plus récents les ont-ils égarés : quoi qu'il en soit, la solution inique est celle qu'a voulue la loi ; notre devoir de
jurisconsulte est de le constater et de nous incliner.

Les preuves abondent : d'abord le Code civil a marqué
la différence qu'il y avait lieu de faire entre la situation
du propriétaire exproprié de son fonds et celle du particulier frappé d'une servitude d'utilité publique, par le
silence que garde l'article 649 sur l'indemnité qui peut
être due dans ce dernier cas, tandis que l'article 545
posait le principe du droit à indemnité en cas de déposs-
session de la propriété. Le même silence est gardé par
tous les textes du Code civil qui s'occupent des servitudes d'utilité publique. Et la signification que nous don-
nons à ce silence est bien exacte puisque Faure disait
au Tribunat : « On vient de voir que l'usage de la chose
dont on est propriétaire ne peut être restreint que par un
motif d'utilité publique, et que, lorsqu'on est dépouillé
de la chose même, la société assure un dédommagement
au propriétaire. »

Nous sommes donc en droit de dire, interprétant ainsi
les formules un peu vagues des articles 537 et 544 du
Code Civil, résumant la pensée de ces articles et de l'article 575 : les rédacteurs du Code civil ont reconnu à
la loi, dans un but d'utilité publique, le droit d'imposer
à la propriété sans indemnité toutes les restrictions, avec
indemnité la supression de ce droit.

Lors de la discussion des lois du 3 avril 1841 « sur les fortifications de Paris » et du 15 juillet 1845 sur « la police des chemins de fer », lois créant de nouvelles servitudes d'utilité publique, la question de savoir si une indemnité serait payée aux propriétaires frappés de ces servitudes fut soulevée. Et il ne peut faire de doute pour personne, à la lecture des discussions qui eurent lieu, que la solution négative fut adoptée par les Assemblées législatives dans l'un et l'autre cas. Un jurisconsulte éminent, M. Vivien, intervint même dans la discussion de la dernière loi, rappela avec autorité le principe de non-indemnité et conclut à l'application de ce principe dans le cas soumis à la Chambre. Le vote eut lieu dans le sens indiqué par M. Vivien, contre l'amendement de M. Bethmont.

Enfin M. le conseiller Petit fit remarquer à la Cour de cassation en 1876, dans son rapport, que si la loi du 4 avril 1873, relative à la conservation des tombes de soldats morts à la guerre, a admis le principe d'une indemnité pour les servitudes qui frappent les terrains environnant les lieux d'inhumation, il a été expliqué par le rapporteur, M. Mazeau, que c'est à titre d'exception, et seulement pour ce cas particulier. « En principe, a-t-il dit, les servitudes d'utilité publique, et notamment celles qui peuvent atteindre les propriétés entourant les cimetières, n'ouvrent aucune porte à l'indemnité. Votre commission n'a nullement entendu qu'il fût dérogé à cette règle dans les circonstances ordinaires où elle doit continuer à recevoir son application. »

On le voit, la manière dont le législateur a envisagé et résolu la question qui nous occupe n'a varié à aucune époque de notre histoire, et sa pensée apparaît si clairement dans l'ensemble des cas que nous avons cités

qu'il y aurait quelque irrévérence à ne pas la reconnaître
Nous constatons le fait en le regrettant, et nous faisons
tous nos vœux pour que cette injustice ou cette erreur
ne devienne pas un dogme juridique qui témoigne plus
tard du peu de logique ou du manque d'équité de nos
lois.

Nous concluons que le propriétaire lésé par la servitude qu'impose la proximité d'un cimetière n'a droit à
aucune indemnité de ce chef.

Quid pour les autres dommages pécuniairement appréciables que ce voisinage leur impose ?

Lorsque je souffre d'odeurs désagréables provenant
d'une manufacture établie près de mon héritage, ou du bruit
d'une machine, je puis m'adresser aux tribunaux, qui
m'accorderont des dommages-intérêts en raison du
préjudice causé et parce que le manufacturier, l'indus-
triel ont manqué à l'obligation qui s'impose à tout propriétaire de respecter le repos de son voisin, et abusé
de leur droit de propriété pour gêner le mien. La jurisprudence est constante sur ce point.

Le voisinage d'un cimetière est accompagné d'exhalaisons malsaines, pourrai-je user du même droit et réclamer une indemnité à l'administration ?

La question s'est posée en 1855 devant un conseil de
préfecture. Le particulier lésé réclamait des dommages-
intérêts et saisissait le conseil de préfecture parce que
le dommage éprouvé résultait de l'exécution de travaux
publics, en l'espèce de la création d'un cimetière. Le
conseil de préfecture et, après lui, le Conseil d'État ont
décidé que les demandes de cette nature échappaient à la
compétence des tribunaux administratifs, parce que les
dommages dont on se plaignait n'étaient point des
dommages directs, matériels et actuels à la propriété,

provenant de travaux publics ; les seuls pour lesquels
compétence ait été donnée aux conseils de préfecture (1).
(Art. 4, loi 28 pluviose an VIII);

D'après cette jurisprudence, la réclamation est donc
de la compétence des tribunaux civils, suivant le droit
commun applicable toutes les fois qu'il ne s'agit pas
d'un dommage direct, matériel et actuel provenant de
l'exécution de travaux publics. La réclamation doit-elle
être admise?

Nous ne nions pas que la question soit embarrassante :
il est délicat d'étendre aux rapports des particuliers e
de l'administration des textes qui, comme les articles 1382 et 1383 sont créés pour régir les rapports des
particuliers entre eux ; et il peut paraître bien invrai-
semblable et peu logique que la loi accorde des indemnités pour de semblables dommages et n'en accorde pas
pour le plus grave de tous les préjudices, celui qui résulte de l'assujétissement à la servitude d'utilité publique
du décret de 1808.

Cependant nous pensons qu'indemnité est due dans le cas
qui nous occupe. Si la proximité du cimetière a toujours
pour conséquence d'entraîner l'établissement de la servitude, si l'assujétissement à cette servitude est légal et si
la loi veut que cet assujétissement ne donne lieu au payement d'aucune indemnité; on peut concevoir un cimetière
établi dans des conditions d'hygiène et avec une police
telles que les voisins ne souffriront pas de ce voisinage : les
exhalaisons malsaines ne devraient point exister, et, si
elles existent, la faute en est le plus souvent aux mauvaises
mesures prises par l'administration, qui ne peut en imposer sans indemnité les fâcheuses conséquences aux pro-

---

(1) Conseil d'État, 8 mars 1855 ; Conseil d'État, 22 décembre 1876.

priétaires voisins. Si la loi s'est arrogé le droit d'apporter sans dédommagement des restrictions à la propriété dans l'intérêt public, encore faut-il que ces restrictions aient leur source dans la volonté de la loi et non dans la faute ou la négligence de l'administration, ou même dans un fait accidentel qui peut ne pas se rencontrer toujours.

Nous conclurions donc, en l'absence de tout texte positif soumettant les voisins d'un cimetière, sans indemnité, aux inconvénients de ce voisinage, — texte qui établirait alors une véritable servitude d'utilité publique dans les conditions que nous avons étudiées, — qu'une indemnité est due pour le préjudice que font éprouver à la propriété les exhalaisons malsaines, et, avec plus d'hésitation pour toutes les causes de moins-value autres que l'assujétissement à la servitude créée par le décret de 1808 (1). C'est fort de l'équité de cette solution que

---

(1) Nous avions déjà écrit ce passage, quand nous avons eu la bonne fortune de lire un article de M. Léon Aucoc sur cette question, et le plaisir de constater que nous étions arrivé à la même solution que proposait l'éminent jurisconsulte. Cet article a paru en 1856 dans l'*École des communes*.

« Admettant complètement, dit M. Aucoc, qu'il n'est pas dû d'indemnité pour l'établissement des servitudes, nous serions porté à croire qu'il pourrait en être dû, sinon pour la diminution de valeur résultant de la répugnance que peut inspirer le voisinage d'un cimetière, circonstance qui cependant est digne d'être prise en considération lorsqu'il s'agit d'une propriété bâtie; au moins pour des dommages plus palpables, par exemple ceux qui résulteraient d'exhalaisons malsaines. Ces réserves nous sont suggérées par diverses décisions du Conseil d'État, notamment par un arrêt du 29 mars 1855 (Compagnie du chemin de fer d'Avignon contre Chaîne), et un arrêt du 28 décembre 1865 (Panard, Colombe et autres). Le premier accorde une indemnité à une famille qui, pendant plusieurs années avait subi les atteintes de fièvres causées par la stagnation des eaux dans des chaussées d'emprunt creusées près

nous oserions ainsi étendre aux rapports de l'administration et des particuliers les mêmes règles que la jurisprudence applique d'une manière si constante et si heureuse aux rapports des particuliers entre eux.

de son habitation pour prendre les terres destinées au remblai d'un chemin de fer. La seconde condamne l'État à payer une indemnité à des propriétaires voisins d'une caserne et qui avaient justifié que les eaux de leur puits avaient été altérées au point d'être rendues impropres à aucun usage, par les infiltrations provenant des latrines établies dans la caserne. »

CHAPITRE VI

Des droits des communes et des fabriques sur les cimetières.
De la domanialité publique des cimetières

Nous avons, dans les chapitres qui précèdent, recher-ché dans quelles conditions les cimetières doivent être établis ; nous devons maintenant étudier les cimetières à un autre point de vue, au point de vue des droits que peuvent avoir sur les terrains affectés au service des inhumations ou des charges que supportent à cause d'eux les communes, les établissements publics ou les parti-culiers.

Nous aurons à examiner successivement trois points :

1° Les cimetières doivent-ils être rangés dans le do-maine public ?

2° Qui a la propriété des cimetières ? Les communes ou les fabriques ?

3° A qui sont attribués ou à qui appartiennent les produits des cimetières ? (Nous laisserons toutefois de côté, pour en faire l'objet d'un chapitre spécial, tout ce qui a trait aux concessions.) — Qui a la charge des dépenses relatives aux cimetières ? — Que deviennent les cime-tières une fois que leur fermeture a été ordonnée par l'autorité compétente ? — Qui alors a des droits et quels droits a-t-on sur eux ?

Ces questions doivent être résolues dans l'ordre où nous les plaçons : la seconde, en effet, ne subsiste que si on se prononce contre la domanialité publique, il ne

peut être question de propriété qu'autant qu'il y a domaine privé, et quant à la troisième, elle subit l'influence
des solutions à donner sur les deux premiers points.
Comme le remarque M. Gaudry (1), « si les cimetières
font partie du domaine public, ils doivent toujours présenter les mêmes caractères ; les droits et les devoirs
qui se rattachent à la garde de ces établissements doivent
être les mêmes dans tous les cas »... ajoutons : et entre
les mains des mêmes personnes. S'ils font partie du
domaine privé, nous aurons à nous demander, au contraire, si la répartition faite par les textes des produits
des cimetières ou des charges qui y sont relatives, ne
se trouve pas modifiée lorsque la commune n'est pas
propriétaire. Ce point ne serait pas à examiner si nous
reconnaissions, en examinant la seconde question, que
dans tous les cas les cimetières sont la propriété de la
commune.

I. — Le point de savoir si les cimetières font ou non
partie du domaine public, souvent agité dans la doctrine
et dans les ouvrages théoriques, ne paraît pas avoir été,
de la part de la jurisprudence, l'objet d'une égale préoccupation.

Les auteurs se sont divisés sur la solution à donner :
M. Proudhon (2), M. Gaudry, (3) se prononcent en faveur
de la domanialité publique. Cette opinion est aussi celle
de M. Dufour (4), mais elle n'est pas discutée dans son
ouvrage. Elle est adoptée par M. Dalloz (5), sans que
l'auteur y insiste et en tire les conséquences qui sem-

(1) Gaudry, *du Domaine public*, t. III.
(2) Proudhon, *Domaine public*, t. I.
(3) Gaudry, *Du domaine*, t. III.
(4) Dufour, *Droit administratif*.
(5) Dalloz, *Rép.*, V° *cultes*.

bleraient naturellement devoir en découler. M. Batbie (1)
et M. Ducrocq (2), sont d'une opinion contraire.

Avant d'étudier les arguments dont ces jurisconsultes
appuient leurs décisions, il nous paraît intéressant de
rechercher les intérêts de la controverse et de faire apparaître ainsi pourquoi la jurisprudence et même les
auteurs qui ont eu pour but d'écrire des ouvrages pratiques plutôt que des traités spéculatifs, sont en général
muets ou peu explicites sur le point qui nous occupe.

D'ordinaire le grand intérêt de la question de savoir
si tel ou tel bien fait ou ne fait pas partie du domaine
public, résulte du caractère d'inaliénabilité ou d'imprescriptibilité des choses de ce domaine. Lorsqu'il s'agit
d'un cimetière, cet intérêt s'efface presque entièrement.

Les entreprises sur les cimetières seront rares, grâce
à l'existence des murs de clôture dont ils doivent être entourés, ou des haies et fossés qui, trop souvent, grâce
à une tolérance administrative, remplacent ces murs.
On comprend difficilement l'envahissement par un voisin
d'un champ parfaitement clos, envahissement durant
assez longtemps, sans réclamation de l'autorité, pour
donner à l'envahisseur le bénéfice de la prescription
s'il ne s'agissait pas du domaine public.

Et quant aux aliénations volontaires possibles, elles
ne se conçoivent pas avant la fermeture du cimetière,
mesure qu'il est de la compétence de l'autorité préfectorale d'ordonner, qu'il s'agisse de la suppression totale
du cimetière ou de la distraction d'une partie du terrain affecté au service des inhumations. La compétence
et les formalités réglées par des textes formels seraient

(1) Batbie, *Droit administratif*, t. V.
(2) Ducocq, *Cours de droit administratif*, t. II.

les mêmes, que les cimetières soient du domaine public,
qu'ils soient du domaine privé. Une fois la désaffectation prononcée par le préfet, tout le monde reconnaît
que l'aliénation devient possible sous la condition d'observer les règles et délais prescrits par la loi dans l'intérêt de l'hygiène et de la morale publique. La prescription pourrait certainement aussi courir, au moins à partir
de ce moment.

La domanialité publique d'un bien fait obstacle à l'expropriation de ce bien avant qu'il ait été déclassé par
l'autorité compétente. Cette règle encore ne nous semble pas avoir beaucoup d'importance pratique quand il
s'agit d'un cimetière, le préfet étant compétent pour
décider, dans les formes que nous avons étudiées, la
suppression d'un cimetière et pour désigner les terrains
à exproprier.

Nous pensons en conséquence que bien rarement on
aura besoin en justice de se prévaloir de l'inaliénabilité
ou de l'imprescriptibilité des cimetières en raison de leur
domanialité.

On peut proposer un intérêt qui se rattache à ce premier ordre d'idées. Toutes les parties du domaine public
étant inaliénables, on en conclut logiquement qu'aucune
servitude n'a pu s'établir sur elles, au moins depuis que
cette inaliénabilité a été reconnue, c'est-à-dire depuis
1566. Si les cimetières ne sont point du domaine public,
rien ne s'opposerait, semble-t-il, à ce qu'une servitude
et, entre toutes, les plus pratiques, une servitude de vue
ou une servitude de passage puisse exister sur eux. —
Oui, mais il faut tenir compte d'une observation importante : si l'on admet que les cimetières sont du domaine
privé et que, dès lors, théoriquement des servitudes peuvent peser sur eux, il faut au moins réserver aux maires,

en vertu de leurs pouvoirs de police, le droit de prendre
des arrêtés prohibant l'exercice de la servitude comme
inconciliable avec l'ordre et la décence publique (1). Nous
reconnaîtrions ce droit au maire, notamment pour défendre l'exercice d'une servitude de vue dont l'usage
serait de nature à gêner les pratiques pieuses qu'on à
l'habitude d'accomplir dans les cimetières, pour prohiber
l'exercice d'une servitude de passage qui rendrait impossible pour le maire la garde du cimetière. On n'invoquerait donc pas l'inaliénabilité du cimetière ou son
imprescriptibilité pour supprimer la servitude ; on reconnaîtrait au contraire que la servitude a pu être valablement acquise, mais le maire pourrait en défendre l'usage
comme contraire aux convenances ou à l'ordre public.

Un voisin peut-il acquérir la mitoyenneté du mur du
cimetière, soit en usant du droit de coercition que lui
donne l'aticle 661 du Code civil, soit par prescription ?
— Oui, si les cimetières sont du domaine privé, non s'il
sont du domaine public. — Un jeune jurisconsulté (2) a
soutenu cette idée que, même quand un bien est du domaine public, son mur de clôture peut être mitoyen.
« Nous croyons, écrit-il, qu'on a été trop loin lorsqu'on
a dit que le propriétaire joignant le mur d'une dépendance du domaine public ne peut, en exerçant la faculté
que lui confère le droit commun, rendre ce mur mitoyen.
Les servitudes légales du Code Napoléon ne sont pas
des servitudes, mais des limites entre des propriétés à
l'état de liberté. Et le propriétaire qui invoquerait l'article 661 serait, à notre avis tout à fait dans son droit

(1) Conf. Cass., 20 juin 1863. Veuve Hue.
(2) M Philippe-Auguste-Albert Lemercier de Maisoncelle, Ver-
tille de Richemont (*Du Domaine public*).

7

parce qu'il prétendrait non pas acquérir une servitude sur une dépendance du domaine public, mais simplement exercer un droit reconnu par la loi. S'il en était autrement, le fonds voisin serait grevé d'une servitude qui n'existe pas dans nos lois. Ce n'est en effet que dans certains cas exceptionnels, pour les fortifications, les magasins à poudre, que les lois ont imposé implicitiment aux voisins défense d'adosser des constructions aux constructions domaniales, en leur imposant même de véritables servitudes, servitudes légales celles-là, de ne pas bâtir en deçà de certaines limites. » Si cette théorie était exacte, elle ruinerait l'intérêt que nous signalons, mais nous la croyons mal fondée. L'article 661 du Code civil suppose qu'il y a deux propriétés voisines : un bien du domaine public n'est pas une propriété, un héritage au sens de la loi ; c'est une chose d'une nature juridique spéciale qui échappe au droit commun de la propriété. Comme les murs de clôture ont la même nature juridique que les cimetières, si ceux-ci sont insusceptibles de propriété privée, nous ne pourrions pas concevoir que leurs murs soient, par indivis, moitié au propriétaire voisin et moitié à personne. Une copropriété suppose naturellement plusieurs propriétaires, et une chose indivise ne saurait être partie dans le commerce et partie hors du commerce. — Nous concluons que si les cimetières sont du domaine public, la mitoyenneté ne saurait être acquise sur les murs et que l'intérêt de la controverse subsiste à ce point de vue.

Toutefois remarquons qu'il est surtout important d'acquérir une mitoyenneté afin de pouvoir appuyer des constructions contre le mur commun. Or les lois prescrivant l'établissement des cimetières à une distance de trente-cinq mètres des habitations, et la servitude de

ne pas bâtir frappant les terrains entourant les cimetières, il sera bien rare qu'un voisin ait intérêt à acquérir la mitoyenneté du mur du cimetière et à prendre
ainsi à sa charge la moitié des dépenses d'un entretien
que la loi oblige certains établissements publics à supporter.

Lorsqu'un bien est du domaine public, sa délimitation
est effectuée par les soins de l'administration, et il ne
dépend pas des tribunaux de l'ordre judiciaire de contrôler l'acte de l'administration, soit pour attribuer à
un particulier telle parcelle que l'administration attribue
au domaine (1), soit même pour allouer des dommages-
intérêts aux parties qui se prétendraient lésées par l'acte
de délimitation (2). A cet égard encore il y aurait intérêt
à savoir si les cimetières font partie ou non du domaine
public, mais l'existence des clôtures et la représentation
souvent possible des actes d'acquisition du terrain rendront bien rare toute constestation sérieuse sur les
limites du cimetière.

Quant à l'affectation d'un terrain au service public des
inhumations et à sa désaffectation, comme ce sont des
matières réglées par des textes exprès que nous avons
étudiés, peu nous importe, à ce point de vue, que les
cimetières soient du domaine privé ou du domaine public.

Nous signalerions un intérêt plus considérable si, en
repoussant la théorie qui range les cimetières dans le
domaine public, nous pouvions considérer que les textes
réglant l'attribution de leurs produits notamment des

(1) Tribunal des conflits, Conseil d'État et même Cour de cassation, dernière jurisprudence.
(2) Conseil d'État. *Contra :* Tribunal des conflits et Cour de cassation.

concessions de terrains, se placent uniquement dans l'hypothèse où la propriété des cimetières appartient à la commune. Dans tous autres cas le droit de propriété produirait ses effets ordinaires à l'égard du propriétaire qui pourrait percevoir les fruits, en un mot exploiter le cimetière à son bénéfice, sous la seule condition de respecter le droit de police et de surveillance des maires. Une pareille théorie est bien impossible à soutenir en partant de l'idée de la domanialité publique des cimetières, car évidemment alors la loi aurait réglé souverainement l'attribution des produits d'un bien sur lequel personne ne saurait avoir de droits réels ; et aucune distinction ne saurait se soutenir sur son texte. — Pour nous, même en admettant l'idée que les cimetières ne sont pas du domaine public, nous croyons et nous essayerons de démontrer que l'attribution des produits et la répartition des charges sont réglées par la loi sans qu'on ait à distinguer si les communes sont ou non propriétaires. En admettant cette opinion, nous supprimons absolument l'intérêt par nous indiqué : les textes réglant l'attribution des produits et la contribution aux charges subsistant avec la même force, la même étendue, la même portée, que les cimetières soient du domaine public, qu'ils soient du domaine privé, qu'ils appartiennent aux communes ou aux fabriques.

Enfin on pourrait dire : si les cimetières sont du domaine public, une fois désaffectés, ils passeront dans le patrimoine de ceux qui en avaient la garde, en l'espèce, des communes, car tous les textes les rattachent aux communes, et il est certain que si les cimetières sont du domaine public, ils sont du domaine public communal. Donc les communes auront seules le droit de vendre ou de louer, et il ne saurait être question d'attribuer ce droit à une autre personne, notamment aux fabriques.

— Au contraire si les cimetières sont susceptibles de propriété privée, une fois désaffectés, ils seront vendus par leur propriétaire sous la condition d'observer les règles et délais prescrits par la loi dans l'intérêt de la salubrité publique et de la décence.

Nous ne croyons pas à cet intérêt, parce que la conclusion qu'on tire de la première proposition n'est pas exacte. Bien qu'une chose soit du domaine public, il n'est pas démontré qu'il ne puisse pas être établi sur elle un droit soumis à cette condition : « si le bien sort du domaine public. » L'existence d'un pareil droit dans le patrimoine des fabriques avant 1789 autoriserait à prétendre qu'il leur a été restitué en l'an XI ; et on concevrait encore aujourd'hui qu'un particulier, eu donnant un terrain pour être affecté au service des inhumations d'une commune, se réservât le droit de reprendre le fonds en cas de suppression de ce cimetière. La possibilité d'un droit de cette nature sur une chose du domaine public, droit soumis à la condition que la chose cessera de faire partie de ce domaine, nous semble formellement reconnue par la loi qui permet à l'administration de concéder les terrains à enlever à la mer (droit d'endiguage).

La question de savoir si les cimetières sont ou non du domaine public pourrait avoir quelque influence sur la nature à reconnaître aux droits des concessionnaires de terrains dans les cimetières publics. Nous développerons ce point dans un chapitre spécial sur les concessions.

En réalité, ainsi qu'on peut s'en rendre compte par cette revue des principaux intérêts de la controverse, la question que nous allons discuter est plus théorique que pratique. Très peu de jugements ou d'arrêts ont eu à la résoudre ; aucun, à notre connaissance, ne l'a tranchée par une décision de doctrine. Presque tous usent de cette expression vague : « Les cimetières sont une propriété publique, » et tirent des conséquences qu'on pourrait rattacher aisément à d'autres principes qu'à celui de la domanialité publique. — Les auteurs, nous l'avons dit, sont partagés; ils se contentent en général de dire leur opinion sans consacrer à sa défense de longs raisonnements. Cependant la difficulté est considérable, et le doute que son étude approfondie doit faire naître aurait dû se marquer par quelques dissertations étendues qui, en l'espèce, manquent absolument.

Toutes les théories qu'on a édifiées sur la domanialité publique s'appuient sur un article fondamental, l'article 538 du Code civil que nous devons reproduire.

Article 538. — *Les chemins, routes et rues à la charge de l'État, les fleuves et rivières navigables ou flottables les rivages, lais et relais de la mer, les ports, les rades, les havres et généralement toutes les parties du territoire français qui ne sont pas susceptibles d'une propriété privée sont considérés comme des dépendances du domaine public.*

Nous joindrons à l'article 538 le texte des articles qui suivent et qui parlent également de « domaine public ».

Article 539. — *Tous les biens vacants et sans maître, et ceux des personnes qui décèdent sans héritiers ou dont les successions sont abandonnées, appartiennent au domaine public.*

Article 540. — *Les portes, murs, fossés, remparts de places de guerre et de forteresses font aussi partie du domaine public.*

Article 541. — *Il en est de même des terrains des fortifications et remparts des places qui ne sont pas places de guerre : ils appartiennent à l'État, s'ils n'ont pas été valablement aliénés ou si la prescription n'en a pas été acquise contre lui.*

Ce qui ressort clairement de la lecture de ces quatre articles, c'est que ou le législateur n'a pas compris nettement la distinction du domaine privé et du domaine public, ou il a commis un imbroglio de rédaction dont il est très grave de l'accuser, étant donnée son habileté ordinaire.

Ce qui est certain également, c'est que la jurisprudence, pas plus que la doctrine, n'a tenu compte de ces textes. Elles les ont coupés, modifiés, arrangés de manière à produire une théorie de la domanialité publique qui peut donner en pratique les plus heureux résultats, mais qu'il est quelque peu impudent de soutenir être d'accord avec l'ensemble des quatre articles par nous cités.

Quoi qu'il en soit, tout le monde est d'accord pour retrancher du domaine public les lais et relais de la mer, les biens vacants et sans maître, ainsi que les anciens remparts ou fortifications déclassés. Ces biens appartiennent à l'État propriétairement ; ils peuvent être vendus et prescrits.

On ne garde alors dans ce domaine public que les autres choses énumérées dans l'article 538, celles qu'énumère l'article 540 ; et on y fait rentrer de plus toutes celles auxquelles peut convenir l'expression générale de la loi : « les portions du territoire français qui ne sont pas susceptibles de propriété privée ». Cette formule un peu vague ne laisse pas d'être embarrassante ; on la complète en remarquant que toutes les choses du domaine public citées dans l'article 538 sont affectées à l'usage direct et immédiat de tous (1). On conclut alors

____

(1) Ce sont les propres expressions de la loi qui règle le domaine public algérien.

que, pour qu'un bien soit du domaine public, il doit réunir trois conditions :

1° Être insusceptible de propriété privée ;

2° Être une portion du territoire français ;

3° Être affecté à l'usage direct et immédiat de tous.

Ces conditions, affirme-t-on, sont suffisantes ; elles sont nécessaires, sauf dans les cas où un texte exprès range parmi les choses du domaine public un bien qui n'y devait pas être rangé en vertu de sa nature même. Nous ne nous occuperons pas de cette catégorie de choses du domaine public.

Cette formule, sauf quelques légères variantes de rédaction portant sur la troisième condition, celle qu'il faut dégager des exemples de la loi et qui n'est pas écrite dans l'article 538, cette formule est devenue classique et nous aurons quelque témérité à la critiquer contre l'opinion presque universelle.

Et cependant, si, après l'avoir établie par le moyen que nous avons indiqué, nous cherchons à l'appliquer à une espèce, nous voyons le désaccord le plus complet éclater entre les jurisconsultes, sauf dans les cas où l'analogie est flagrante avec les exemples cités par la loi (1). L'existence de la formule ne semble pas avoir avancé beaucoup la solution du problème à résoudre. C'est ce qui est arrivé quand il s'est agi de classer les édifices publics et les cimetières.

Si on s'est peu occupé de la domanialité publique des cimetières, on a beaucoup parlé et beaucoup écrit sur la domanialité des édifices publics ou affectés à un ser-

---

(1) Par exemple pour les chemins ou routes à la charge des départements ou des communes, pour les chemins de fer ou les canaux, même pour les ponts reliant deux parties d'une routre nationale ou départementale ou des chemins vicinaux.

vice public. Les uns ont prétendu que ces édifices remplissaient parfaitement les trois conditions de la formule ; les autres ont émis l'opinion contraire. Mais ces derniers eux-mêmes n'ont pu se mettre d'accord sur le motif à donner de leur décision : pour quelques-uns ces édifices ne sont pas insusceptibles de propriété privée ; ceux-ci se refusent à comprendre que les constructions soient, à proprement parler, des portions du territoire français ; ceux-là enfin établissent une différence entre les biens affectés à l'usage direct et immédiat du public et les biens affectés à un service public.

A vrai dire, ces divergences d'interprétation de la formule n'ont rien qui nous étonne, et nous aurions été bien surpris qu'elles ne se fussent pas produites.

Qu'est-ce en effet qu'un bien insusceptible de propriété privée ? Un bien, nous répond-on, qui, par sa nature, répugne à toute appropriation privée ou que le législateur a, par une disposition formelle, revêtu de ce caractère.

S'il y a un texte, nous n'avons qu'à nous incliner ; mais s'il n'y a pas de texte spécial, on ne nous fera pas entendre qu'en raison, en nous plaçant au point de vue du simple bon sens, tel ou tel bien répugne par sa nature à toute appropriation d'un particulier. Il faut bien préciser : il est clair que s'il s'agit d'une rivière, d'un port ou d'une route, l'appropriation de ces objets ne saurait consister en la faculté d'exercer sur eux les actes que j'exerce sur une terre labourable, sur un pré sur une maison. Mais de même mon droit de propriété ne s'exerce pas de la même façon sur un instrument de musique et sur un jardin. Chaque chose, par sa nature, impose au droit de propriété son mode spécial. Et dès lors en quoi une rivière, un port, une route répugnent-

ils par leur nature à ce que j'exerce sur eux mon droit,
les actes d'appropriation qui conviennent à la nature
spéciale de l'objet? Certes, je ne tirerai pas d'une rivière la même utilité que je tirerai d'un champ; mais
j'exercerai sur elle des droits privatifs que sa nature
comporte : je bâtirai sur pilotis dans son lit; je m'y
livrerai à la pêche, à la pisciculture, j'en emploierai les
eaux pour mes usines ou mes moulins. Cela sous le
respect des règlements de police que peut prendre l'autorité administrative. S'agit-il d'un port? j'en louerai
l'usage à qui bon me semblera; d'une portion du rivage
de la mer? j'y établirai des pêcheries ou des salines;
par un travail d'endiguement je créerai des terres arables
où l'eau venait autrefois. Parlera-t-on des routes? En
quoi la nature de la route nationale s'oppose-t-elle à ce
que j'exerce sur elle le même droit que moi, simple particulier, je puis exercer sur un chemin public que je
crée au milieu de ma propriété?

Dites qu'il existe un texte qui prohibe d'une manière
absolue ces actes d'appropriation privée, — et ces
textes existent pour les choses que nous avons citées, —
dites que la non-susceptibilité de propriété privée résulte de la volonté de la loi : d'accord; mais si vous
prétendez que c'est la nature même des choses, indépendamment de l'intervention du législateur, qui les fait
échapper à toute appropriation d'un particulier, ma phi-
losophie, ma logique se révoltent et je me refuse à reconnaître comme exact un semblable critérium.

Nous passerons rapidement sur la seconde condition
de la formule ; il est certain que les cimetières font partie du territoire français. Dès lors, exacte ou non, nous
n'avons que peu d'intérêt à discuter ici cette condition
qui nous semble du reste quelque peu puérile et hors

de l'esprit du législateur, au moins dans le sens où on l'a interprétée quelquefois, pour exclure du domaine public des édifices qui seraient des constructions et non des parties du territoire français.

Que vaut la troisième condition ? Qu'est-ce que des biens affectés à l'usage direct et immédiat de tous ? Y a-t-il un différence a établir entre ces biens et ceux qui sont simplement affectés à un service public ? Est-ce la perpétuité de l'affectation qui est à prendre en considération, comme l'a soutenu M. Gaudry ? — Ici encore nous craignons qu'on n'ait pris des mots pour des idées.

Une route, dit-on, est affectée à l'usage de tous ; un hôtel de ville ne l'est pas, non plus qu'une église : la route sans texte spécial peut être du domaine public, non l'hôtel de ville ou l'église. Et pourquoi ? on répond : Grande est la différence entre un bien qui est à l'usage de tous et un bien destiné simplement à un service public. Quelle différence dans les idées correspond à cette différence de mots ?

Certes le public n'use pas d'une route comme d'un hôtel de ville ; il n'use pas non plus d'une route comme de la mer, ni d'un fleuve, comme d'un chemin de fer, d'un jardin public ou d'une église, mais parce que la nature des choses s'y oppose ; il y a simplement une modalité différente de l'usage. Le public tire de l'hôtel de ville, du musée, tous les avantages compatibles avec la destination de l'édifice, de même qu'il retire de la route, de la mer, toute l'utilité que la nature ou la destination de ces choses comportent. Il y a une différence de modalité, il n'y a pas de différence de nature. Dès lors nous nous refusons à admettre qu'on puisse en raison distinguer, et que la loi, qui n'en dit pas un mot, distingue contre le bon sens entre les diverses modalités de l'usage d'un bien affecté à un service public, les unes marquant le bien des signes de la domanialité publique, les autres impuissantes à produire cet effet.

Si nos observations sont exactes, si la nature des choses ne permet pas de distinguer rationnellement les biens non susceptibles de propriété privée des biens qui en sont susceptibles, et les biens affectés à l'usage direct et immédiat de tous, des biens affectés simplement à un service public ; si le critérium que nous repoussons ne peut tenir devant une analyse rigoureuse des idées, à quel signe reconnaîtrons-nous la domanialité publique d'un bien ? A ce seul signe qu'un texte aura classé ces choses dans le domaine public ou les aura marquées des caractères principaux des choses du domaine public : l'inaliénabilité ou l'imprescriptibilité. Nous rechercherons l'intention du législateur dans chaque espèce : lui seul peut rendre une chose non susceptible de propriété privée ; lui seul peut décider que tels biens affectés à un service public jouiront des privilèges de la domanialité.

Il nous reste à faire l'application de ces idées aux cimetières. On a dit : Les cimetières sont du domaine public, car il a été reconnu de tout temps que ces terrains consacrés en quelque sorte par les pieux dépôts qu'on leur confie étaient hors du commerce, et, d'autre part, chacun pouvant y obtenir une place, l'usage en est bien commun à tous. (Gaudry.)

Nous écartons d'abord les souvenirs de l'ancien droit, qui s'inspirait d'idées n'ayant plus cours aujourd'hui « Les idées du droit romain, dit M. Ducroq, sont complètement étrangères à notre législation. Les lieux de sépulture étaient à Rome *res religiosæ* et *res nullius*. Aucune loi française n'a consacré ces règles. Il faut d'ailleurs observer que, d'après le droit romain, la place seule occu-

pée par les dépouilles était dite *res religiosa, res nullius ;*
le reste du champ était soumis au droit commun ; au contraire, dans notre droit, la partie déjà occupée d'un cimetière a nécessairement, aux yeux de la loi, la même nature
que la partie encore vacante. »

La nature des cimetières ne s'oppose pas à toute appropriation privée : certes il faut respecter la destination
des cimetières et ne pas les rendre impropres ou moins
commodes au service public des inhumations. L'administration y veillera : elle a pour cela les pouvoirs les plus
étendus. Mais on n'en concevrait pas moins l'existence
de droits réels portant sur les lieux de sépulture. Tout
le monde reconnaît l'existence d'un droit de propriété
portant sur les tombeaux situés dans les propriétés privées, qui sont de petits cimetières. De plus, beaucoup
accordent que le droit des concessionnaires de terrains
dans les cimetières publics est un véritable droit réel.
Enfin l'imagination ne serait point effrayée et le bon sens
point froissé par la conception d'un droit réel portant
sur tout le cimetière : une sorte d'usufruit donnant droit
aux produits spontanés du sol ou aux produits industriels
des terrains non affectés aux sépultures, une servitude
grevant le cimetière au profit d'un fonds voisin, si cette
servitude était compatible avec l'ordre public et les bonnes
mœurs.

Quant au point de savoir si le cimetière est affecté à
l'usage direct et immédiat de tous ou simplement à un
service public, nous nous référons aux explications don-
nées plus haut, qui tendent à établir qu'il n'y a entre ces
deux modalités d'affectation que des différences de langage
auxquelles ne correspondent pas des différences dans
la nature même des choses.

Pour nous, toute la question est de savoir si le légis-

lateur a entendu accorder aux cimetières les privilèges
spéciaux de la domanialité publique; et, comme nous ne
trouvons aucun texte nous permettant de le supposer,
nous nous prononçons contre la domanialité des cimetières. Nous ne disons pas : Les cimetières sont du domaine privé, parce qu'ils sont susceptibles de propriété
privée, ou parce qu'ils sont simplement affectés à un
service public ; nous disons : Ils ne font pas partie
du domaine public, parce que les privilèges exorbitants
de la domanialité ne peuvent résulter que de la volonté
de la loi et que tout texte manque dans l'espèce.

II. — Les cimetières ne faisant pas partie du domaine
public, nous devons nous demander quel en est le propriétaire. — Disons tout de suite, pour rester dans le
domaine des choses pratiques, que seules les fabriques
et les communes ont revendiqué un droit de propriété
sur les cimetières.

La question de la propriété des cimetières publics n'a
pas soulevé, à notre connaissance au moins, dans la
doctrine des discussions très vives. Mgr Affre (1) en fait
la remarque : « Les jurisconsultes, tant anciens que mo-
dernes, se sont en général fort peu occupés de la question de la propriété des cimetières. » La raison en est
très simple : pour beaucoup la question n'offre pas
d'intérêt pratique ; pour les autres, elle en offre assez
peu.

La propriété d'un bien confère d'ordinaire à celui qui
en est investi des facultés très étendues et très précieuses.
On les résume en général dans ces mots : *jus fruendi,
jus utendi* et *jus abutendi*. — S'agit-il d'un cimetière
public? L'usage qu'on peut faire d'un tel établissement

---

(1) Affre, *Traité de la propriété des biens ecclésiastiques.*

est indiqué par la nature même des choses. — Le *jus
fruendi* est réglé dans tous ses détails par des textes qui
répartissent à la fois les produits des cimetières (produits naturels et prix des concessions de terrains) et les
charges ou dépenses qu'entraîne l'entretien du cimetière
ou de ses murs de clôture. Il semble difficile de changer
cette répartition, de distinguer dans l'application de ces
textes suivant que la propriété du cimetière appartient
à la commune ou à la fabrique. Outre l'argument qu'on
pourrait tirer contre cette distinction de la généralité des
termes de la loi, on peut alléguer avec raison que le
législateur n'a jamais considéré les cimetières comme
des biens productifs de revenus. La spéculation sur les
bénéfices à tirer du fonds est inconciliable avec l'affectation de ce fonds au service public des inhumations. Si
quelques arbres, un peu d'herbe croissent dans le champ
du repos, le législateur en règle l'attribution dans sa
souveraineté ; s'il croit devoir permettre les concessions,
il frappe les concessionnaires d'une sorte d'impôt, dont
il distribue le produit arbitrairement aux communes et
aux établissements de bienfaisance, non à cause des droits
de propriété de ces établissements sur les cimetières,
mais parce que ces personnes morales sollicitent sa bienveillance par la nature des services qu'elles rendent. —
Nous concluons que le *jus fruendi* et le *jus utendi* sont
réglés par la loi ou la nature des choses, quand il s'agit
des cimetières publics, et que la qualité du propriétaire
y est tout à fait indifférente.

Reste le *jus abutendi*, qui ne se conçoit guère que
lorsque le cimetière cesse d'être affecté au service des
inhumations. Reste surtout le droit, une fois la désaffectation prononcée, d'exploiter, de louer et de vendre
le champ. A qui appartient ce droit? — Au propriétaire;

et nous ne verrions pas pourquoi la loi ne le reconnaîtrait pas. Du moment que l'usage qu'on peut faire de ce
champ est réglé, c'est tout ce que l'utilité publique exige,
et aller au delà serait spolier sans raison et pour une
autre cause que l'utilité publique le propriétaire de sa
propriété. — On objecte à la vérité que le décret de
prairial semble donner ce droit dans tous les cas aux
communes, et qu'un avis du Conseil d'État du 20 décembre 1806, approuvé le 25 janvier 1807, est conçu dans le
même esprit. — Nous ne croyons pas que ces textes soient
applicables au cas où il serait formellement démontré
que ce n'est pas la commune qui est propriétaire, dans
le cas par exemple où, comme cela s'est passé en 1837,
une fabrique a reçu l'autorisation d'accepter un don de
terrain pour la création d'un cimetière. (Avis du Conseil
d'État, 15 décembre 1837.) Dans cette hypothèse, où il
est certain que la fabrique est propriétaire, avant la
désaffectation, l'attribution des produits, du prix des
concessions de terrains, devrait bien encore, à notre avis,
être faite de la manière prévue par la loi; mais si le cimetière venait à être désaffecté, le terrain appartenant à la
fabrique, celle-ci aurait le droit de louer ou de vendre.
L'article 9 du décret de prairial n'est pas contraire à
notre manière de voir. Il s'exprime ainsi : *Les terrains
peuvent être affermés par les communes auxquelles ils
appartiennent.* Cet article semble faire du droit de vendre
ou de louer la conséquence du droit de propriété de la
commune, ce qui est bien conforme à l'idée que nous
développons en ce moment.

Voilà donc un avantage du droit de propriété sur les
cimetières publics : on en peut imaginer un autre en sup-
posant la découverte d'un trésor dans le cimetière; en
l'absence de dispositions spéciales de la loi, on devra

remettre une partie de ce trésor au propriétaire. On pourrait enfin se demander si, lorsque le propriétaire du cimetière n'est pas la commune, celle-ci ne peut pas être mise en demeure d'acquérir le terrain ou d'établir ailleurs un autre lieu de sépulture. Nous ne le pensons pas : le cimetière public, qu'il soit dans le domaine de la commune ou dans celui de la fabrique, a une destination spéciale d'intérêt public qui ne peut être changée ou modifiée que par des décisions de l'autorité intervenant dans les mêmes formes et avec la même liberté dans les deux cas. La propriété d'un cimetière public est restreinte par cette obligation de respecter et de maintenir la destination du terrain : elle ne procure que les droits ou facultés conciliables avec cette destination et l'ordre public.

Ayant ainsi précisé les avantages que peut, à notre avis, procurer la propriété d'un cimetière public, nous devons nous demander si ces cimetières appartiennent aux fabriques ou aux communes. Nous distinguerons les cimetières existant avant 1789 et les cimetières créés depuis.

Pour les cimetières établis depuis 1789, les difficultés ne sauraient être considérables ; il est en effet, très aisé de savoir à qui appartient le terrain affecté au service public des inhumations, et nous ne pensons pas qu'on puisse hésiter beaucoup, dans les cas très rares où ces terrains appartiennent aux fabriques, — comme provenant de dons ou legs, par exemple, — à attribuer à ces établissements publics les avantages que nous avons rattachés à la propriété des cimetières. Nous disons que ces cas seront très rares : en effet, le Conseil d'État a souvent exprimé l'avis (1) que l'administration ne devait

(1) Avis du Conseil d'État, 22 octobre 1822 ; 12 janvier, 23 mars 1825 ; 26 octobre 1825 ; 20 mars 1829 ; 15 mars, 27 septembre 1833 ; cités dans *Journal du Palais*, Rép., V° *cimetières*.

point permettre l'établissement d'un cimetière public appartenant à un établissement public, « attendu, dit-il, que l'autorisation qui serait accordée à cet égard, même exceptionnellement, pourrait donner lieu à des résultats fâcheux, qu'il est du devoir de l'autorité de prévenir. » Cependant, remarque le rédacteur du *Journal du Palais*, et quelque absolu que soit le principe consacré d'ailleurs par les nombreux avis précités du Conseil d'État, dans certaines circonstances particulières et lorsque l'établissement du cimetière eût été pour la commune une charge bien lourde, en présence de l'exiguité de ses ressources, le Conseil d'État lui-même a décidé, se relâchant de sa rigueur, qu'on pourrait autoriser une fabrique à accepter la donation ou le legs d'un immeuble destiné à devenir lieu de sépulture, ce lieu de sépulture devant être commun à tous (avis du Cons. d'État, 15 décembre 1837), sauf à la commune à exercer ensuite le droit d'expropriation, qui nous paraît incontestable.

La question est beaucoup plus délicate pour les cimetières qui existaient et servaient de lieux de sépulture publics en 1789. Mgr Affre, dans son *Traité de la propriété des biens ecclésiastiques*, a soutenu très énergiquement le droit des fabriques dans la plupart des cas, et, bien que le raisonnement de cet auteur ne soit pas irréprochable au point de vue juridique, nous devons le prendre pour base de la discussion que nous allons entreprendre.

La thèse de Mgr Affre se résume dans les trois propositions suivantes :

1° Avant 1789, les cimetières étaient des biens ecclésiastiques et appartenaient aux paroisses, sauf dans des cas très rares, où les communautés d'habitants avaient acquis le terrain de leurs deniers. Ce dernier fait ne doit pas être présumé.

Conclusion : en cas de doute, on doit se prononcer pour les paroisses, la présomption est en leur faveur.

2° Les cimetières n'ont pas été confisqués par la Révolution, puisque aucune loi ne s'en occupe. — Les paroisses et les fabriques n'existant plus, et les cimetières continuant à être affectés à l'inhumation des citoyens, les communes en ont été naturellement les gardiennes. Les fabriques ayant été rétablies, ont repris leur ancien patrimoine, sauf exception pour les biens aliénés par l'État. Dans ce patrimoine, le droit de propriété des cimetières.

3° Depuis le rétablissement des fabriques, aucune loi ne leur a enlevé formellement la propriété des cimetières qu'elles possédaient. Les textes qui semblent attribuer cette propriété aux communes procèdent d'une confusion. Voyant que les cimetières publics servent au service communal des inhumations, le législateur prenant le fait pour le droit, émet l'opinion qu'ils appartiennent aux communes ; mais nulle part, et surtout dans le décret de l'an XII, le législateur n'exprime sa volonté de changer le droit, de spolier les propriétaires de leurs propriétés et de les attribuer aux communes.

Mgr Affre conclut : « Quant aux cimetières existant en 1789, et servant, à cette époque, aux inhumations, il en est qui appartiennent aux fabriques, et on doit présumer leur propriété, sauf pour les communes le droit de produire des titres contraires établissant leur propriété. » « Nous ne nous dissimulons pas, ajoute l'auteur, que notre opinion sur la propriété des cimetières sera difficilement accueillie, mais ce n'est pas la première fois qu'on perd une cause juste. »

Pour notre part, nous estimons que les causes justes ont souvent été défendues par de meilleurs arguments et qu'en l'espèce la théorie de Mgr Affre vaut mieux par ses conclusions, dont nous retiendrons une partie, que par sa démonstration.

Notre intention n'est pas d'entrer, à propos d'une question dont nous avons indiqué le peu d'importance pratique, dans des dissertations étendues au sujet de l'attribution du droit de propriété sur les cimetières dans l'ancien droit. Nous retenons ce fait attesté de tous que ce droit appartenait tantôt aux établissements ecclésiastiques, tantôt aux communautés d'habitants. Quant aux avantages résultant de ce droit de propriété, ils ne devaient pas différer sensiblement de ceux que nous avons indiqués comme y étant encore aujourd'hui attachés.

Le Révolution arriva et avec elle la confiscation des biens des paroisses. L'article 1er de la loi du 13 brumaire an II porte : *Tout l'actif affecté, à quelque titre que ce soit, aux fabriques des églises cathédrales, particulières et succursales, ainsi qu'à l'acquit des fondations, fait partie des propriétés nationales.*

Il est certain pour nous que le législateur de brumaire n'a aucunement pensé à cette partie des biens des fabriques : la propriété des cimetières publics. Ces cimetières continuant à servir aux inhumations communales et les avantages découlant du droit de propriété n'apparaissant qu'avec des circonstances qui se réalisent rarement, en fait les communes continuèrent à user des cimetières publics et personne ne se soucia de savoir à qui en était attribuée la propriété.

Est-ce à dire, comme le soutient Mgr Affre, que ces biens n'ont pas été confisqués et par suite ont continué à appartenir aux fabriques? que les communes en ont été seulement les gardiennes de fait, parce que les fabriques n'étaient plus à même d'exercer leur droit? Cela est bien impossible, et nous nous refusons à comprendre que des personnes morales qui, de par la loi, n'existent plus, puissent continuer à avoir un patrimoine.

La logique des idées amène la solution suivante : le droit de propriété des cimetières faisait partie de l'actif des fabriques, et, comme le texte de la loi de brumaire an II ne distingue pas, ces biens ont été confisqués et attribués au domaine de l'État au même titre que les autres biens mobiliers et immobiliers des fabriques.

La loi du 7 thermidor an XI, dans son article 1er, a donné aux fabriques nouvelles un patrimoine nouveau, et elle l'a composé *des biens des fabriques non aliénés ainsi que des rentes dont elles jouissaient et dont le transfert n'a pas été fait.* Ce sont des établissements publics nouveaux qui reçoivent un nouveau patrimoine dont la composition est fixée par la loi. Ce ne sont pas les anciennes fabriques qui recouvrent, pour ainsi dire en vertu du droit naturel, leur ancien patrimoine sauf deux exceptions : l'une pour les biens confisqués et aliénés, l'autre pour les rentes confisquées et aliénées : d'où Mgr Affre tirait cette conclusion que les cimetières n'ayant pas été confisqués, les fabriques recouvraient naturellement sur eux les droits qu'ils avaient avant 1789.

Puisque le droit de propriété sur certains cimetières publics avait passé en l'an II dans le domaine de l'État avec les autres biens des fabriques, puisque les biens confisqués et non aliénés sont, en l'an XI, attribués aux fabriques nouvelles, la question est de savoir si, entre l'an II et l'an XI, le droit de propriété sur les cimetières a été aliéné au profit des communes. Et c'est ici alors, suivant nous, que commence la véritable difficulté, parce que cette attribution de propriété au profit des communes eût été très certainement dans le vœu des législateurs et que nous ne trouvons cependant aucun texte consacrant cette aliénation. A la vérité on peut arguer d'actes législatifs ou gouvernementaux établissant que le service des inhumations est un service communal, mais nous croyons pouvoir affirmer que pas un texte ne résout la question qui nous occupe et ne confère aux communes sur les cimetières publics qui ne leur appartenaient pas auparavant le droit de propriété, qui ne se confond pas avec le droit d'user de ce cimetière. Or, comme le remarque avec beaucoup d'exactitude Mgr Affre, « le droit de propriété ne s'établit pas d'une manière indirecte. »

Notre conclusion est donc que les fabriques ont repris, en 1803, le droit de propriété sur les cimetières publics, dans les cas où ce droit existait au profit des anciennes fabriques en 1789. La jurisprudence administrative est du reste parfaitement contraire à cette opinion. (V. *Ecole des communes*, 1860, p. 210, et 1878, p. 16.)

Ce droit a-t-il été enlevé aux fabriques postérieurement? On l'a soutenu en arguant du texte de l'article 9 du décret de prairial an XII. « A partir de cette époque, les terrains servant maintenant de cimetière pourront être affermés par les communes auxquelles ils appartiennent, mais à condition qu'ils ne seront qu'ensemencés..... » — Si le raisonnement que nous avons établi est exact jusqu'ici, nous n'éprouvons aucune hésitation à prétendre qu'il est impossible de voir dans cet article 9 la volonté du législateur de faire passer la propriété des cimetières du patrimoine des fabriques dans celui des communes. « Le législateur peut transférer la propriété, il peut émettre l'opinion qu'elle est transférée déjà. Autre chose est l'opinion, autre chose la volonté du législateur. » Ce ne serait pas la première fois qu'on refuserait d'accepter sans contrôle une opinion émise par le législateur.[1] Ici son erreur était très excusable : le droit de propriété que nous avons défini s'exerçant rarement, les cimetières étant affectés à un service communal, rien de plus naturel que de supposer la propriété des communes. Mais nous pensons qu'il est très inexact et fort dangereux de conclure des mots d'un texte établissant simplement des règles sanitaires à l'attribution d'un droit de propriété à certaines personnes morales qui n'avaient pas ce droit, et à l'expropriation d'autres personnes morales, fait juridique très grave, pour la consommation duquel un texte exprès n'eût pas été superflu.

L'article 9 du décret de prairial s'explique au contraire tout naturellement dans la théorie de ceux qui admettent que le droit de propriété sur les cimetières a passé dans le patrimoine des communes entre l'an II et l'an XI par l'effet d'une volonté du législateur tacitement exprimée. L'article 9 serait alors largement suffisant à reconnaître un droit existant légalement; l'article 9 ne créerait pas le droit, il le constaterait. Pour nous qui n'avons pas voulu admettre cette idée de l'aliénation tacite et qui avons conclu à la restitution aux fabriques en l'an XI de leurs anciens droits sur les cimetières, nous ne pouvons pas admettre davantage l'idée de l'expropriation des fabriques par un texte vague sur ce point comme celui de l'article 9 du décret de prairial.

Les fabriques feront valoir leurs droits devant l'autorité judiciaire, sauf, le cas échéant, à renvoyer devant l'autorité compétente pour l'interprétation des actes administratifs.

Mais en faveur de qui sera la présomption de propriété ? en faveur des paroisses ou en faveur des com-

munes? Cette question est importante, car la présomption
ne pourra être détruite que par la preuve directe de la
propriété, qu'il sera souvent difficile d'établir, les titres anciens ayant disparu ou n'étant pas concluants. Ici nous
nous prononcerions en faveur des communes; non parce
que les communes sont en possession : la possession
consiste dans l'exercice du droit, et le fait pour les communes d'user du cimetière public dans les conditions
que la loi détermine ne peut pas constituer la possession
du droit de propriété, ce droit si restreint dans ses effets
que nous avons étudié; mais parce que nous pouvons
faire produire au moins à l'article 9 du décret de prairial
cet effet de constater ce qui sera le plus souvent conforme au droit : cette idée est confirmée du reste par
l'ensemble de la législation sur les cimetières.

III. — Nous abordons maintenant l'étude de la troisième question que nous annoncions au commencement
de ce chapitre et que nous formulions ainsi : « A qui
sont attribués ou à qui appartiennent les produits des
cimetières? Qui a la charge des dépenses relatives aux
cimetières ? Que deviennent les cimetières une fois que
leur fermeture a été ordonnée par l'autorité compétente?
Qui alors a des droits et quels droits a-t-on sur eux?

Nous avons expliqué pourquoi nous pensions que les
textes qui règlent la répartition des produits et des charges
des cimetières sont généraux et s'appliquent, quelle que
soit la personne à laquelle on reconnaît la propriété des
cimetières. Nous devons dire toutefois que cette opinion
est loin d'être acceptée par tout le monde. L'*École des
Communes* notamment a publié des consultations déli-
bérées par sa Rédaction et tendant à établir que, dans
les cas où les fabriques sont propriétaires, tous les
produits naturels et industriels et le prix des conces-

sions leur reviennent de droit. « A quel titre la commune
viendrait-elle réclamer les sommes payées pour concession d'un terrain qui ne lui appartient pas et sur lequel
elle n'a aucun droit? Comment pourrait-elle prétendre à
ces sommes puisqu'en échange elle-même ne donne ou
ne cède rien ? » — Nous n'avons pas ici à reprendre
entièrement une démonstration que nous avons essayée
ailleurs : nous rappelons simplement qu'à nos yeux la
destination de cimetière public du terrain impose au droit
de propriété de la fabrique une modalité spéciale. Les
fabriques ne peuvent en jouir qu'en respectant la destination de ce terrain, l'ordre public et la décence, et,
comme conséquence, ne peuvent prétendre sur ce fonds
tant qu'il est affecté au service public des inhumations, à
aucun droit à titre de propriétaire sur les fruits ou produits dont la loi règle la répartition souverainement.
Nous trouvons ces idées exprimées dans une lettre de
M. Thiers, alors ministre de l'Intérieur, au préfet de la
Gironde (11 août 1834).

« Le terrain donné à la fabrique ayant été par la volonté même du donateur consacré aux sépultures de la
commune, est devenu par ce fait soumis à toutes les
conditions que les lois et règlements imposent aux cimetières; et, bien que la commune ne possède pas le fonds,
du moment que l'usage de ce terrain lui est attribué pour
le service des inhumations, rien ne saurait conférer à la
fabrique des droits que le décret du 23 prairial an XII
réserve à la commune sur le prix des concessions... »

Ce raisonnement, qui nous paraissait tout à fait concluant pour l'attribution du prix des concessions et
même des produits spontanés des cimetières avant la loi
nouvelle municipale, était beaucoup moins fort pour l'attribution des produits non spontanés, car aucun texte

ne réglait ce point. Le décret de 1809 sur les fabriques décidait seulement que les produits spontanés des cimetières appartenaient aux fabriques ; on en concluait à contrario que les produits non spontanés appartenaient aux communes ; mais on pouvait également conclure qu'ils appartenaient au propriétaire. La question était de savoir où se trouvait le droit commun. La règle était-elle : Le droit de propriété doit produire ses effets ordinaires quant à l'acquisition des fruits, sauf les exceptions formulées dans un texte ; — ou bien : Le droit de propriété ne produit aucun effet quant aux fruits, la loi se réservant dans un but de haute décence de régler souverainement l'attribution de tous les produits des cimetières, ainsi que la charge de leur entretien ? Avec beaucoup d'hésitation nous nous rangions à cette dernière idée, et ce qui nous déterminait, c'est que la mise en culture du cimetière, les plantations à faire notamment relèvent d'une idée de police et non d'une pensée de spéculation. Il était dès lors naturel de penser que le législateur, en attribuant aux fabriques les seuls produits spontanés, avait voulu prévenir des rapports pénibles entre les fabriques et l'autorité municipale : celles-là cherchant un bénéfice à réaliser et forçant en quelque sorte la volonté du maire dont la liberté n'aurait pas été aussi complète pour déterminer quelles plantations il convient au point de vue de la décence et de la salubrité de tolérer, d'ordonner ou de supprimer (1).

Le législateur, en attribuant aux fabriques les produits spontanés, s'était inspiré des souvenirs du droit ancien et notamment d'un arrêt du Conseil de 1643 : sa pensée avait été évidemment de rendre aux fabriques

____

(1) Cp. art. 133, 8°; loi 5 avril 1884.

les revenus dont elles jouissaient dans l'ancien droit. Cette disposition de la loi était regrettable : elle avait fait naître entre l'autorité municipale et les fabriques des conflits nombreux, et les inconvénients de ces conflits n'étaient pas compensés par les avantages pécuniaires que cette disposition assurait aux fabriques. Si nous sommes bien informé, souvent les fabriques refusaient de faire valoir leur droit sur ces produits spontanés, et quand elles s'en prévalaient de nombreuses difficultés se soulevaient, qui, si elles ont rarement été portées devant les tribunaux, à cause de leur peu d'importance et du refus d'autorisation de plaider que l'administration a sagement opposé aux parties en cause, n'ont pas laissé que de soulever de grandes discussions théoriques et de rendre plus tendus encore les rapports entre la mairie et la paroisse. Nous appelions de tous nos vœux une réforme législative et la suppression de ce droit malencontreusement accordé aux fabriques. Cette réforme était rendue plus nécessaire encore depuis la loi du 14 novembre 1881 qui donne aux cimetières le caractère de neutralité religieuse : l'idée des droits et des devoirs des fabriques quant aux cimetières paraît en effet inconciliable avec le principe de la neutralité religieuse des lieux de sépulture.

La loi municipale du 5 avril 1884 a réalisé un premier progrès en abrogeant, par son article 167, 5°, l'article 36, n° 4, du décret du 30 décembre 1809 et en décidant par un texte formel, l'article 133, 9°, que *les produits des terrains communaux affectés aux inhumations appartiendraient à la commune.*

Nous croyons que ce texte eût été mieux rédigé si on eût écrit que « les produits des terrains affectés aux inhumations communales appartiendraient à la commune », car les fabriques propriétaires ne manqueront pas de réclamer ces produits, en se prévalant de leur droit de propriété. Toutefois nous pensons que cette prétention devra être rejetée par les raisons générales que nous exposions plus haut, bien que le texte précité n'indique pas très clairement l'intention du législateur sur ce point.

Suivant l'interprétation qu'on donnera à l'article 133 de la loi du 5 avril 1884, tous les produits des cimetières communaux appartiendront à la commune ou appartiendront au propriétaire : jamais il n'y aura lieu à un partage légal comme sous l'empire de la précédente législation. Il est donc inutile d'examiner les difficultés qu iavaient surgi sur le point de savoir quels étaient les produits spontanés et les non spontanés, et notamment si les arbres croissant sans culture doivent être rangés dans la première ou la seconde de ces catégories.

Lorsque le cimetière a été fermé et ne sert plus aux inhumations, pendant les cinq années qui suivent cette fermeture, les produits du sol deviennent plus nombreux et plus importants. La commune non propriétaire continue-t-elle à avoir un droit exclusif sur eux ? Nous ne le pensons pas : il ne s'agit plus en effet d'un terrain servant de cimetière. Le fonds, à la vérité, ne peut pas encore être labouré, exploité, mais c'est pour une raison de salubrité et de convenances qui s'explique aisément. On ne verrait pas pourquoi les produits naturels du sol n'appartiendraient pas au propriétaire, puisque le fonds n'est plus affecté au service public des inhumations. A partir de la fermeture du cimetière, tous les produits sans distinction appartiennent au propriétaire, que ce propriétaire soit la commune ou la fabrique.

On s'est posé la question de savoir à qui appartiennent

les pierres sépulcrales, les croix en fer ou en bois et les autres objets semblables placés sur les tombes, lorsque les tombes viennent à être supprimées soit par suite de l'expiration du temps pour lequel les terrains ont été concédés aux familles, soit par suite de la translation du cimetière. Ce que nous ne comprenons guère, c'est que les fabriques et les communes aient revendiqué la propriété de ces objets. Les fabriques qui avaient droit aux produits spontanés avant 1884 avaient soutenu que ces objets n'ayant été placés dans les cimetières ni par les soins de la commune ni à ses frais, devaient être assimilés aux produits spontanés. « Ces objets d'ailleurs ont eu une destination religieuse, une sorte de consécration, d'après laquelle ils doivent appartenir bien plutôt à la fabrique qu'à la commune. » Les communes ont réclamé ces objets comme choses unies au sol accessoirement. Ces arguments, nés pour les besoins de la cause, ne méritent pas, à notre sens, une réfutation sérieuse. — La vérité est que ces choses appartiennent aux familles qui peuvent les réclamer. Si elles négligent de le faire, la propriété en revient à l'État : ce sont des biens sans maître.

C'est la solution qui est pratiquée à Paris, où la question présente une importance particulière. Nous trouvons au *Journal des Conseils de fabrique*, année 1836, d'intéressants détails à ce sujet : l'administration met en demeure les familles d'avoir à enlever les pierres, croix, etc., des tombeaux qui doivent être supprimés ; cette mise en demeure est effectuée au moyen de publications dans les journaux et d'affiches. Pendant un an et un jour après l'enlèvement des objets du cimetière, on les tient à la disposition des familles, passé ce délai on les attribue à l'État, suivant le droit commun. Toutefois voici ce que nous lisons dans une circulaire de M. le ministre de l'Intérieur en date du 30 décembre 1843 : « Aux termes de l'article 3 de la loi des 22 novembre-1er décembre 1790 et des articles 539 et 713 du Code civil, ces objets devaient revenir au domaine de l'État comme biens vacants et sans maître. J'ai prié M. le ministre des Finances de consentir à ce que, vu le peu d'importance de leur valeur en général, ils fussent abandonnés aux communes pour être employés à l'entretien des cimetières ; mon collègue vient de m'informer qu'il a pris à la date du 18 décembre une décision en ce sens. »

Les produits les plus importants des cimetières sont les herbes et les broussailles ainsi que les émondes des arbres plantés pour l'ornement des lieux de sépulture et ces arbres eux-mêmes. Lorsque le cimetière est plus étendu que les besoins de la commune ne le comportent, nous ne connaissons pas de texte empêchant le maire de décider que le terrain libre sera ensemencé en prenant toutefois les précautions désirables pour ne pas blesser l'ordre public et la décence. Il y aura à apprécier l'opportunité de la mesure : ce soin incombe à l'autorité municipale sous le contrôle de l'administration supérieure.

Qui doit supporter les frais d'entretien des cimetières ? Dans le principe et sous l'empire des décrets du 23 prairial an XII et du 30 décembre 1809 article 37, 4°, l'entretien des cimetières était à la charge des fabriques. C'était une sorte de compensation au droit aux produits spontanés qui leur était reconnu. L'article 92 du décret de 1809 disposait que la commune devait prendre cette dépense comme toutes celles de l'article 37 à sa charge en cas d'insuffisance des ressources de la fabrique. L'article 30, 17°, de la loi du 18 juillet 1837 a mis à la

charge des communes comme dépenses obligatoires
« la clôture des cimetières, leur entretien et leur translation dans les cas déterminés par les lois et règlements
d'administration publique. » En présence de ce texte, la
première idée qui se présente à l'esprit est qu'un droit
nouveau remplaçait le droit ancien, que les fabriques
étaient déchargées des frais d'entretien, qui passent aux
communes. Ce n'est pas cependant ainsi qu'on a entendu
l'article précité de la loi de 1837. Un avis du Conseil
d'État du 21 août 1839, dont l'opinion a été adoptée par
beaucoup d'auteurs compétents (1), décidait que ce n'est
qu'en cas d'insuffisance des ressources de la fabrique
que les communes étaient obligées de prendre ces dépenses à leur charge. On s'appuyait pour le décider sur
les derniers mots de l'article 30, 17°, loi de 1837. « Cette
dépense n'est pas obligatoire pour les communes d'une manière absolue ; elle l'est seulement dans les cas déterminés
par les lois et règlements d'administration publique. Or
le décret de 1809 ne mettait cette dépense à la charge de
la commune qu'en cas d'insuffisance des ressources de la
fabrique ; la loi de 1837 ne change pas la nature de la dépense; elle la rend seulement obligatoire. » On ajoutait que
« dès que la fabrique prétend aux produits spontanés, la
charge d'entretien doit être la conséquence de la jouissance et qu'il convient d'admettre que lorsqu'une fabrique profite des fruits naturels, elle doit au moins être
appelée à appliquer ces produits à l'entretien des
cimetières. »

En fait, si nos renseignements sont exacts, sous l'empire de cette législation, dans beaucoup de communes

____

(1) Vuillefroy, *Administration du culte catholique*, V° *fabriques. — Écoles des communes*, 1847, 1860.

les fabriques ne percevaient pas les produits spontanés du cimetière, et, par contre, les communes prenaient à leur charge les dépenses ordinairement peu considérables de l'entretien. A Paris, l'entretien des cimetières était supporté par la ville, et tous les revenus tombaient dans la caisse municipale.

La loi municipale du 5 avril 1884, qui attribuait aux communes les produits des cimetières, aurait dû, pour être logique, mettre leur entretien à la charge des communes, les deux choses ayant toujours été considérées jusque-là comme corrélatives. Toutefois l'article 136, 13°, de la loi municipale nouvelle reproduit exactement le texte de l'article 30, 17°, de la loi de 1837, et l'article 37 du décret du 30 décembre 1809 n'est point abrogé. Il en résulte que les fabriques continuent à être chargées de l'entretien des cimetières, avec cette aggravation que cette dépense n'est même plus, en cas d'insuffisance des revenus de la fabrique, supportée par la commune. La loi du 5 avril 1884 a en effet formellement abrogé l'article 92 du décret du 30 décembre 1809.

Nous signalons cette bizarrerie qui n'a probablement pas été voulue par le législateur de 1884 et qu'une loi prochaine fera certainement disparaître. Il est souverainement illogique de neutraliser les cimetières, d'en donner les produits aux communes et d'en conserver les charges aux fabriques.

Lorsque l'arrêté du préfet portant suppression du cimetière est intervenu, nous avons dit que tous les produits étaient perçus par le propriétaire : toutes les charges seront supportées par lui. Seulement ce propriétaire n'est pas immédiatement libre d'exploiter le fonds à sa guise ; les convenances et le souci de la salubrité publique ont fait édicter des dispositions que nous devons faire connaître.

Pendant les cinq années qui suivent la fermeture du cimetière, le fonds doit être laissé en friche. *Les cimetières resteront dans l'état où ils se trouveront sans qu'on puisse en faire usage pendant cinq ans.* (Art. 6 du décret de prairial.) Pendant ce délai le maire conserve ses pouvoirs de police sur ce fonds, qui ne reçoit pas d'inhumations nouvelles, mais qui doit garder cinq ans son caractère de lieu affecté aux sépultures. A l'expiration de ces cinq années, le maire fera enlever les objets qui décoraient les tombes. Nous avons dit plus haut à qui ces objets appartenaient.

Après ce délai de cinq ans, dit l'article 9 du décret de prairial, *les terrains pourront être affermés par les communes auxquelles ils appartiennent, mais à condition qu'ils ne seront qu'ensemencés et plantés, sans qu'il puisse y être fait aucune fouille ou fondation pour des constructions de bâtiment jusqu'à ce qu'il en ait été autrement ordonné.*

Cet article a pu prêter à une confusion. Son but est évident : il veut régler la manière dont pourra être faite l'exploitation du fonds ayant servi de cimetière : ne pouvant laisser ce terrain éternellement improductif, il a fait une part très sage aux nécessités de la décence et de la salubrité. Avant cinq ans, on ne peut ni ensemencer ni planter les cimetières ; on peut le faire après ce délai ; quant aux travaux qui obligent à creuser le sol plus profondément, le droit de les permettre est réservé à l'administration. Sous l'empire de la législation qui précéda celle de l'an XII, ces travaux étaient permis de droit après dix ans.

Mais nous ne voyons pas pourquoi le même article parle du *droit d'affermer.* On en a tiré des conséquences malheureuses et qui n'étaient pas du tout dans l'esprit du législateur. On a décidé par exemple qu'une commune propriétaire ne pouvait pas affermer avant cinq ans le droit aux produits du sol ; qu'après cinq ans, elle pouvait bien affermer, mais ne pouvait pas vendre. A notre avis, ces conclusions sont inexactes : pourvu que le fermier ou l'acquéreur se conforment aux prescriptions de la loi et des règlements, nous ne comprendrions pas qu'on ait défendu aux propriétaires de louer ou de vendre. De tels actes n'ont rien qui puisse compromettre la décence et la salubrité, seuls intérêts que l'article 9 du décret de prairial a eu en vue de sauvegarder. (En ce sens : Conseil d'État.)

Nous retiendrons donc des articles 8 et 9 du décret de prairial que nous venons d'analyser, simplement les prescriptions relatives aux conditions matérielles dans lesquelles il est permis d'exploiter le fonds ayant servi de cimetière. Ces prescriptions s'imposent à tout le monde, mais pourvu qu'on les observe, tout acte de disposition peut être librement fait par le propriétaire, quel qu'il soit.

CHAPITRE VI

Des concessions de terrains dans les cimetières publics

L'étude des concessions de terrains dans les cimetières publics comprend deux parties très distinctes et qui présentent des difficultés juridiques bien inégales. Nous traiterons d'abord du droit de l'administration d'accorder des concessions et du répartement du prix de ces concessions ; nous étudierons ensuite le droit des concessionnaires ; nous en fixerons la nature et l'étendue.

I. — On a souvent rêvé de réaliser l'égalité entre les hommes pendant la vie ; il serait moins difficile de la faire régner entre eux après la mort. Tous ont droit à une place également honorée dans le cimetière public, tous auraient droit à une place de même étendue et pour la même durée de temps.

On concevrait deux moyens d'arriver à cette égalité : ou donner à perpétuité un emplacement à chaque sépulture, ou limiter pour tous la durée de la concession. Dans le premier cas il faudrait accroître sans cesse les cimetières déjà si étendus : l'économie sociale s'y oppose ; dans le second cas on froisserait souvent des idées respectables au bénéfice d'une égalité dont l'importance sociale n'est pas très considérable.

Nos lois n'ont pas poussé le souci de maintenir cette égalité jusqu'à ses dernières conséquences. Le principe est que tout homme a droit gratuitement à un emplacement dans le cimetière public, et la durée de cette concession gratuite est de cinq ans. Passé ce délai, l'administration

peut, si les besoins du service l'exigent, disposer de cet
emplacement : les ossements exhumés sont recueillis et
placés dans une fosse commune.

Si tout homme a le minimun de droit que nous indiquons, il peut avoir un droit plus étendu. Moyennant un
sacrifice pécuniaire, les familles peuvent obtenir pour
leurs membres, les particuliers peuvent s'assurer une
concession de durée plus longue, même parfois une
concession perpétuelle. Ces privilèges ne sont pas sans
être onéreux pour les communes obligées de réserver au
cimetière public une étendue plus considérable : aussi la
loi autorise-t-elle la perception d'une taxe communale.
Et comme l'égalité se trouve blessée au bénéfice de la
richesse, la loi impose aux concessionnaires une aumône
au profit des établissements charitables qui se trouvent
ainsi profiter d'une inégalité qui ne nuit à personne.
En définitive on crée une inégalité peu importante entre
les morts pour corriger des inégalités bien plus sensibles
entre les vivants et parce qu'il paraît impossible d'accorder à tous des concessions perpétuelles. Telle est la
pensée de la loi. Nous ne croyons pas que ses dispositions
puissent être critiquées sérieusement par des hommes
ayant un véritable sens pratique.

Article 10, décret du 23 prairial an XII. — *Lorsque l'é-
tendue des lieux consacrés aux inhumations le permettra, il pourra y être fait des concessions de terrain aux
personnes qui désireront y posséder une place distincte et
séparée pour y fonder leur sépulture et celle de leurs parents ou successeurs, et y construire des caveaux, monuments ou tombeaux.*

Art. 11. — *Les concessions ne seront néanmoins accordées qu'à ceux qui offriront de faire des fondations
et donations en faveur des pauvres et des hôpitaux, in-*

dépendamment d'une somme qui sera donnée à la com-
mune, et lorsque ces fondations ou donations auront
été autorisées par le gouvernement dans les formes ac-
coutumées, sur l'avis des conseils municipaux et sur
la proposition des préfets.

Nous n'avons pas à nous préoccuper des difficultés auxquelles avaient pu donner lieu ces fondations prescrites au bénéfice des pauvres et des hôpitaux; parce que la matière est régie aujourd'hui par l'article 3 de l'ordonnance du 6 décembre 1843. Ce texte garde le principe du double droit à payer par les concessionnaires, en faveur de la commune et en faveur des pauvres et des hôpitaux; mais il réglemente ces perceptions ainsi que les conditions dans lesquelles les concessions peuvent être accordées. C'est cette réglementation que nous devons étudier.

Voici d'abord le texte des dispositions de l'ordonnance relatives aux concessions :

Article 3. — *Les concessions de terrain dans les cime-*
tières communaux, pour fondation de sépultures pri-
vées seront à l'avenir divisées en trois classes :

1° Concessions perpétuelles (1) ;

(1) Les concessions perpétuelles n'ont pas été autorisées sans quelque difficulté. « Ma circulaire du 20 juillet 1841 avait, entre autres questions, posé celle de la suppression pour l'avenir du système des concessions perpétuelles. Bien que des considération puissantes qui ont été approuvées par un grand nombre de conseils généraux, parussent justifier cette mesure au point de vue de l'intérêt purement administratif, des raisons non moins graves ont porté le Conseil d'État à proposer le maintien du principe de la perpétuité. J'ai dû me ranger à son avis. Quelle que soit l'idée qu'on se fasse du caractère de perpétuité par rapport aux choses d'institution humaine, il faut reconnaître que, dans une matière aussi délicate, les habitudes et les sentiments ont leur empire, auquel l'admi-

2° Concessions trentenaires (1);

3° Concessions temporaires.

Aucune concession ne peut avoir lieu qu'au moyen du versement d'un capital, dont deux tiers au profit de la commune et un tiers au profit des pauvres ou des établissements de bienfaisance. Les concessions trentenaires sont renouvelables indéfiniment, moyennant une nouvelle redevance, qui ne peut dépasser le taux de la première. A défaut de payement de cette nouvelle redevance, le terrain concédé fait retour à la commune, mais il ne peut cependant être repris par elle que deux ans révolus après l'expiration de la période pour la-

nistration ne saurait se soustraire; or on ne pourrait admettre l'innovation proposée sans contrarier un usage consacré par la piété des familles et sanctionné par le temps et sans porter atteinte sinon à un droit acquis, au moins à un sentiment digne de respect. »

Le ministre recommande de faire payer très cher de pareilles concessions. « Il y a d'autant moins de raison de les taxer trop haut que d'abord elles constituent un véritable privilège au profit des classes riches, et, en second lieu, qu'il est désirable, vu les inconvénients inhérents aux concessions perpétuelles, que la préférence des familles se porte sur les deux autres classes de concessions. » (Circulaire minist. du 30 octobre 1843.)

(1) « Les concessions trentenaires ont une grande analogie avec les concessions perpétuelles, puisque la faculté de les renouveler indéfiniment tend à en perpétuer l'usage. Elles ont toutefois sur les premières l'avantage de ne pas engager absolument l'avenir, le défaut de payement de la redevance fixée, à l'expiration de chaque période de renouvellement donnant à la commune le droit de remettre le terrain en service. Il importe donc d'établir une différence notable dans le prix de ces concessions par rapport à celui qui sera réglé pour les concessions perpétuelles afin de déterminer les préférences de la famille en faveur d'un mode qui leur présente, à moins de frais, des résultats tout à fait équivalents. » (Circ. min. du 30 décembre 1843.)

quelle il avait été concédé et, dans l'intervalle de ces deux années les concessionnaires ou leurs ayants cause pourront user de leur droit de renouvellement. — Les concessions temporaires seront faites pour quinze années au plus et ne pourront être renouvelées.

Art. 4. — *Le terrain nécessaire aux séparations et passages établis autour des concessions devra être fourni par les communes.*

Art. 5. — *En cas de translation du cimetière, les concessionnaires ont droit d'obtenir dans le nouveau cimetière, un emplacement égal en superficie au terrain qui leur avait été concédé, et les restes qui y avaient été inhumés seront transportés aux frais de la commune.*

Art. 7. — *Des tarifs présentant des prix gradués pour les trois classes de concessions énoncées en l'article 3 seront proposés par les conseils municipaux et arrêtés par le préfet. Les tarifs proposés pour les communes dont le revenu dépasse 100,000 francs seront soumis à notre approbation.*

Art. 8. — *Les dispositions du présent règlement ne sont pas applicables à Paris.*

Les droits respectifs des conseils municipaux et de l'administration supérieure représentée par le préfet et le gouvernement ont été modifiés à plusieurs reprises. La loi du 24 juillet 1867, art. 1, portait: *Le conseil municipal règle par ses délibérations :... 6° Le tarif des concessions dans les cimetières. — En cas de désaccord entre le conseil municipal et le maire, la délibération ne sera exécutoire qu'avec l'approbation du préfet.* La nouvelle loi municipale (art. 58, 7°, art. 133) donne au préfet un droit plus étendu : les tarifs devront, dans tous les cas, être soumis à son approbation. Il n'est plus question de la distinction faite par l'ordonnance de 1843

entre les villes ayant plus et les communes ayant moins
de 100,000 francs de revenu. L'accord du conseil municipal et du préfet est nécessaire et suffisant dans tous les
cas.

En combinant les dispositions du décret de prairial
et celles de l'ordonnance de 1843, on voit que les délibérations du conseil municipal doivent porter sur deux
points : 1° Le cimetière public a-t-il une étendue suffisante pour y permettre des concessions? — Si les communes sont obligées d'avoir un cimetière suffisant pour
qu'une place y soit réservée pendant cinq ans aux personnes mortes dans la commune ou y ayant leur résidence ordinaire, là s'arrête leur obligation, le reste est
pure faculté. — Un avis du Conseil d'État du 29 décembre 1833, rappelant des règles que nous connaissons, décide que les conseils municipaux ne peuvent voter
et que l'autorisation supérieure ne doit permettre (1)
des concessions dans le cimetière public que quand ce
cimetière est cinq fois au moins plus étendu qu'il n'est
nécessaire pour y déposer tous les morts de la commune
pendant un an. De plus on doit réserver dans le cimetière un espace pour les cas extraordinaires, tels que les
épidémies. 2° Si le cimetière a une étendue suffisante, à
quelles conditions les concessions sont-elles accordées?
— Remarquons d'abord que les conseils municipaux ne
pourraient pas être contraints à établir des concessions
dans le cimetière, leur consentement est nécessaire pour
créer la taxe sans laquelle aucune concession ne peut
être accordée.

---

(1) Le préfet a un droit de contrôle indirect puisqu'il peut refuser
d'homologuer les tarifs des concessions et rendre ainsi ces concessions impossibles.

Le conseil municipal peut voter un tarif de concessions ; il peut aussi se refuser à le voter, se réservant le droit d'examiner chaque demande au fur et à mesure qu'elle se présentera. L'approbation du préfet serait nécessaire pour approuver le prix de chacune de ces concessions. Nous ne voyons rien dans la loi qui s'oppose à l'emploi de ce procédé moins recommandable, sans doute, que le vote d'un tarif général, mais auquel on recourra peu souvent en raison de son peu de commodité et parce qu'il ajoute encore inutilement aux occupations des assemblées municipales. (V. *École des communes*, 1860, article de M. Aucoc.)

Supposons que le conseil municipal vote un tarif. Est-il obligé d'établir les trois catégories de concessions fixées par l'ordonnance, ou peut-il, par exemple, décider qu'il n'y aura pas de concessions perpétuelles, ou pas de concessions trentenaires, mais seulement des concessions à court terme et non renouvelables ? La question a été posée et résolue dans le sens de la liberté des conseils municipaux (1). Rien de plus raisonnable et de plus logique : libres de décider qu'il n'y aura pas de concessions du tout, les conseillers municipaux peuvent juger inopportun ou impossible d'accorder des concessions perpétuelles ou pouvant devenir perpétuelles. Pourquoi ne leur serait-il pas possible, en ce cas, de permettre des concessions de courte durée ? On n'en saurait donner aucun motif concluant.

De même nous déciderions que les conseils municipaux peuvent délibérer sans excès de pouvoirs que les concessions à accorder seront individuelles et qu'il ne

______

(1) *Contra :* Dufour, *Dr. adm.*, t. VII. Aucoc, *École des communes*, 1860.

pourra pas en être donné pour des sépultures de famille (1).

Le seul droit que nous refuserions aux conseils municipaux serait celui de décider que les concessions trentenaires ne seront pas renouvelables dans les conditions déterminées par l'ordonnance ou que les concessions temporaires seront renouvelables de droit ou d'une durée supérieure à quinze ans. La lettre des textes n'est quelquefois pas très claire, mais, surtout en droit administratif, il est permis de rechercher pour les interpréter et les éclairer la pensée du législateur. Or celui-ci a manifestement voulu que les concessions soient ou inférieures à quinze ans et non renouvelables, ou égales à trente ans et renouvelables. Permettre aux conseils municipaux de créer des concessions de quinze ans renouvelables ou des concessions de trente ans qui ne le seraient pas, c'est aller contre l'intention la plus claire du législateur ; on ne violerait peut-être pas la lettre de la loi, mais, ce qui serait bien plus dangereux, on serait tout à fait en dehors de son esprit.

Appartient-il aux conseils municipaux de décider dans quelle partie du cimetière seront délivrées les concessions, ou bien est-ce là une attribution du maire ? Nous pensons que ce droit appartient au conseil (2), sauf pour le maire le pouvoir de refuser ensuite de délivrer des concessions parce que l'emplacement désigné par le conseil ne convient pas au point de vue de la salubrité et de l'ordre dont il a la garde. Le droit que nous reconnaissons au conseil municipal est une conséquence du pou-

(1) Voyez *Écoles des communes*, 1879.

(2) Il est clair que si le conseil municipal néglige de statuer sur ce point, la désignation de l'emplacement réservé aux concessions sera faite par le maire.

voir qui lui appartient de décider l'établissement des
diverses catégories de concessions. « Pour prendre une
décision à cet égard, il faut qu'il recherche si le cimetière est suffisamment vaste eu égard aux besoins de la
population ; il faut qu'il s'assure qu'il sera possible de
consacrer telle ou telle étendue de terrain aux concessions d'une plus ou moins longue durée. Or dans une
semblable délibération, le conseil municipal est naturellement amené à désigner les parties du cimetière qui
doivent être affectées à chacune des catégories de concessions. Sans doute, dans cette désignation il y a lieu
de tenir compte de l'intérêt de la salubrité auquel le
maire est spécialement chargé de veiller ; mais il s'agit
en somme de l'aménagement du cimetière et dès lors il
doit être statué à ce sujet par le conseil municipal à la
délibération duquel le maire prend d'ailleurs une part
importante. » (*École des communes*, 1859.) Le conseil
municipal pourra donc déterminer la quantité maxima
de terrain qui peut être affectée aux concessions et même
l'emplacement de ces terrains réservés.

Rien ne s'oppose, nous l'avons dit, à ce que le conseil
municipal décide qu'il ne sera délivré de concessions
que pour des tombeaux individuels et non pour des sépultures de famille. De même nous lui reconnaissons le
droit de fixer le maximum de terrain qui pourra être
délivré à chaque concessionnaire, soit pour un tombeau
individuel, soit pour un tombeau de famille. La solution
de ce point n'est pas sans influence sur la décision de
la question de savoir s'il y a lieu de permettre des concessions et quelles catégories de concessions dans le cimetière public. — Quant au minimum de terrain, de
nombreux avis administratifs ont arrêté qu'il devait être
de 2 mètres carrés et qu'on ne saurait obliger un con-

cessionnaire à acquérir une étendue de terrain plus considérable.

La valeur réelle du terrain doit rester étrangère au prix des concessions, toujours bien supérieur à la valeur vénale. La fixation du prix doit nécessairement varier suivant les localités, il sera plus élevé dans les villes que dans les campagnes (1).

Un avis du Conseil d'État en date du 10 février 1835 décide que le prix des concessions doit être le même, que le concessionnaire soit un habitant de la commune, que ce soit un étranger. Le maire peut, dans les conditions que nous déterminerons, refuser de délivrer une concession, mais s'il l'accorde, le prix ne sera pas plus ou moins élevé suivant la qualité de la personne qui l'obtient ou pour qui elle est obtenue. Les motifs de cette décision sont trop élevés et trop exacts pour que nous hésitions à l'accepter. Les tarifs ne doivent donc pas tenir compte de la qualité du concessionnaire.

Le tarif doit-il contenir simplement l'indication d'un prix par unité de mesure ou peut-il établir une série de prix telle par exemple qu'un concessionnaire de 20 mètres carrés payera plus à proportion que le concessionnaire de 10 mètres, et celui-ci plus que le concessionnaire de 2 mètres ? Nous laisserons aux conseils municipaux cette latitude ; du moment où nous leur accordons le droit de ne permettre que des concessions pour sépultures individuelles, nous devons reconnaître qu'ils peuvent rendre les concessions pour tombeau de famille non plus impossibles mais plus rares en en élevant le prix (2).

(1) *Répertoire du Journal du palais.*

(2) En ce sens : Lettre minist. du 27 août 1837 ; *Contra :* Dufour, t. VII.

C'est le tarif seul qui doit être approuvé par le préfet (1). Nous en concluons qu'après l'établissement régulier de ce tarif, les conseils municipaux peuvent modifier librement le règlement des concessions pourvu qu'ils ne touchent pas au tarif. Pour prendre un exemple, ils pourraient ainsi décider que le terrain affecté aux concessions sera situé au nord et non au midi ou qu'il sera restreint, ou qu'il ne sera plus accordé de concession perpétuelle. Les modifications au tarif devront être approuvées par le préfet.

Tels sont en cette matière les pouvoirs des conseils municipaux ; nous les résumons : Librement ils peuvent refuser de voter un tarif ou supprimer le tarif existant, soit pour se réserver l'examen de chaque demande, soit pour rendre toute concession impossible ; librement aussi ils peuvent désigner l'emplacement où le maximum de terrain réservé aux concessions dans le cimetière et la plus grande étendue de terrain qui pourra être délivrée à chaque concessionnaire. Avec l'autorisation du préfet ils peuvent établir une ou plusieurs catégories de concessions pourvu que ces catégories soient conformes à la volonté de la loi, en régler le prix sans tenir compte de la qualité du concessionnaire ; enfin modifier les tarifs.

Supposons maintenant qu'un tarif et un règlement aient été régulièrement établis. Les demandes de concessions vont se produire, et c'est le maire qui y répondra soit en accordant soit en refusant un terrain.

Nous devons remarquer tout d'abord que le pouvoir du conseil municipal de voter un tarif et un règlement des concessions n'enlève pas au maire les pouvoirs de police qui lui appartiennent sur les lieux de sépulture. En

____

(1) Articles précités de la nouvelle loi municipale.

conséquence, s'il prend un arrêté pour accorder une concession dans telle ou telle partie du cimetière, son acte est double : comme représentant de la commune, le maire exécute une délibération du conseil municipal, — c'est un acte de gestion ; — comme magistrat chargé de la police, il décide que l'exercice du droit du concessionnaire ne sera pas contraire aux intérêts généraux dont il a la garde : — c'est un acte de police.

Ce double caractère de l'acte du maire nous paraît de nature à entraîner des conséquences importantes au moins théoriquement, car en pratique il sera rare que des dificultés se soulèvent.

En tant qu'acte de gestion, l'acte du maire accordant une concession échappe au contrôle de l'autorité préfectorale. Ce point est constant dans la doctrine ministérielle (1) et la jurisprudence. — Nous déciderions encore que le préfet ne pourrait pas se substituer au maire pour accomplir cet acte de gestion. — Comme acte de police, l'acte du maire portant délivrance ou refus de concession pourrait être annulé par le préfet sous le contrôle de l'autorité ministérielle. Le caractère d'acte de gestion dominera quand il s'agira d'une délivrance de concession : quant aux refus de concessions, ce sont de purs actes de police, lorsqu'une délibération du conseil municipal a autorisé les concessions et que le tarif en a été approuvé.

Contre les refus de concession on comprend le recours pour excès de pouvoirs fondé sur ce motif que le maire a pris l'acte dans une autre vue que celle de satisfaire aux exigences de l'intérêt général. Souvent le caractère injurieux du refus se manifestera d'une façon

(1) Voy. not. une décision du ministre de l'Intérieur rapportée dans le *Journal de droit administratif*, t. XII, p. 402.

très apparente et le recours sera admis avec d'autant
moins d'hésitation par le conseil d'État que l'on imagine
avec plus de peine les raisons d'intérêt général qui pourraient pousser un maire à refuser une concession à tel
individu quand il en accorde une à tel autre dans les mêmes
conditions. Si le refus était général, s'appliquait à toutes
les demandes de concessions formées ou à toutes celles
formées par des individus non domiciliés dans la commune ou rattachés à elle par un lien quelconque, on
comprendrait aisément que le souci de la salubrité ou le
désir de réserver des places à ceux qui y ont, pour ainsi
dire, un droit plus spécial légitiment le refus du maire.
Mais si le refus est spécial à telle demande, on présumera
naturellement, non pas en droit mais en fait, qu'il n'a
pas été dicté au maire par une pensée d'intérêt général
et, sauf preuves ou indications contraires et admissibles,
le Conseil d'État annulera l'acte pour excès de pouvoirs (1).

Le maire, tout en accordant une concession à la personne qui en a fait la demande, pourrait fixer l'emplacement
du terrain dans une partie du cimetière autre que celle que
le conseil municipal a reservée aux concessions ou accorder une étendue de terrrain plus considérable que celle
fixée par le conseil comme maximum de chaque concession.
Dans ces hypothèses nous pensons que la sanction con-
sisterait dans l'impossibilité pour le concessionnaire d'opposer plus tard son droit à l'autorité municipale, le maire
étant en réalité sans qualité pour concéder un tel terrain.

(1) Le projet d'ordonnance du 6 décembre 1843 portait que tout-
individu pouvait réclamer une concession particulière dans les
lieux où il en était établi par les règlements en se soumettant à ces
règlements. Cette disposition n'a pas été maintenue ; de sorte que
rien n'empêche l'autorité municipale de refuser une concession particulière dans les limites que nous avons indiquées.

Le cas serait exactement le même que si le maire avait réalisé un achat ou une vente qui n'auraient pas été délibérés par le conseil.

Nous avons dit que le prix de la concession était fixé sans avoir égard à la valeur réelle du terrain : tout le monde s'accorde à le reconnaître et à penser que la somme payée représente non un véritable prix, mais une sorte de taxe dont la loi règle la répartition souverainement. Nous avons admis d'autre part que cette répartition était la même, quel que fût le propriétaire du cimetière, et cette idée concorde parfaitement avec l'opinion qui assimile aux taxes le prix des concessions de terrains dans le cimetière public.

La commune a droit aux deux tiers de la somme, le dernier tiers revient aux établissements de bienfaisance et aux pauvres. De nombreuses décisions administratives ont réglé ce point que les conseils municipaux comme conséquence de leur droit d'établir le tarif (1) et dans les mêmes formes, ont le droit de répartir ce dernier tiers dans des proportion égales ou inégales entre les hôpitaux et les bureaux de bienfaisance ou d'attribuer tout le produit à un seul de ces établissements (2).

Il peut se faire que la concession d'un terrain dans le

(1) Décision du ministre de l'Intérieur *Bull.*, 1866, n° 13, rapportée dans le *Journal de droit administratif*, 1866, p. 36. En ce sens : Dufour, t. VII.

(2) Le tiers de la somme ne peut pas être donné par décision des Conseils municipaux à la caisse des Écoles. Cette institution ne saurait être rangée dans la classe des établissements de bienfaisance. Elle n'a pas en effet pour but de secourir les indigents, mais, comme le porte l'article 1 du modèle de statuts rédigé par M. le ministre de l'Instruction publique « de faciliter la fréquentation des classes.» (Décis. minist. du 32 septembre 1882. *Bull. m. Intérieur*).

cimetière communal soit la condition d'un legs fait à la commune, legs d'un terrain destiné à l'établissement d'un cimetière ou d'une église par exemple. Comme le prix du mètre de terrain d'après le tarif des concessions est ordinairement de beaucoup supérieur à la valeur vénale, il pourrait arriver qu'une commune fît un mauvais marché en acceptant la donation d'un terrain d'une faible étendue moyennant la concession de quelques mètres de terrain. Supposons que la commune ayant reconnu son intérêt à accepter la donation ou le legs ainsi faits ait été régulièrement autorisée à faire cette acceptation : nous pensons, contrairement, s'il le faut, à l'avis du comité de l'Intérieur du 11 janvier 1842, que les pauvres ne peuvent être frustrés de leur part, qui doit être acquittée par la commune si elle ne l'est pas par le donateur.

Inversement on a soulevé la question de savoir si une commune pourrait, en reconnaissance d'un legs fait à ses pauvres sans aucune charge, concéder gratuitement dans son cimetière un terrain pour la sépulture du bienfaiteur. Le ministre de l'Intérieur (*Bull.*, 1858, p. 30) a décidé que « la commune ne pourrait renoncer à percevoir le prix de la concession, bien que le montant du legs fait aux pauvres dépasse le montant du prix qu'elle aurait pu exiger ». Il s'est fondé sur ce que, en principe, les communes ne font pas de libéralité et que d'ailleurs le legs fait aux pauvres n'intéressait qu'indirectement la commune.

Telles sont les formes et telles sont les conditions dans lesquelles peuvent être délivrées des concessions de terrains dans les cimetières publics. Nous devons nous demander maintenant, — et c'est la partie de beaucoup la plus difficile de cette étude, — quelle est la nature et quelle est l'étendue des droits qui appartiennent à celui qui obtient une pareille concession.

II. — La question que nous allons discuter n'est pas spéciale au cas où un invidu a obtenu de l'autorité municipale une des trois catégories de concessions que l'ordonnance appelle : concessions perpétuelles, trentenaires ou temporaires.

Nous pensons qu'elle se poserait dans des termes à peu près identiques au cas où un individu a droit simplement à la place que la loi assure pour cinq ans à tout homme dans le cimetière public (1). Suivant nous, ce droit est de même nature que celui des concessionnaires proprement dits : il a seulement une durée moindre, par contre il est acquis gratuitement. On peut dire que le droit des concessionnaires proprement dits, au moins de ceux qui n'ont qu'une concession individuelle, n'est que le droit des non-concessionnaires prolongé ou perpétué (2).

(1) En parlant du droit appartenant à un décédé, nous usons d'une sorte de fiction, afin de nous éviter l'empoi de formules plus exactes mais plus longues. Le droit à une place dans le cimetière public appartient à cause du décédé à ses ayants-cause.

Comme la personnalité de ces derniers est indifférente, nous supposerons que c'est le décédé lui-même qui a droit au tombeau.

(2) Nous trouvons la preuve de l'exactitude de cette idée dans des décisions nombreuses de l'administration sur un point spécial. Lorsqu'on demande une concession temporaire, à partir de quelle époque court la concession ? du jour de l'inhumation ou de l'expiration des cinq ans pendant lesquels la commune doit une place au défunt dans le cimetière public ? La question, si le droit des concessionnaires proprement dits était différent par sa nature, des droits des non-concessionnaires, devrait être résolue en ce sens que la concession court du jour du décès. Au contraire, il a été décidé que dans le cas où aucune portion du cimetière n'a été spécialement réservée aux concessions, le temps ne courait que de l'expiration des cinq ans, au

Quelle est la nature de ce droit?

Pour ceux qui admettent la domanialité publique des cimetières, la réponse devrait être aisée. Peut-on comprendre un véritable droit portant sur un bien insusceptible d'appropriation individuelle ? Évidemment non, les deux idées seraient contradictoires. En délivrant une concession, l'administration donne une simple permission; elle reconnaît que l'exercice de la faculté accordée ne gêne pas l'usage du public; elle le tolère donc, exigeant simplement un sacrifice pécuniaire en échange de l'avantage que la concession procure au bénéficiaire. C'est un droit de même nature juridique que le droit des concessionnaires sur les autres parties du domaine public. On ajoute que l'expression même : *concession* employée par le législateur prouve l'exactitude du classement des cimetières dans le domaine public.

Nous avons déduit ailleurs les raisons qui nous font penser que les cimetières sont du domaine privé. Pour qu'un bien jouisse des privilèges de la domanialité publique, il faut un texte exprès ou au moins l'intention bien indiquée du législateur de classer ce bien dans le domaine public. Or, dans l'espèce, il ne nous est pas possible de conclure de l'emploi du mot *concession* par le rédacteur du décret de prairial, à son intention de donner aux cimetières tous les privilèges de la domanialité, puisque précisément ces concessions ne seraient pas des concessions au sens technique du mot, donnant, —

---

moins quand le terrain ne dépassait pas les limites fixées par l'article 4 du décret de prairial (V. décisions citées dans le *Journal de dr. adm* , 1867; *École des communes* 1865). Si le terrain dépasse les limites fixées par le décret, la concession prend date du jour de l'inhumation pour tout ce qui dépasse ces mesures.

ceci est certain, — à ceux qui en bénéficient, un droit irrévocable et opposable à l'administration.

Nous reconnaissons donc sans hésiter que les cimetières sont du domaine public et que les droits des concessionnaires sont de véritables droits sur les terrains concédés. Mais nous devons nous fixer sur leur nature juridique, au moins sur leurs caractères principaux et, sur ce point, nous ne songeons pas à dissimuler notre embarras : les textes sont muets, la matière est tout à fait spéciale et une assimilation entre ces droits et ceux qu'on peut avoir sur d'autres objets, ne peut qu'être dangereuse et non entièrement satisfaisante. M. Maurice André a écrit : « Nous aimerions mieux qu'on ne cherchât pas à définir ce droit avec précision, car c'est une tâche impossible. »

Dans cette étude, nous examinerons d'abord le droit du concessionnaire, dans sa forme la plus simple, en ne nous attachant qu'au cas où la concession est individuelle. Nous rechercherons ensuite les particularités des concessions de famille qui ont la même nature juridique que les concessions individuelles, mais en diffèrent par l'étendue du droit.

Tant que le cimetière est à l'état de cimetière, il est certain que la commune peut toujours en user pour le service des inhumations et ne peut en user que dans cette vue. D'où nous tirons cette conséquence extrêmement importante que, si elle peut, si elle doit même (1) concéder des droits privatifs sur une partie du champ de repos, ces droits ne sont, en quelque sorte, que des parcelles du droit d'usage de la commune et, partant, sont

______

(1) Nous faisons allusion aux concessions pour cinq ans qui sont gratuites.

limités par l'impossibilité pour le concessionnaire de faire aucun acte qui ne conviendrait pas à la destinaton du cimetière.

Remarquons d'autre part qu'au cas où la translation du cimetière public est ordonnée, la loi réserve soigneusement aux concessionnaires le droit d'obtenir un terrain de même importance dans le nouveau cimetière public. Que conclure de cette disposition de la loi ? — Ceci à notre avis, que le droit du concessionnaire est établi sur tel terrain en tant que partie du cimetière public; la qualité de cimetière public disparaissant, le droit sur le terrain disparaît, mais le concessionnaire peut exiger de la commune qu'elle lui fournisse un droit identique sur un terrain du nouveau cimetière et qu'elle prenne à sa charge le transport des matériaux ou des corps.

Nous proposerions alors la définition suivante : en concédant un terrain, le maire, au nom de la commune, cède à perpétuité ou pendant un laps de temps déterminé à un particulier le droit de se servir de ce terrain conformément à la destination du cimetière, cède la jouissance d'une place distincte et séparée pour y fonder un tombeau. De plus il s'engage à fournir au concessionnaire un terrain de même étendue dans le nouveau cimetière et à faire à ses frais le transport des corps et des matériaux au cas où l'ancien cimetière serait désaffecté.

Le concessionnaire aura ainsi deux droits : un droit réel d'une nature spéciale, une sorte de droit d'usage portant sur telle partie du cimetière public, et un droit personnel tendant à exiger de la commune la délivrance d'un autre terrain dans le nouveau cimetière public au cas de suppression de l'ancien.

Nous devons étudier l'étendue et les avantages de chacun de ces droits.

Le droit d'usage du concessionnaire lui donne d'abord et surtout l'avantage de pouvoir repousser toutes les entreprises tentées sur le terrain concédé soit par un particulier soit par le maire. Ce droit est le même, qu'il s'agisse d'un individu ayant simplement la place que la loi réserve gratuitement à chaque décédé, qu'il s'agisse d'un concessionnaire à titre onéreux. Qu'un particulier empiète sur le terrain du voisin, que l'admininistration ordonne l'exhumation avant l'expiration du temps de la concession, outre l'action en violation de sépulture ou de tombeau qui sera quelquefois possible, la famille aura un véritable droit de revendication de son droit d'usage, même une action possessoire et elle les exercera soit contre le particulier, soit contre la commune, suivant les cas. Des revendications de cette nature seront de la compétence des tribunaux de l'ordre judiciaire. Il ne faudrait pas prétendre que le contentieux est administratif parce que les tribunaux judiciaires ne peuvent pas interpréter l'acte de concession, acte administratif. Nous avons dit que l'acte de concession était un acte de gestion pour partie et pour partie un acte de police. En tant qu'il donne à un particulier un droit sur tel ou tel terrain, il est acte de gestion principalement, et en cette qualité son contentieux appartient, suivant le droit commun, aux tribunaux judiciaires. Il en serait surtout ainsi si le litige s'élevait entre deux particuliers (*Contra.* : Niort, 28 août 1863; Poitiers, 25 février 1864, malgré plaidoieries de M. Ducrocq. — En ce sens, Cons. d'État 19 mars 1863 (1); arrêt trib. des con-

(1) Dans cette affaire L'hôpital, dont M. Aucoc était rapporteur, M. le commissaire du gouvernement concluait en ces termes : «Quant à nous, nous tenons que les concessions perpétuelles créent pour le con-

flits 13 novembre 1875). La question serait beaucoup
plus délicate si le débat s'élevait entre le maire et un concessionnaire. Le maire pourrait dire alors: C'est comme
magistrat chargé de la police du cimetière que j'ai eu à
décider si tel terrain pouvait être concédé et il n'appartient pas au tribunal civil de contrarier mon pouvoir de
police en interprétant l'acte que j'ai pris sur ce point.
L'objection est très sérieuse, et le départ exact entre les
cas où le tribunal pourra interpréter l'acte et les cas où
il devra surseoir jusqu'après interprétation donnée par
l'autorité administrative nous semble très délicat à établir. Le tribunal des conflits amené à juger la question
fera ce qu'il fait souvent : il examinera le point en fait

cessionnaire un véritable droit de propriété, propriété *sui generis*
assurément, consacrée à une affectation spéciale et perpétuelle aussi
et dont l'exercice est à chaque instant soumis au contrôle de l'autorité et à la surveillance de l'administration, mais propriété aussi
absolue que le comporte la nature des choses. » M. Lhôpital appelle
le droit du concessionnaire droit de propriété, nous appelons
droit d'usage; l'étiquette du droit importerait peu du moment où on
serait fixé sur ses effets. Or, précisément, M. le Commissaire du gouvernement ajoute : « Si je fais transporter dans une sépulture nouvelle les membres de ma famille, le terrain qu'ils n'occupent plus
est toujours le mien, et, si j'en dispose, c'est à moi que le prix appartient. Sans doute, dans la convention dont ce terrain sera l'objet,
l'administration intervient pour m'autoriser dans l'exercice de son
autorité et de sa surveillance, mais c'est mon terrain que je vends
et mon argent que je touche. N'est-ce pas là ma propriété? » Nous
pensons que ces conclusions ne sont pas exactes. Un concessionnaire a le droit de se servir du terrain concédé, non de le vendre
ou de le louer. C'est pourquoi le droit du concessionnaire nous
paraît plutôt ressembler à un droit d'usage réglé quant à ses effets,
quant à son exercice par la nature des choses, qu'à un droit de
propriété lequel rappelle l'idée du *jus fruendi* et du *jus abutendi* qui n'existent pas ici. »

et décidera si c'est vraiment dans l'intérêt de l'indépendance de l'administration ou dans le but d'enlever aux
tribunaux judiciaires la connaissance d'une question de
pur droit privé à la solution de laquelle l'intérêt général
est indifférent que l'administration réclame pour elle le
pouvoir d'interpréter l'acte de concession.

Ce droit d'usage portant sur un immeuble sera immo-
bilier (1). Il comportera l'exercice de tous les actes qui
sont compatibles avec la destination du terrain concédé ;
le droit de placer des clôtures autour de ces terrains,
d'y élever des monuments funèbres, d'y faire des plantations pouvant servir à l'ornementation de la tombe,
d'y déposer des couronnes, etc. Quant au droit de bâtir
des caveaux, il existe aussi, au moins en principe.
Cependant ce serait une question de savoir si le maire
pourrait défendre de bâtir des caveaux soit pour des
concessions temporaires individuelles, soit pour les concessions de cinq ans gratuites. Pour notre part, nous
ne pensons pas que le maire ait le droit de défendre ces
constructions du moment où le travail serait fait dans
des conditions de décence désirables. Mais l'exiguité du
terrain réservé aux sépultures individuelles les rendra
souvent impossibles, et les familles hésiteront à en faire
la dépense considérable pour un temps restreint. Le
maire au reste devrait toujours, en permettant ces constructions, prendre des garanties pour que le terrain soit,
à l'expiration de la concession, remis dans son ancien
état aux frais des constructeurs.

La commune, suivant le droit commun, devra garantie
pour toutes les évictions provenant du fait du maire ou
ayant une cause antérieure à la concession. C'est à

(1) Arrêt de la Cour d'Angers, du 5 mai 1869.

titre de garante et non à un autre titre qu'on pourra faire intervenir la commune dans un procès entre deux concessionnaires.

De plus la commune est obligée à fournir gratuitement les chemins d'accès et l'espace nécessaire entre les tombes. « Cette disposition, remarque M. Dufour (t. VII), a pour but de rendre applicables aux emplacements concédés les prescriptions de l'article 5 du décret de prairial, qui sont édictées dans un but de décence et de salubrité. »

Tels sont les principaux, et nous pouvons presque dire les seuls avantages attachés à ce droit réel d'une nature spéciale au moins quand la concession est individuelle.

Ce droit disparaît lorsque le cimetière est désaffecté; à sa place naît un droit personnel : les concessionnaires peuvent exiger dans le nouveau cimetière public un droit d'usage sur un terrain de même étendue; la commune doit également le transport gratuit des corps et des matériaux.

On admet généralement que le droit réel du concessionnaire doit céder également devant l'utilité constatée par le maire d'employer le terrain pour le bon aménagement du cimetière, par exemple à la création d'un chemin. « S'il y a nécessité absolue, dit M. Chauveau, ce qui sera bien rare, nécessité que la famille peut critiquer devant le préfet et le ministre, elle doit alors être indemnisée par une concession de même importance et les nouveaux travaux ainsi que le transfert doivent être aux frais de la commune. » On aurait pu soutenir qu'il fallait recourir aux formalités de l'expropriation pour cause d'utilité publique; personne n'a osé aller jusque-là et il est en effet très raisonnable d'appliquer par analogie à cette hypothèse la solution de l'article 5 de l'ordonnance de 1843.

Ce droit personnel contre la commune, en cas de translation de cimetière, ne s'exercera jamais au profit de ceux qui n'ont qu'une concession quinquennale ou dont la concession prend fin moins de cinq ans après la fermeture du cimetière, car aucun trouble ne pourra être porté à leurs droits, l'ancien cimetière devant rester dans l'état où il se trouve pendant les cinq années qui suivent sa fermeture.

La commune est obligée par la loi à faire les frais du transport des corps et même des matériaux du tombeau élevé sur le terrain concédé, elle doit payer les frais du médecin et du commissaire de police qui doivent être présents à l'exhumation, même les dépenses de réinhumation qui sont des dépenses nécessaires. Mais les frais accessoires pour la pompe du transport et ceux de reconstruction du monument restent à la charge de la famille. (Arrêté cons. de préf. du Nord, rapporté dans *Journal des conseils de fabrique*, 1870, p. 164). « Cette jurisprudence très favorable aux finances des communes, est bien rigoureuse et peu équitable pour les familles, déjà assez maltraitées d'avoir à subir les opération pénibles de l'exhumation, transport des restes, réinhumation, destruction et reconstruction de tombeaux, sans avoir encore à subir les frais de quelques - unes d'entre elles. Aussi signalons-nous avec sympathie un jugement contraire du tribunal civil d'Agen, en date du 1ᵉʳ juillet 1870, qui, nous l'espérons, fera à son tour jurisprudence. Par ce jugement fortement motivé sur le texte de l'esprit de l'article 5 de l'ordonnance du 6 décembre 1843, la commune est condamnée « à faire ex-« humer et réinhumer les restes que contient un tom-

« beau dans un tombeau exactement pareil où le maire
« établira les choses au même et semblable état qu'elles
« le sont actuellement sauf le changement de lieu, sauf
« à lui à utiliser les matériaux du monument en tant
« que cela pourra se faire sans porter atteinte à la sé-
« pulture (1). »

Rien n'empêcherait du reste une commune d'établir
un nouveau cimetière tout en conservant l'ancien pour
les concessions. Elle s'éviterait ainsi les difficultés très
graves et les dépenses qu'entraîne la translation au
point de vue que nous venons d'étudier.

— Nous avons dit quels droits naissent soit pour le concessionnaire , soit pour la commune de la délivrance
d'une concession. Ces droits ne peuvent résulter que de
la volonté concertante des deux parties en cause, d'un
véritable contrat. « Quelle que soit la forme extérieure
de l'acte, c'est un contrat qui met en présence la commune qui concède et le tiers concessionnaire. » (Ducrocq, Plaidoyer devant la cour de Poitiers.) Nous ne
parlerons pas des conditions générales exigées pour la
validité d'une telle convention, l'application des principes du droit commun ne devant faire l'objet d'aucune
difficulté.

Un point spécial a cependant donné matière à procès.
Pour qu'un contrat existe, il faut l'accord des volontés,
et cet accord doit porter notamment sur l'objet des
obligations des parties : s'il s'agit d'une vente, l'accord
doit porter sur la chose et sur le prix. S'il s'agit d'une
concession de terrain, l'administration et le futur concessionnaire devront être d'accord sur le terrain, son
étendue, son emplacement et sur le prix. Quant à ce

_(1) M. Maurice André, *Des Sépultures.*

dernier élément du contrat, aucune difficulté ne peut se
produire du moment où les parties s'entendent sur les
autres points car elles ont dû nécessairement s'en référer aux tarifs existants, que tout le monde connaît ou
peut connaître. — Mais voici où naît l'embarras : en
pratique, le futur concessionnaire demande à l'adminis-
stration de lui concéder tant de mètres de terrain ;
le maire examinera la demande ; s'il l'admet, il prendra
un arrêté accordant la concession et fixant l'emplacement du terrain. Le contrat est-il alors parfait ? — On
a soutenu qu'une demande de concession n'était qu'une
proposition sur laquelle la commune était tenue d'entrer
en pourparlers avec celui qui l'avait formulée, et qu'a-
vant que la concession pût intervenir de manière à obliger ce dernier, il y avait lieu de se mettre d'accord sur
l'emplacement et la superficie du terrain, que si la concession intervenait hors de ces conditions nécessaires à
la formation du contrat, c'était un acte imposé qui ne
pouvait obliger légalement celui dont le consentement
raisonné y faisait défaut. —Pour nous, cette solution est
inexacte et les vrais principes se trouvent dans un arrêt
de la Cour de cassation en date du 31 janvier 1870. Il y
a lieu de distinguer : ou la demande ne réserve pas l'approbation du demandeur au choix du terrain qui sera
concédé : — en ce cas les éléments principaux du contrat étant fixés, le prix par le tarif, et l'étendue du terrain par la demande, le solliciteur est présumé s'en rapporter à la décision du maire pour la fixation de l'emplacement souvent indifférente au demandeur et qui est
bien plutôt une affaire de police. Il y a ainsi accord
tacite des volontés même sur l'emplacement (1) ; — ou

(1) « Attendu, dit la Cour de cassation, que la demande de con-

bien, et c'est un cas tout différent, le demandeur se réserve d'approuver le choix du terrain ou subordonne son offre à la désignation par le maire de tel ou tel terrain. Alors, pour que le contrat existe, il faut que le demandeur et le maire tombent d'accord expressément sur l'emplacement.

Supposons qu'aucune réserve n'ayant été faite par le solliciteur, le maire accorde une concession, mais n'en détermine pas la place. Le fait, paraît-il, se produit souvent. Dans ce cas, entre le moment où le maire prend son arrêté et celui de la désignation du terrain, conformément aux principes, le concessionnaire n'a qu'un droit de créance immobilière, tendant à faire délivrer par l'autorité municipale le terrain où il pourra exercer son droit.

La désignation, dans ce dernier cas, doit être faite par le maire : souvent elle est faite par le concierge du cimetière qui mesure le terrain à la suite des concessions déjà délivrées. La question de savoir si le concierge peut être considéré comme un mandataire du maire et, en cette qualité, peut conférer un droit sur la place marquée, est des plus délicates et a donné lieu à un procès intéressant. Il y aurait grande rigueur à ne pas présumer l'existence d'un mandat, surtout quand le fait que nous signalons se répète fréquemment au vu et au su du maire, qui ne manquerait pas de moyens pour réprimer l'abus ou l'usurpation du pouvoir s'il y en avait eu. Les mandats tacites sont fréquents dans la pratique

cession étant pure et simple, Galpin s'en est rapporté pour la fixation de l'emplacement du terrain concédé à la désignation qui serait faite par l'autorité administrative chargée exclusivement de la surveillance des cimetières, et, pour la fixation du prix, au tarif de la commune délibéré par le conseil municipal. » (Arrêt précité.)

administrative, et, s'il fallait se montrer rigoureux obser-
vateur des principes, on arriverait à troubler les droits
les plus certains au grand détriment de l'intérêt de tout
le monde. (Nous rappelons notamment que les secrétaires
généraux signent un certain nombre de pièces qui devraient être revêtues de la signature du préfet; ils les
signent en vertu d'un mandat tacite, car, sauf à Paris,
où procuration est donnée par arrêtés pour certaines
catégories d'affaires, il n'existe pas de délégations
expresses.)

Une concession peut-elle être acquise par prescription? Nous pensons que rien dans sa nature ne s'y
oppose : nous remarquerons seulement qu'au cas où le
tombeau est situé dans une partie du cimetière non
spécialement affectée aux concessions, on devra présumer qu'il y a eu tolérance de l'administration. Dans le
cas contraire, nous ne voyons pas pourquoi une longue
possession ne pourrait pas remplacer un titre qu'on ne
pourrait pas représenter. Nous serions obligé de donner
une solution autre si les cimetières faisaient partie du
domaine public.

Passés en la forme administrative, les actes de concession doivent être enregistrés dans les vingt jours de
la date à laquelle ils sont devenus parfaits (1). L'administration de l'enregistrement, pour la perception du
droit, assimile les concessions temporaires aux baux à
durée limitée, et les concessions perpétuelles aux baux
à durée illimitée (dans le premier cas, droit de 0 fr. 20 0/0;
de 4 0/0 dans la seconde hypothèse) (2). Quand il s'agit

(1) Loi 15 mai 1818, art. 78.
(2) Loi 22 frimaire an VII, art. 39, § 7; circ. min. Intér., 20 juillet 1841 ; 30 décembre 1843; Inst. de la Régie du 30 juillet 1846;
Jug. Trib. Lyon, 4 avril 1865.

de concession trentenaire, indéfiniment renouvelable, quel est le droit dû à l'enregistrement? Dans la pratique on applique le droit de 4 0/0. Doctrine rigoureuse et inexacte. Quand, en effet, le concessionnaire se réserve le droit d'accepter ou de refuser une nouvelle période à l'expiration de la première, il n'y a pas encore de contrat fait pour cette période-là. Il existe seulement de la part de la commune promesse de contrat. Pourquoi alors faire payer comme s'il en existait un (1)?

L'acte de concession doit-il être transcrit? L'intérêt de la question apparaît aisément : deux arrêtés du maire ont, par erreur, attribué le même terrain à deux concessionnaires; si la transcription n'est pas nécessaire, c'est le concessionnaire qui puisera son droit dans l'arrêté le premier en date qui évincera l'autre; si la transcription est nécessaire, c'est celui qui aura transcrit le premier qui sera préféré.

Pour soutenir la nécessité de la transcription, on pourrait invoquer soit le 1° de l'article 1er, soit le 1° de l'article 2 de la loi du 23 mars 1855 : *Sont transcrits, article 1er: 1° Tout acte entre vifs translatif de propriété immobilière ou de droits réels susceptibles d'hypothèque.* — Article 2 : 1° *Tout acte constitutif d'antichrèse, de servitude, d'usage et d'habitation.*

Nous écarterons d'abord le raisonnement que l'on fonde sur l'article 1er, 1°. A notre avis, le droit des concessionnaires n'est pas un droit de propriété, n'ayant pas l'étendue d'effets dont l'idée s'attache d'ordinaire à l'idée de propriété, alors même que ce droit serait perpétuel. Aussi préférons-nous dire que c'est un droit réel d'une nature spéciale, que de nous servir de l'expression « pro-

(1) *Journal de droit administratif*, 1879.

priété restreinte quant à ses effets. » Du reste on
pourrait aisément soutenir que l'épithète « susceptible
d'hypothèque » se rapporte aussi bien à « propriété
immobilière » qu'à « droit réel. » Cette idée serait d'autant plus vraisemblable que le législateur de 1855 a eu
surtout en vue, en établissant cette restriction, de marquer qu'il voulait prévenir les tiers seulement de l'aug-
mentation ou de la diminution du gage qu'éprouvait le
patrimoine de telle ou telle personne. Or, le droit du
concessionnaire, droit de propriété ou droit réel autre
que droit de propriété n'est pas susceptible d'hypothèque,
il ne compte pour ainsi dire pas dans le patrimoine.

Reste à savoir si l'acte est susceptible de transcription, comme constituant un droit d'usage. L'analogie
entre le droit du concessionnaire et celui de l'usager se
voit aisément, et on serait fort tenté d'en conclure à
l'application des mêmes règles de transcription. Ce
serait, à notre sens, une inexacte application de la loi.
Certes le législateur eût été sage en cherchant d'une
façon générale, grâce à la transcription, à éviter une
surprise pénible à ceux qui traiteraient avec un constituant quelconque de droits réels ; dans cette vue, il
aurait dû prescrire la transcription de tous actes portant constitution ou translation de droits réels : cette
mesure aurait eu une grande utilité. Est-ce ainsi qu'il a
procédé? Nullement ; il a fait une énumération et on
peut en conclure que tous les actes qu'il n'a pas énumérés
ne sont pas soumis à la transcription. Or le droit du
concessionnaire est un droit réel d'une nature spéciale,
nous l'avons dit et montré. Dès lors on ne saurait pas
plus l'appeler droit d'usage que droit de propriété sans
donner à ces mots un autre sens que celui qu'a voulu
leur attribner certainement le législateur de 1855. —

Nous concluons avec M. Ducrocq que l'acte de concession n'est pas susceptible de transcription, la loi de 1855 n'ayant pas prévu ce cas.

. Les concessionnaires de terrains pour sépultures de famille ont des droits de même nature, mais plus étendus que ceux des titulaires de concessions individuelles, ils peuvent faire déposer dans le terrain concédé le corps de certaines personnes.

Nous ferons d'abord une observation importante: le vœu de la loi est de permettre à un individu de réunir auprès de lui dans le tombeau pour y reposer avec lui ceux qui lui ont été chers: à une famille de rapprocher tous ses membres pour les entourer d'un même culte. C'est dans cette vue seulement que peuvent être accordées les concessions de famille et non pour autoriser une spéculation, pour que le concessionnaire, par exemple, fasse construire un caveau et y loue ou vende une place à prix d'argent. Ce point est fixé par une jurisprudence constante, et cette solution est trop conforme aux véritables principes de la matière pour que nous n'y adhérions pas. D'où cette conséquence que, alors même que l'acte de concession serait muet et ne restreindrait pas l'option du concessionnaire aux seules personnes liées à lui d'un lien d'affection, cette restriction devrait toujours être sous-entendue, et jamais le concessionnaire ne pourra se prévaloir de ce silence de son titre pour tirer un bénéfice pécuniaire de la permission qu'il donnerait d'enterrer telle ou telle personne dans son terrain. — Si l'acte de concession contenait une clause expresse permettant au titulaire de trafiquer de sa concession, nous conclurions à la nullité du contrat comme renfermant une clause contraire à l'ordre public et aux bonnes mœurs.

Le droit du concessionnaire de faire enterrer sur son terrain ne peut donc s'exercer que gratuitement et jamais au bénéfice d'autres personnes que celles qui sont liées à lui par un lien de famille ou d'affection ; mais le contrat pourrait restreindre encore la liberté du concessionnaire, et, s'il portait, par exemple, que le tombeau sera affecté à telles ou telles personnes expressément désignées, nulle autre n'y saurait trouver place. Ce cas sera rare. Le plus souvent la concession est faite pour la famille. Alors s'est posée la question de savoir si le concessionnaire pourrait y permettre l'inhumation de personnes étrangères à la famille. Le ministre de l'intérieur consulté sur ce point, a répondu qu'on devait permettre l'inhumation des personnes unies au concessionnaire par des liens d'affection ou de reconnaissance.

Nous avons indiqué une première limite à la liberté du concessionnaire ; il en est une seconde. Le maire, comme magistrat de police, pourrait s'opposer à l'inhumation dans le terrain concédé de telle ou telle personne, même unie au concessionnaire par des liens de famille, d'affection ou de reconnaissance. Ce point a été très gravement débattu, notamment quand il s'est agi de permettre ou de refuser le dépôt du corps d'un non-catholique dans une concession dépendant de la partie catholique du cimetière. Cette espèce ne pourrait plus sé représenter depuis la loi du 14 novembre 1881. Le maire commettrait un abus de pouvoirs en défendant l'exercice normal du droit du concessionnaire dans la vue d'éviter le rapprochement dans la tombe de personnes d'un culte différent, la neutralité des cimetières ayant été posée en principe par la loi. — Mais le maire ferait un légitime usage de son droit de police s'il s'opposait, par exemple à l'inhumation dans une concession d'un individu mort d'une maladie infectieuse , jugeant que l'inhumation dans ces conditions pourrait nuire à la salubrité publique. — Peut-être aussi pourrait-il, mais en ce cas il ne saurait agir avec trop de prudence, opposer son refus lorsque le rapprochement de deux personnes dans la tombe serait de nature à offenser gravement la morale publique et à blesser les convenances. — S'exerçant dans ces vues d'intérêt général très élevées, nous reconnaîtrions au maire ces pouvoirs : le choix du concessionnaire, sa liberté est restreinte par l'obligation de respecter les ordres du maire qui doit veiller à la salubrité publique, à l'ordre et à la décence des cimetières. — En fait, les maires useront rarement de leur droit pour contrarier la volonté du concessionnaire, lorsque celui-ci exerce son droit dans les conditions indiquées par le contrat : contre leurs arrêtés on aurait le recours pour excès de pouvoirs. Le plus souvent en ces matières délicates, les préfets et le ministre useront de leur droit de réformation quand le plus léger doute pourra exister sur la légalité de l'acte du maire ou quand l'opportunité de l'acte ne sera pas parfaitement démontrée.

A la mort du concessionnaire, son droit se divise, d'après le droit commun et en l'absence de dispositions testamentaires spéciales, entre ses hériters à proportion de leur part héréditaire (1). La jurisprudence décide que les clauses testamentaires contenant disposition du droit au tombeau doivent être respectées quand elles ne sont pas contraires à l'acte de concession, stipulant par exemple, que telles ou telles personnes seulement pourront être inhumées dans le terrain concédé. Si le légataire est

____

(1) Trib. de la Seine, 24 décembre 1856, Dalloz, 58, 3, 53; — Cass., 7 avril 1857, Dalloz, 57, 1, 311.

héritier naturel du défunt, nous admettrions cette solution, mais dans le cas contraire, et notamment lorsque
le droit au tombeau passerait ainsi à un étranger, nous
nous demandons s'il est bien conforme au vœu de la loi
de permettre ainsi au détriment de la famille la disposition d'une chose qui est, avant tout, une chose de
famille. L'exercice de ce droit et l'abus que le nouveau
titulaire en pourrait faire au mépris des convenances,
pourraient donner lieu aux plus délicates questions (1).
Si nous nous inspirons avant tout de cette idée, que le
droit du concessionnaire est un droit d'une nature spéciale, et en quelque sorte en dehors du patrimoine, rappelant ainsi le *jus sepulcri* romain, nous voudrions que
le concessionnaire ne pût enlever à la famille le tom_
beau de famille (2). Libre d'user de son droit en permettant de son vivant ou par testament l'inhumation dans
sa concession des personnes qu'il désigne et que rattache à lui un lien d'affection, il ne pourrait pas aliéner
tout son droit, soit par acte entre vifs à titre gratuit (3),
soit à cause de mort en écartant les droits de ses héri-

(1) On est heureux de constater, remarque l'annotateur de l'arrêt
de cassation du 7 avril 1857 dans le recueil de Dalloz, que la piété
des familles rend assez rares les procès sur de semblables questions.
La rigueur du droit fléchit en effet devant le sentiment des convenances et du respect qu'on doit aux morts de la famille du bienfaiteur.

(2) Le droit de sépulture dans le droit romain et dans notre ancien droit ne pouvait pas être donné à un seul des héritiers au détriment des autres. Ce droit n'était donc pas de libre disposition
entre les mains du père de famille.

(3) Un arrêt de la Cour de Lyon du 4 février 1875, déclare que le
titulaire d'une concession a un droit essentiellement personnel
et inaliénable, qu'il peut en disposer par testament mais non par
acte entre vifs. La solution nous semble illogique.

tiers naturels. Ceux-ci auraient seuls capacité pour recueillir cet héritage. Nous permettrions cependant au
chef de famille de désigner dans son testament celui de
ses parents qui seul pourrait prononcer sur le droit
d'être inhumé dans le tombeau, sans toutefois, que celui-ci puisse écarter les héritiers naturels. Une telle disposition, loin d'enlever au tombeau son caractère de
tombeau de famille, serait de nature à en assurer le respect, et à prévenir des contestations toujours fâcheuses.

Lorsque le droit se trouve partagé entre plusieurs
héritiers ou légataires, chacun peut l'exercer dans la
mesure de sa part héréditaire ; nous ajoutons avec la
Cour de cassation : et sous le respect du droit de ses
cohéritiers. D'où nous tirons ces conséquences qu'un des
ayants droit ne peut pas disposer d'une place plus considérable que celle à laquelle sa part lui donne droit, et
qu'il ne peut pas user de la concession en y faisant pratiquer des inhumations qui pourraient blesser gravement
la piété des autres cohéritiers et rendre impossible pour
eux l'usage de leur droit. Les tribunaux apprécieront les
circonstances, et c'est ainsi que la Cour de Lyon a pu
décider que l'inhumation d'un enfant naturel dans un
tombeau de famille n'était pas critiquable par les cohéritiers du père de cet enfant à raison des circonstances
particulières de la cause.

Les dispositions à titre onéreux, ventes, locations des
concessions sont interdites aux concessionnaires ou à
leurs ayants cause. Tout le monde ou à peu près le reconnaît aujourd'hui. De tels actes devraient être annulés
comme contraires à l'ordre et à la morale publique. (Lyon,
4 février 1875, 30 juin 1877 ; Trib. de la Seine, 9 mai 1883 ;
Circ. min., 20 décembre 1843.) Toutefois, la Cour de
Lyon, par un arrêt du 17 août 1880, a décidé que des ré-

trocessions à titre onéreux étaient possibles quand un
usage constant les autorisait et que les termes de l'acte
de concession n'y étaient pas contraires. —Nous pensons
et espérons que cet arrêt restera isolé ; si les dispositions à titre onéreux relatives aux terrains concédés
sont prohibées, c'est pour un motif d'ordre public ; dès
lors une dérogation à ce principe, fondée sur le silence
du contrat ne saurait y être apportée. Nous donnerions
la même solution si une clause expresse du contrat de
concession permettait ces rétrocessions : une telle clause
vicierait l'acte.

Alors même que les corps déposés dans une concession en auraient été enlevés, comme cela se pratique
souvent, pour être déposés ailleurs, le terrain ne fait
pas retour à la commune : il reste à la disposition de la
famille. Celle-ci, le plus ordinairement, le rétrocédera à
la commune, soit en échange d'un antre terrain, soit à
des conditions fixées à l'amiable.

Nous avons à peine besoin de rappeler que les droits
des concessionnaires ne sont pas dans le gage des
créanciers et, par conséquent, ne peuvent être ni saisis,
ni hypothéqués.

CHAPITRE VIII

De la police des lieux de sépulture

Dans le cours de cette étude, nous avons eu à plusieurs reprises l'occasion de nous référer au texte de l'article 16 du décret du 23 prairial an XII, lequel soumet « les lieux de sépulture à l'autorité, police et surveillance des administrations municipales, » et d'en signaler d'intéressantes applications. Nous nous proposons dans ce chapitre de compléter ces indications. Nous dirons dans quelles vues s'exerce le droit de police du maire et quelle en est l'étendue ; nous énumérerons les principales mesures qui peuvent ou doivent être prises par ce fonctionnaire ; nous rechercherons enfin si dans certains cas l'administration supérieure n'a pas des pouvoirs de police, et quels ils sont.

Il est aisé de comprendre l'importance d'une bonne police des cimetières : d'une part, ce qui touche au culte des morts et au respect qui leur est dû, n'est jamais sans influence sur la morale publique, et, sans vouloir exagérer cette idée et attribuer à aucun peuple le monopole des belles vertus, on peut constater que les époques et les nations dont l'histoire propose l'exemple et loue les grandes qualités, sont précisément celles où l'on honore le plus les morts, où l'on fonde sur leur culte les traditions puissantes. D'autre part, — et nous n'avons plus besoin d'insister sur ce point qui a déjà été développé longuement, — les exigences de la salubrité sont nombreuses et ne sauraient être négligées sans péril pour la société.

Les pouvoirs donnés au maire par l'article 16 du décret de prairial ont pour objet d'assurer la décence et
l'ordre qui doivent régner dans le champ du repos,
comme aussi d'empêcher les épidémies et d'éviter les
inconvénients que pourraient entraîner pour la santé publique des inhumations pratiquées dans de mauvaises
conditions hygiéniques.

Le législateur ne pouvait songer à procéder en cette
matière délicate par voie de règlements généraux : les
circonstances seront souvent déterminantes, et on n'aurait su toutes les prévoir. Même la rigueur d'un texte
aurait parfois froissé les mœurs qu'affecte également une
tolérance trop grande et une trop grande intolérance.
Aussi la loi s'est-elle contentée de prescrire quelques
mesures générales d'hygiène qu'elle laisse à l'administration le devoir d'appliquer. Pour le reste, c'est-à-dire
pour toutes les précautions que la science peut recommander d'une manière moins sûre, moins sévère ou moins
générale, et pour tout ce qui concerne les mesures à
prendre dans l'intérêt de la morale publique, l'autorité est confiée à un fonctionnaire administratif.

La gravité et l'ordre élevé des questions à résoudre
aurait dû désigner le préfet pour cet office, et c'est
presque une anomalie dans nos lois que la compétence
donnée au maire en pareille matière. On a considéré certainement que les lieux de sépulture exigeaient une surveillance constante, qui ne pouvait être exercée assez
strictement par un fonctionnaire central, que d'autre
part le cimetière étant affecté à un service public communal et l'aménagement de ce cimetière intéressant les
finances communales, il devait y avoir corrélation entre
cette idée et le pouvoir de police de l'autorité municipale.
pale. Au demeurant les actes du maire seront contrôlés

par l'administration supérieure, et, si c'est une question de savoir si le préfet peut et dans quels cas il peut substituer sa volonté à celle du maire pour prendre une mesure de police intéressant le cimetière, il est certain que le préfet, sauf recours au ministre, peut annuler l'acte de l'autorité municipale.

Dans notre ancien droit, il est assez malaisé de dire d'une façon générale à qui appartenait le pouvoir de police sur les cimetières : il est probable que l'autorité religieuse et l'autorité civile intervenaient toutes deux : cette dernière d'une façon plus large à mesure que l'idée de ses devoirs dans les matières qui touchent aux grands intérêts matériels et moraux de la nation se dégageait plus nettement. Les curés, d'une manière plus spéciale, étaient chargés de la surveillance: des évêques et arche vêques et des parlements émanaient les ordres généraux, les règlements.

Ces règlements sont assez nombreux et leur histoire liée souvent à des faits mémorables de l'histoire de la nation, caractérise les mœurs de l'époque d'une façon bien curieuse. Nous voyons l'autorité intervenir pour faire cesser des scandales fréquents. Ainsi le troisième concile de Constantinople défend « de tenir ni cabaret ni boutique dans les cimetières, de rien y étaler des choses qui se mangent, et même d'y vendre rien. » Ces prohibitions sont renouvelées par trois autres conciles: Bourges, 1538; et 1534; Bordeaux, 1624. Elles sont même étendues à toutes les assemblées profanes, telles que foires et marchés. Défenses de même nature sont faites sous peine de 100 livres d'amende et de confiscation des marchan_ dises exposées par le Parlement de Besançon le 20 décembre 1664.

Il était défendu de faire des cimetières un lieu de danse (Parlement de Dijon, 3 mars 1560) (1), d'y entrer avec armes et bâtons et d'y commettre des indécences, sous des peines corporelles (Parlement de Rennes, 14 mai 1622), d'y faire paître aucuns bestiaux sous quelque prétexte que ce puisse être, même sous celui d'avoir acheté l'herbe au profit de l'église (parlement de Paris, 4 août 1645). Cette prohibition avait du reste été depuis longtemps formellement déclarée par le concile de Cambrai en octobre 1586.

Pour mieux assurer cette inviolabilité des cimetières, le quatrième concile de Milan, en 1573, et celui de Cambrai, en 1586, avaient prescrit que les cimetières fussent entourés de murs et qu'au milieu fût dressée d'une manière stable une grande croix rappelant la sainteté du lieu (2).

Nous avons dit ailleurs quelles mesures avaient été prises dans l'intérêt de la salubrité publique.

Le décret du 23 prairial an XII contient un certain nombre de prescriptions dont nous avons déjà eu à parler en étudiant les conditions matérielles dans lesquelles les cimetières doivent être établis. Les maires sont chargés de veiller à leur application. S'ils négligeaient de le faire, le préfet pourrait, après une mise en demeure, prendre les mesures nécessaires pour mettre en pratique les prescriptions de la loi. Ce droit appartient aux préfets en vertu de l'article 85 de la nouvelle loi municipale du 5 avril, 1884.

Les cimetières doivent être clos de murs de 2 mètres de hauteur. (Art. 3 du décret de prairial.) Cette clôture

(1) Voyez aussi : Arrêt du Conseil en date du 12 juin 1614.
(2) *Journal du Palais*, Répert. V° *cimetière*, n° 10.

est une protection pour les tombeaux ; elle rend la surveillance plus aisée. En conséquence la garde des clefs doit appartenir exclusivement au maire, et c'est une pratique très mauvaise de permettre aux concessionnaires de terrains, ainsi que cela se voit très souvent, d'avoir une clef du cimetière. — Le maire aurait le droit de faire mûrer une porte donnant accès d'une propriété voisine dans le cimetière ou d'interdire l'exercice d'une servitude de passage sur le fonds affecté au service public des inhumations.

En fait, dans beaucoup de communes pauvres, l'article 3 du décret de prairial n'est pas observé et de simple haies ou des fossés entourent le cimetière. Un tel état de choses ne peut exister qu'en vertu d'une tolérance de l'administration supérieure, qui aurait, ainsi que nous l'avons dit, le moyen d'imposer à la commune la construction d'un mur et la dépense nécessaire à cet effet, malgré les résistances du maire et du conseil municipal.

Les sépultures ne peuvent plus être faites dans des fosses communes (art. 4 du décret). Le décret règle également l'étendue que chaque fosse doit avoir au minimum et les distances qui doivent être ménagées entre les tombeaux. Ces prescriptions souffrent exception quand il s'agit de caveaux pour sépultures de famille ; les caveaux se joignent par leur murs et chaque corps y occupe en général une place moindre que celle fixée par la loi. Aucun inconvénient n'en peut résulter au point de vue de l'hygiène.

Nous n'avons pas besoin de rappeler que les fosses ne peuvent être renouvelées moins de cinq ans après l'in-

(1) Article 85 de la nouvelle loi communale, du 6 avril 1884.

humation ; c'est un point sur lequel nous nous sommes expliqué longuement.

Indépendamment de ces mesures que la loi impose, qu'il n'est pas libre aux maires de ne pas exécuter, il en est d'autres, et en grand nombre, que ces fonctionnaires peuvent prendre. Pour celles-là, nous ne pensions pas, sous l'empire de l'ancienne loi communale, que le préfet pût substituer sa volonté à celle du maire : le seul droit de l'administration supérieure était d'annuler les actes émanés de l'autorité municipale. La nouvelle loi municipale permet aux préfets de prendre des arrêtés de police applicables dans toutes les communes du département ou plusieurs d'entre elles, à l'effet de veiller au maintien de la salubrité, de la sûreté et de la tranquillité publiques. Dans le même but, en vertu du même article, les préfets peuvent prendre des arrêtés de police spéciaux à une commune : il faut, dans ce cas, une mise en demeure préalablement adressée par le préfet au maire et restée sans résultat. On se posera certainement la question de savoir si le préfet peut prendre ainsi l'initiative et substituer sa volonté à celle du maire pour tous les objets que le maire eût pu régler. Il y a une légère différence de rédaction dans les textes: le maire doit veiller à *l'ordre* public, le préfet peut réglementer dans le but d'assurer la *tranquillité* publique. (Comp. art. 97 et art. 99.) Pourra-t-on s'appuyer sur ces mots pour réserver aux maires une partie de leur ancienne indépendance? Nous ne le croyons pas et en tous cas il serait bien difficile de trouver un critérium pour distinguer ce qui intéresse l'ordre de, ce qui intéresse la tranquillité publique. La seule restriction sérieuse du droit du préfet résultera de ces mots : « dans tous les cas où il n'y aura pas été prévu par l'autorité municipale ; » et nous n'osons pas prévoir toutes

les difficultés auxquelles ce texte mal rédigé donnera
fatalement lieu.

Le maire peut faire des règlements généraux pour la
police du cimetière communal ; il peut prendre des arrêtés individuels, enfin il règle et fait exécuter les travaux
nécessaires au bon aménagement des cimetières.

Chargé de veiller à la salubrité, le maire peut ajouter
aux prescriptions sanitaires du décret de prairial : la nature
du terrain peut commander que les fosses aient une profondeur plus grande ou soient plus espacées. Le maire
s'assurera que les caveaux construits par les concessionnaires sont établis dans des conditions satisfaisantes.
En cas d'épidémie, il peut ordonner que des précautions
exceptionnelles seront prises pour l'inhumation de telle
personne ou de telle catégorie de personnes. (Art. 97,
6°, loi 5 avril 1884.) Il appréciera souverainement si les
plantations doivent être tolérées, si elles sont nécessaires. C'est là une question de salubrité, car des arbres
trop nombreux peuvent gêner la circulation de l'air :
c'est aussi une question d'aménagement du cimetière et
de décence.

Dans l'intérêt de l'ordre public, le maire, et c'est une
de ses attributions les plus importantes, détermine dans
quelle partie du cimetière chaque inhumation doit avoir
lieu. Nous avons dit dans quelle mesure l'exercice de ce
pouvoir pourrait corriger le principe posé par la loi du
14 novembre 1881, de la neutralité des cimetières. La
désignation de toute place peut prendre, en raison des
circonstances, un caractère injurieux et être dictée par
des considérations autres que celles de la salubrité, de
l'ordre et du bon aménagement des lieux de sépulture.
Le droit de réformation qui appartient au préfet et le
recours pour excès de pouvoirs devant le Conseil d'État

protégeront les particuliers contre les abus que le maire pourrait être tenté de faire de son pouvoir discrétionnaire.

Le maire fixera dans les mêmes conditions le terrain affecté à chaque concession.

C'est encore lui qui déterminera s'il y a lieu d'établir des allées dans les cimetières, quelle largeur elles auront et à quelles places elles seront tracées. La création de ces chemins est vivement recommandée aux maires par les circulaires des préfets : « On doit pratiquer au milieu ou sur les côtés une allée qui rende non seulement facile mais décente la circulation dans l'enceinte de ces lieux de sépulture. Il est regrettable en effet de voir le passage des convois s'effectuer au hasard, en foulant les fosses et même parfois en brisant les tombeaux ou les objets qui les décorent, tous actes portant atteinte au respect dû à la mémoire des morts. »(Circulaire du préfet d'Indre-et-Loire du 25 janvier 1861.)

Il appartient au maire de régler les heures et conditions auxquelles l'entrée du cimetière sera permise au public.

C'est le maire et non le conseil municipal qui nomme le fossoyeur et règle le tarif des sommes que cet employé peut percevoir. (Crim. réj. 7 septembre 1850.)

Dans le but d'assurer la décence qui ne doit cesser de régner dans les lieux où reposent les morts, les maires ont des pouvoirs très étendus. Nous avons été jusqu'à leur reconnaître le droit de défendre l'exercice d'une servitude de vue existant sur le cimetière ; ils auraient également le droit de défendre dans le voisinage immédiat d'un cimetière l'établissement d'un cabaret ou d'en ordonner la fermeture. A fortiori peut-il défendre, sous les peines de simple police de faire des actes considérés comme irrévérencieux : jouer, danser, boire, dîner. (Art. 97, 3°, loi du 6 avril 1884.)

Il pourrait aussi décider qu'aucun discours ne sera prononcé au cimetière au moins sans avoir été soumis à l'approbation préalable de l'autorité municipale. La loi exige formellement cette approbation préalable pour les inscriptions à placer sur les tombeaux. Le maire ne doit permettre que les inscriptions destinées à rappeler le nom et à honorer la mémoire du défunt. La coutume autorise également la reproduction de pieuses pensées ou des passages de livres saints. Toute autre inscription ne devrait pas être tolérée. On ne saurait croire à quel point le rappel aux convenances est fréquent en pareille matière ; on cite la fantaisie d'un individu qui fit graver sur le tombeau de sa femme une véritable réclame commerciale : d'autres épitaphes constituent de violentes injures envers des particuliers ou des partis politiques. La question la plus délicate est celle de savoir s'il faut autoriser ou défendre des inscriptions tendant à rappeler les opinions philosophiques du défunt, notamment son athéisme. Nous pensons que ce n'est pas porter atteinte à la liberté de conscience que de donner au maire le conseil de prohiber de semblables épitaphes : elles n'ajoutent guère à la gloire du mort, et sont considérées dans l'opinion publique comme une injure aux croyances et aux sentiments de la généralité des citoyens. Ce ne doit pas être le caractère des inscriptions funéraires. De même le maire devrait interdire de rappeler sur un tombeau, comme en l'honneur d'un individu, des faits que les lois où les mœurs auraient flétris.

Il y a là une question de mesure très délicate. La règle est qu'on doit autoriser les seules inscriptions tendant à honorer la mémoire du défunt dans l'opinion publique :

toutes autres inscriptions seraient déplacées, ridicules ou inconvenantes : la décence des cimetières en souffrirait dans tous les cas.

L'irrévérence pourrait consister dans la forme, dans l'ornementation du monument funéraire : le maire a toute liberté pour faire cesser cet état de choses fâcheux. L'autorisation préalable n'est cependant pas prescrite, à la différence de ce qui est la règle en matière d'inscriptions.

En un mot tout ce qui se pratique dans les cimetières doit avoir le caractère de décence qui convient à un pareil lieu, et le maire aura le pouvoir d'apprécier si les convenances sont gardées et de les faire respecter au cas où on serait tenté de s'en écarter.

Nous n'avons pas la prétention d'avoir énuméré toutes les mesures que les circonstances peuvent rendre nécessaires : nous avons cité celles qui nous semblaient les plus pratiques et essayé de déterminer par ces exemples le but et la mesure dans lesquels doit s'exercer le pouvoir des maires.

Nous avons dit que les préfets avaient le droit de réformer les arrêtés municipaux, qu'ils pouvaient, en outre, substituer leur volonté à celle du maire pour assurer l'exécution des dispositions du décret de prairial et réglementer pour tout le département ou plusieurs communes, ou même pour une seule commune, après une mise en demeure préalable du maire, dans le but d'assurer la salubrité, la sûreté et la tranquillité publiques, lorsqu'il n'y a pas été prévu par l'autorité municipale. Rappelons que les préfets ont seuls le droit de prendre la mesure de police la plus grave : la fermeture des cimetières. Ils sont obligés alors de prendre l'avis du conseil municipal ; ce ne serait qu'en cas de péril imminent que nous lëur reconnaîtrions le droit d'omettre cette formalité. Ce sont les préfets qui désignent l'emplacement du nouveau cimetière ; nous avons dit ailleurs dans quelles formes et sous quelles conditions.

CHAPITRE IX

Des exhumations

L'exhumation est l'acte qui consiste à retirer du lieu
où il a été inhumé le corps d'une personne morte. Un
tel fait est de ceux qui ne peuvent échapper au contrôle
de l'autorité : des motifs de salubrité et d'ordre public
le commandent. Aussi voyons-nous l'article 10 du décret
du 23 prairial an XII confier expressément aux maires le
devoir « de veiller avec soin à ce que les lois et règlements qui prohibent les exhumations non autorisées soient
rigoureusement exécutés (1). »

Les exhumations sont ou ordonnées par la justice, ou
prescrites comme mesures administratives, ou simplement
voulues par les familles dans un but pieux.

La justice a souvent, au cours d'une instruction criminelle, besoin de rechercher de quelle façon telle personne est décédée; on a vu des constatations faites plusieurs années après la mort donner des résultats très
précieux. Nous n'avons pas à indiquer de quelle façon
le magistrat qui dirige l'instruction devra s'y prendre
pour faire pratiquer les exhumations nécessaires. Nous
dirons cependant qu'il doit prévenir l'autorité municipale
et respecter, autant au moins que sa mission n'en sera
point gênée, les règlements généraux et les prescriptions
spéciales qu'il dépend du maire d'ordonner.

Les exhumations prescrites par le maire comme me-

(1) Voyez également art. 97, 4°, nouvelle loi municipale du 6 avril
1884.

sures administratives se présentent dans des circonstances plus nombreuses, et sont rendues souvent nécessaires, parce que les règlements ou les lois n'ont pas été respectés lors de l'inhumation. C'est ainsi que le maire pourrait et devrait ordonner l'exhumation des corps qui n'ont pas été déposés dans le sol à une profondeur suffisante ou qui ont été enterrés ailleurs que dans le cimetière communal, sans autorisation administrative.—Même quand cette autorisation a été donnée, il dépend du maire de la retirer, lorsqu'il lui paraît que la sépulture dans une propriété privée est peu décente ou présente des dangers pour la santé publique : l'exhumation serait la conséquence de ce retrait d'autorisation.

Enfin des exhumations peuvent être la conséquence de la translation d'un cimetière : nous avons dit que la loi elle-même les prévoyait et en réglait la dépense quand il s'agissait des corps déposés dans les terrains concédés : en dehors même de cette hypothèse une décision administrative peut ordonner cette mesure pour les non-concessionnaires.

Les exhumations ordonnées d'office, surtout d'une manière générale, n'ont lieu que très rarement ; et, en fait, cette mesure est le plus souvent provoquée par les familles dans des intentions pieuses, que l'administration s'est toujours empressée de favoriser, alors que l'intérêt public ne lui imposait pas le devoir de s'y refuser : « Pour satisfaire, disent MM. Elouin et Trébuchet (1), aux désirs souvent exprimés par les familles de déplacer dans les cimetières les corps qui y sont inhumés, pour leur donner une sépulture jugée plus

(1) *Dictionnaire de police* de MM. Élouin et Trébuchet, V° *exhumations*, ch. III.

convenable, l'administration peut accorder, par des permissions spéciales, l'autorisation d'exhumer les cadavres pour les réinhumer immédiatement, et prescrire les mesures de salubrité et de sûreté publiques que ces opérations nécessitent. » Aucune loi, aucune ordonnance n'a été rendue en ce qui concerne les formes de la demande d'autorisation, comme aussi les mesures à prendre pour procéder à l'exhumation ; ce soin est confié aux autorités locales, chargées d'une manière générale par le décret du 23 prairial an XII de tout ce qui concerne les sépultures et la police des lieux qui y sont destinés (1).

Toutefois il existe pour Paris une ordonnance du préfet de police en date du 1er février 1817, et les dispositions de cet acte sont suivies en pratique d'une manière à peu près générale. C'est ce qui nous permettra d'indiquer les principales formalités imposées aux familles désireuses de faire procéder à une exhumation.

Une demande sur papier timbré doit être adressée au chef de la police municipale, et cette demande doit émaner du plus proche parent ou être approuvée par lui. Telle est la première prescription de l'ordonnance du préfet de police. La règle à notre sens est trop absolue, et nous donnerions par exemple à l'exécuteur testamentaire le droit de requérir l'exhumation s'il se prévalait de la volonté formellement exprimée du défunt. Au cas d'opposition de la famille au désir du plus proche parent ou de l'exécuteur testamentaire, le maire devrait surseoir à accorder l'autorisation jusqu'à ce que l'autorité judiciaire ait décidé qui a le droit de disposer du corps du décédé. Nous avons indiqué ailleurs les bases du jugement à intervenir.

(1) *Journal du Palais*, Rép. gén., V° *exhumation*.

La demande est examinée par le maire : ce magistrat peut et doit prendre toutes les mesures nécessaires pour que la salubrité, la décence et l'ordre ne soient pas troublés. A cette fin, s'il juge possible de permettre l'exhumation, il commettra un commissaire de police pour procéder aux constatations d'identité des cadavres et rédiger le procès-verbal de toutes les opérations accomplies ; un homme de l'art devra également assister à ces opérations. Le maire fixera le jour et l'heure de l'exhumation, le délai et les conditions dans lesquels le corps devra être transporté à sa nouvelle demeure.

Il est d'usage qu'un parent ou un ami du défunt assiste à l'exhumation. C'est une garantie pour les familles, et le maire pourrait en faire une condition sine quâ non de son autorisation.

Les contraventions aux dispositions prises par l'autorité municipale pour la police des exhumations sont punies des peines de simple police, conformément à l'article 471, § 15, du Code pénal. Quant au fait de procéder à une exhumation sans autorisation administrative, il constitue le délit de violation de sépulture, dont nous aurons à nous occuper dans le chapitre suivant.

Le maire, en accordant ou en refusant la permission d'exhumer, agit dans l'exercice d'un pouvoir discrétionnaire de police ; et, dès lors, si son arrêté est susceptible de réformation par l'administration supérieure, le préfet ou le ministre, il ne peut être déféré au Conseil d'État au contentieux. Cependant le recours pour excès de pouvoirs serait admissible contre le refus du maire, si celui-ci avait eu en vue, non pas les intérêts généraux de l'ordre, des convenances et de la salubrité, mais le soin de rendre définitive une inhumation ordonnée ou autorisée dans des conditions telles qu'elle constitue une violation de la loi ou du droit des familles. La question a eu surtout un vif intérêt lorsque les séparations entre les divers cultes existaient dans les cimetières publics : les familles ou les représentants du culte avaient souvent protesté contre la désignation prétendue illégale ou injurieuse de tel ou tel terrain pour une inhumation, requis l'exhumation et attaqué le refus du maire devant le Conseil d'État. La solution que nous indiquions avait été accueillie au moins d'une façon implicite par le Conseil à deux reprises : le 11 juin 1875 et le 16 avril 1880, sur les conclusions de M. le commissaire du gouvernement David : elle nous semble très conforme à la véritable théorie du recours pour excès de pouvoirs : l'arbitraire des agents de l'administration ne doit s'exercer que dans le but en vue duquel le pouvoir leur a été donné par la loi ; et il appartient au Conseil d'État de veiller au respect de ce principe. — Nous devons ajouter toutefois qu'un arrêt du Conseil d'État en date du 20 janvier 1882 semble abandonner la doctrine des arrêt de 1875 et de 1880. Nous le regretterions vivement : « Il appartient en principe au conseil d'État de garantir contre les excès de pouvoirs des autorités locales l'exécution des règles qui assurent un égal respect aux dépouilles mortelles de tous les citoyens (1). Cette garantie si précieuse pour les familles deviendrait illusoire, si elle se heurtait à une fin de non-recevoir toutes les fois que l'ordre illégal d'inhumation a été exécuté (2). »

(1) Voyez notamment : Conseil d'État, 8 février 1868, Dalloz, 68, 3, 9 ; Conseil d'État, 13 mars 1872, Dalloz, 72, 3, 9.

(2) Observations du rédacteur du *Recueil de jurisprudence* de Dalloz, sur un arrêt du Conseil d'État du 20 janvier 1882, Dalloz, 1883, 3, p. 47.

Nous reconnaissons qu'il sera très difficile au Conseil d'État d'apprécier avec exactitude quel motif a déterminé le maire : au moins le recours pour excès de pouvoirs ne doit-il pas être rejeté *de plano :* il le sera seulement, et le cas sera très fréquent, lorsque les moyens produits à l'appui du pourvoi seront insuffisants.

CHAPITRE X

Des violations de tombeaux et de sépultures

« La loi sévit encore dans ses dispositions contre
ceux qui, sans respect pour le dernier asile, violeraient
les sépultures, troubleraient la cendre des morts ou pro-
faneraient leurs tombeaux. » Telles sont les expressions
du rapport de M. Monseignat au Corps législatif à propos de l'artice 360 du Code pénal.

Les anciennes lois françaises punissaient de peines
plus ou moins fortes, suivant les cas et la qualité, toutes
personnés qui se rendaient coupables de *violement de sépultures* (1). L'extravagante *detestandæ feritatis de se
pulturis* prononçait la peine de l'excommunication contre
ceux qui violaient les tombeaux. Les crimes qui consti-
tuaient la violation de sépultures consistaient soit à déterrer les cadavres pour en faire l'objet d'études anatomiques ou autrement, soit à les dépouiller de leurs
vêtements pour les voler, à détruire les tombeaux, épitaphes, ornements, empêcher qu'une personne morte fût
enterrée; à frapper, percer ou couper quelque membre
d'un corps mort(2).

Mais la législation et la jurisprudence n'avaient pas
posé de règles fixes pour la répression de ce crime. Ainsi
un arrêt du Parlement de Paris du 12 juillet 1683 condamnait le fils du fossoyeur de la paroisse Saint-Sulpice à être

(1) Suivant Jousse, *Traité de la justice criminelle*, t. III,
p. 666.
(2) Morin, t. II, p. 699.

admonesté et à une amende pour avoir vendu un cadavre à un chirurgien; tandis que la même cour (arrêt du 20 septembre 1752) condamnait à la flétrissure, au carcan, et à trois années de galères un fossoyeur de Paris pour avoir dépouillé les cadavres et avoir volé des suaires. Si le fait avait été commis dans une église ou un cimetière, il participait du sacrilège et pouvait être puni de mort (1).

MM. Chauveau et Hélie pensent que la plupart des faits que nous avons cités seraient encore aujourd'hui des violations de tombeaux et notamment le fait de déterrer les corps pour les faire sévir à des études anatomiques.

Voici le texte de l'article 360 du Code pénal qui régit la matière : *Sera puni d'un emprisonnement de trois mois à deux ans et de seize francs à deux cents francs d'amende, quiconque se sera rendu coupable de violation de tombeaux ou de sépultures : sans préjudice des peines contre les crimes ou délits qui seraient joints à celui-ci.*

La loi, au lieu de procéder par énumération des divers faits constitutifs du délit, se contente d'employer une expression générale, laissant à la jurisprudence le soin de l'interpréter et de définir avec précision le délit. Passons en revue les principales solutions des tribunaux : — nous dégagerons ensuite les principes.

La Cour de cassation (22 août 1839) a reconnu le délit de l'article 360 dans le fait pour un individu de s'être introduit dans un cimetière public et d'avoir frappé avec un bâton sur la tombe d'un mort en se servant d'expressions outrageantes pour la mémoire du défunt ; dans le

---

(1) Chauveau et Hélie, t. IV, p. 418, 3ᵉ édition. — Nous empruntons ces notes d'histoire au *Répertoire général* de Dalloz.

simple fait de s'être roulé sur des tombes avec le caractère de la publicité. (1° Affaire Hermonet : 2° affaire
Guilbault.)

La Cour de Bordeaux a condamné pour violation de
tombeaux ou de sépultures un individu qui, au moment
où la bière était descendue dans la fosse, avait lancé
contre elle des pierres dans le but d'outrager les restes
du défunt. (Arrêt du 9 décembre 1830.)

Suivant la Cour de Paris, on doit considérer comme
une sépulture le lit ou sont couchés les restes d'un mort,
alors surtout que le cadavre est enseveli dans des linges
funéraires et entouré d'insignes religieux et de flambeaux :
en conséquence des actes de profanation commis sur le
corps d'une femme ainsi ensevelie constituent le délit
de violation de sépulture. (8 juillet 1875.)

Il va sans dire qu'il y aurait, comme dans l'ancien
droit, violement de tombeaux et de sépultures, dans le fait
de briser des cercueils pour voler les morts, — ou, mon-
struosité dont on a vu des exemples, — pour se livrer
sur des cadavres aux derniers outrages.

Dans les divers exemples que nous avons rapportés
jusqu'ici, nous trouvons deux éléments de l'infraction :
un fait matériel et une intention coupable. Mais voici
une série de décisions judiciaires qui peuvent former
une autre catégorie, elles admettent le délit alors même
que l'auteur de l'infraction n'aurait eu aucune intention
malveillante.

Arrêt de cassation du 10 avril 1845 (affaire Graziani).
L'ouverture d'un tombeau et l'exhumation d'un cadavre
inhumé hors du cimetière, quand même elle aurait pour
but de rendre les honneurs au défunt et de le placer dans
le cimetière, constituent le délit prévu et puni par l'article 360, par cela seul que ces faits n'ont pas été auto-

risés par l'administration locale conformément au décret du 23 prairial an XII.

De même le fait d'avoir procédé à une exhumation pour transférer un corps de l'ancien cimetière dans le nouveau, sans autorisation du maire : alors même que ces opérations auraient été pratiquées par un fils dans une intention pieuse (1). (Trib. d'Issoudun, 31 déc. 1861.)

La chambre criminelle de la Cour de cassation a admis, par arrêté du 3 octobre 1865, confirmant un arrêt de la Cour d'Angers du 18 novembre 1861, qu'un maire avait commis le délit de violation de sépultures en faisant déterrer, sans sommation aux intéressés, et retirer les cadavres de cercueils de plomb qu'il voulait faire fondre pour en appliquer la valeur aux dépenses d'entretien du cimetière, alors que ces opérations avaient eu lieu cinq ans après l'inhumation dans un terrain concédé gratuitement en exécution du décret de prairial, et alors que le maire croyait être dans son droit.

La doctrine de ces arrêts est adoptée par les criminalistes, qui sont en général d'accord sur ce point, qu'il y a violation de sépulture, que l'exhumation incorrecte ait eu lieu pour des motifs inavouables, qu'elle ait même eu lieu dans un but qui n'avait rien d'offensant pour la morale (2).

Nous nous permettrons néanmoins de penser que la doctrine de ces derniers arrêts n'est pas très sûre. Les peines portées par l'article 360 du Code pénal ne font pas double emploi avec celle dont la loi frappe les contrevenants aux règles des inhumations et des exhumations, et la jurisprudence des derniers arrêts que nous

(1) Même une exhumation et une réinhumation autorisées sous des conditions qui n'ont pas été observées.

(2) V. notamment Jousse *Inst. cr.*, et Chauveau et Hélie.

avons cités, ne tend à rien moins qu'à le laisser penser.
Il y a là, comme le remarque un honorable magistrat,
M. Tourangin (*Moniteur des Trib.*, 1863), une véritable
confusion. Autre est le domaine des violations de sépultures ; autre est celui des contraventions aux prescriptions
administratives relatives aux inhumations, aux cimetières
et aux exhumations. La Cour de Bastia l'a parfaitement
compris. Un bandit corse ayant été tué, avait été enterré
à la place même où il était tombé. Ses enfants, sans prévenir l'administration, enlevèrent son cadavre pour lu
donner les honneurs d'une sépulture dans le cimetière.
La Cour refusa de voir là le délit de violation de sépultures : « Attendu, dit-elle, que les dispositions de l'article 360 ont eu pour but d'entourer de respect les
cadavres des morts et d'en assurer la conservation dans
l'intérêt de la morale publique et dans celui des familles ;
que dès lors, c'est la profanation seule des sépultures
que la loi a voulu punir, c'est-à-dire la violation des
tombeaux, effectuée dans une pensée de lucre, de vengeance, de larcin ou de mépris..... »

Nous n'irions cependant pas aussi loin que la Cour de
Bastia et nous n'exigerions pas avec autant de précision
la « pensée de lucre, de vengeance, de larcin ou de mépris » ; nous ne confondrions pas non plus le délit de
violation de sépultures et la contravention aux règles
des exhumations. Pour nous, il y aura lieu d'appliquer
l'article 360 du Code pénal toutes les fois qu'il y aura
eu un acte qui, soit par lui-même, soit par suite des
circonstances qui l'ont accompagné et indépendamment
de la pensée de celui qui l'a commis, pourra être considéré comme irrespectueux pour le défunt ou sa mémoire.
Nous reconnaîtrions ainsi les éléments du délit prévu
par l'article 360 dans le fait d'une personne qui a arra-

ché des fleurs sur une tombe, non en vue d'un outrage à la mémoire du mort, mais dans une pensée malveillante pour la personne qui a planté les fleurs. (Conf. Caen, 25 novembre 1868.) Cet acte accuse de la part de son auteur une trop grande insouciance du respect dû aux morts. Nous ne croyons pas, au contraire, qu'on puisse qualifier violation de sépulture, une exhumation pratiquée dans toutes les conditions désirables de décence et dans la vue d'une réinhumation, par un fils, alors même que celui-ci ne se serait pas pourvu de l'autorisation du maire. Un tel acte, ainsi accompli dans une pensée pieuse, n'a rien d'irrespectueux pour le défunt, rien qui blesse le culte des morts : il constituera une contravention de police, non le délit de l'article 360.

TABLE DES MATIÈRES

7108. — Tours; imp. Rouillé-Ladevèze, rue Chaude, 6.

9 782329 160849